David Boadella · Be

W0056773

David Boadella

# Befreite Lebensenergie

*Einführung in die Biosynthese*

Kösel-Verlag

Aus dem Englischen von Bernhard Maul.

Lektorat: Klaus Fricke, München.

Fachliche Beratung: Bernhard Maul, Berlin.

Die Originalausgabe erschien unter dem Titel »Lifestreams. An Introduction to Biosynthesis« bei Routledge & Kegan Paul Ltd., London und New York.

*Für Stanley Keleman, der mich lehrte,*
*dem formbildenden Prozeß*
*zu folgen und ihn zu gestalten*

3. Auflage 2002

# Inhalt

# Einführung

Freud glaubte, die Psychoanalyse werde eines Tages ihre organischen Wirkungsweisen entdecken. In meinem Buch über Wilhelm Reich[1] habe ich gezeigt, wie Reich in einer konsequenten Entwicklung von der Charakteranalyse zur von ihm so genannten »Vegetotherapie« (einer Therapie, die sich mit den physiologischen Wurzeln der Neurose im Körper beschäftigt), genau diese organischen Grundlagen erarbeitete. Reich legte den Grundstein für eine somatische, also körperliche Psychologie. Er hat den Weg für alle gegenwärtigen Therapien bereitet, deren Arbeit am emotionalen Leben des Körpers ansetzt. Fritz Perls, Patient und Schüler von Reich, begründete die Gestalttherapie. Die beiden Ärzte Alexander Lowen und John Pierrakos wurden von Reich ausgebildet. Gemeinsam begründeten sie 1956 in New York die Bioenergetische Analyse. Gerda Boyesen eröffnete 1970 in London ihr Zentrum für Biodynamische Psychologie. Sie entwickelte die therapeutische Arbeit weiter, die Reich in Skandinavien begonnen hatte.

Die heutige somatische Psychologie kann sich auf viele weitere Wurzeln berufen, die über die Entwicklungen Reichs hinausgehen. Stanley Keleman etwa, Gründer des Centre for Energetic Studies (1970), entwickelte eine umfassende Theorie und Praxis der somatischen Prozesse. Er verband unser Verständnis vom Wirken des Muskeltonus und der Pulsation der Gewebe mit der Biologie des Träumens und der Poesie der Verkörperlichung.

Der Anfang meiner eigenen therapeutischen Arbeit beruhte auf Reichs bio-energetischem Ansatz. Ich verstehe den Begriff »bio-energetisch« als Beschreibung aller Lebensprozesse im Körper. Nach 25jähriger Tätigkeit auf diesem Gebiet begann ich den Begriff *Biosynthese*® zu verwenden, um meine besondere therapeutische Methode zu bezeichnen.

Das Wort »Biosynthese« bedeutet »Integration des Lebens«. Die Biosynthese-Methode arbeitet mit Prozessen der Selbst-Entfaltung, welche organisches Wachstum, persönliche Entwicklung und spirituelle Integrität fördern. Das Ziel dieser Arbeit ist die Verbindung der drei wesentlichen Bereiche des Menschseins: der somatischen, also körperlichen Existenz, der psychischen Erfahrung und der spirituellen Essenz.

Die Biosynthese wurde von dem Engländer Francis Mott beeinflußt, der eine Methode konfigurativer Psychologie entwarf, die sich auf Studien des Lebens im Mutterleib stützte. Die Biosynthese geht von drei fundamentalen Energie- oder Lebensströmen des Körpers aus, die mit den drei Keimschichten (Ektoderm, Endoderm und Mesoderm) der befruchteten Eizelle verbunden sind, aus denen sich unsere verschiedenen Organsysteme bilden. Diese Lebensströme äußern sich als Bewegungsfluß durch die Muskeln, als Fluß von Wahrnehmungen, Gedanken und Bildern durch das Nerven- und Sinnessystem und als Fluß emotionalen Lebens im Zentrum des Körpers, der durch die inneren Organe des Rumpfes verläuft. Streß vor der Geburt, in Kindheit und Jugend, aber auch im Erwachsenenleben, kann die Integration dieser drei Lebensströme behindern oder unterbrechen.

Die therapeutische Re-Integration in der Biosynthese arbeitet mit Atem-Befreiung und emotionalem *Zentrieren* (»centering«), mit der Lösung und Neuformung des Muskeltonus und dem »grounding«, dem *Erden* oder dem angemessenen Kontakt des Körpers mit dem Boden, sowie mit dem *Anschauen* (»facing«) und der Gestaltung von Erfahrung durch Augen-Kontakt (Neu-Anschauen) und stimmliche Vermittlung (Neu-Ansprechen).

Die embryologische Sichtweise ist durch Erkenntnisse aus den Werken von Francis Mott *(Configurational Psychology)*, Frank Lake *(Clinical Theology)* und Otto Hartmann *(Dynamische Morphologie)* vertieft worden.

Die Re-Integration von Fühlen, Handeln und Denken ist der äußere Grund der Biosynthese. Ihm entspricht ein innerer Grund, durch den sich das Wesen oder die Seele jedes einzelnen Menschen ausdrückt.

Robert Moore, der in Dänemark an psychischer Zentrierung durch bildliche Vorstellungen des Atems und durch Wiederherstellung einer Balance des körperlichen Energiefeldes arbeitet, hat diese Richtung seit den achtziger Jahren mit beeinflußt.

Im Rahmen der Biosynthese habe ich eine Theorie der therapeutischen Arbeit der Re-Integration entwickelt, die besagt, daß sich darin zwei fundamentale Motive ausdrücken, die tiefer gehen als sie durch Biologie und Psychologie zu fassen wären. Tatsächlich scheinen dies Grundmotive zu sein, die dem Auftauchen von Materie und Leben überhaupt zugrunde liegen. Ebenso bedeutend sind sie für die Vollständigkeit des Körpers und die Bildung des Selbst. Es handelt sich um folgende:

1. Der formbildende Prozeß
Daß in einem offenen System aus niedrigeren Ordnungsebenen höhere Ordnungsebenen hervorgehen, ist ein grundlegendes Naturgesetz. Das Selbstheilungs-Prinzip, der zentrale Prozeß in der Therapie, ist Ausdruck dieses Gesetzes.

2. Das organisierende Feld
Der formbildende Prozeß muß durch angemessene Umstände gefördert werden. Ohne sie gelingt die Selbst-Organisation nicht. Zur gesunden Entwicklung braucht ein Kind kontaktbereite Eltern, die ihm als »biologisches Organisationsfeld« (Margaret Mahler) dienen. Das wichtigste Werkzeug bei unserer Arbeit, blockierte Gefühls- und Ausdrucksmuster umzuwandeln, ist die empfängliche, lebendige und antwortende Gegenwart eines anderen Menschen. Reich sprach von der »vegetativen Identifikation«, der Fähigkeit, im eigenen Körper die blockierten Ausdrucksmuster zu spüren, die sich gegenseitig behindern. Stanley Keleman nennt die biologische Beziehung zwischen zwei Menschen »somatische Resonanz«. Die somatische Resonanz, der körperliche Widerhall der Hände, der Stimme und der ganzen Gegenwart des Therapeuten ist das organisierende Feld, in dem der formbildende Prozeß, nämlich Körper, Geist und Seele zu re-integrieren, ablaufen kann.

Meine therapeutische Arbeit der letzten vierzig Jahre war stets diesem Verständnis der körperlichen Dynamik verbunden. Auf den folgenden Seiten möchte ich Ihnen die wichtigsten Prinzipien meiner Arbeit erläutern.

Ich habe mich bemüht, eine übermäßige Verwendung des männlichen Pronomens als Bezeichnung für beide Geschlechter zu vermeiden. Unglücklicherweise wirken Alternativen oft plump oder ich empfinde sie als unangemessen. Nehmen Sie daher bitte nicht an, ich spräche nur zu Männern oder nur über männliche Entwicklung, wenn ich einen Menschen mit »er« bezeichne. Das beabsichtige ich keinesfalls.

Ich möchte Courtney Young für seine unschätzbare Hilfe bei der Vorbereitung und Redaktion des englischen Manuskripts und für seine wertvollen Ratschläge und Ermutigungen während vieler Phasen seiner Entstehung danken.
Mein tiefer Dank gilt meiner Frau Silvia Specht Boadella für die Vorbereitung der deutschen Ausgabe. Ihre praktischen Impulse, ihr Reichtum an kreativen Vorschlägen und ihre Unermüdlichkeit den so leicht zu übersehenden, aber so wichtigen Details gegenüber sowie ihre beständige Unterstützung ermöglichten erst die Veröffentlichung in deutscher Sprache.

*David Boadella*
Internationales Institut für Biosynthese IIBS
Forschung Entwicklung Ausbildung
Benzenrüti 6
CH-9410 Heiden/Schweiz
Tel. 00 41-(0)71 891 68 55
Fax 00 41-(0)71 891 58 55
E-Mail: info@biosynthesis.org
www.biosynthesis.org

# 1 Emotionaler Ausdruck und der Körper

## *Die Sprache der Bio-Energie*

Vorweg ist festzuhalten, daß es unmöglich ist, nicht zu kommunizieren. Sogar völlige Stille erzählt uns etwas von einem anderen Menschen und davon, wie er der Welt begegnet. In der bio-energetischen Therapie konzentrieren wir uns nicht nur auf die neurotischen *Symptome* des Klienten, über die er mit *Worten* spricht, sondern wir achten ergänzend auch auf die *nonverbalen Anzeichen* von emotionalem Streß und von Ausdrucksstörungen.

Charles Darwin erkannte als einer der ersten die enorme Bedeutung der nicht-verbalen Kommunikation. Sein Buch *Der Ausdruck der Gemüthsbewegung bei dem Menschen und den Thieren* ist ein originärer Leitfaden nicht nur für die Ethologie, sondern auch für die Psychologie.

Ein kurzes Zitat daraus hilft den Bezugsrahmen festzusetzen für das, was ich im folgenden beschreiben möchte:

Die Bewegungen des Ausdrucks im Gesicht und am Körper… sind an und für sich selbst für unsere Wohlfahrt von groszer Bedeutung. Sie dienen als die ersten Mittel der Mittheilung zwischen der Mutter und ihrem Kinde; sie lächelt ihm ihre Billigung zu und ermuthigt es dadurch auf dem rechten Wege fortzugehen, oder sie runzelt ihre Stirn aus Misbilligung… Die Bewegungen des Ausdrucks verleihen unsern gesprochenen Worten Lebhaftigkeit und Energie. Sie enthüllen die Gedanken und Absichten Anderer wahrer als es Worte thun, welche gefälscht werden können… Der freie Ausdruck einer Gemüthserregung durch äuszere Zeichen macht sie intensiver. [Wir können Gefühle hervorrufen, indem wir die Menschen bestimmte Körperhaltungen einnehmen lassen.] Auf der andern Seite macht das Zurückdrängen aller äuszern Zeichen, so weit dies möglich ist, unsere Seelenbewegungen milder.[2]

Geschrieben 1872, ein Vierteljahrhundert, bevor Freud begann, das Unbewußte zu enträtseln. Vieles aus der frühen Geschichte der Psychoanalyse[3] beweist, daß auch Freud das grundlegende Prinzip entdeckte, wie es Darwin hier beschrieb. Er erkannte z.b. sehr bald, daß es nicht ausreicht, vergessene Kindheitserfahrungen wiederzuentdecken, um eine heilende Wirkung zu erreichen. Wir müssen auch die dazugehörende verschüttete Emotion enthüllen. Er versuchte, gefühlsbetonte Erinnerungen mit verbalen Techniken hervorzulokken. Viele seiner Patienten waren jedoch nicht fähig, ihre lange zurückgehaltenen Gefühle zu erfahren. Irgend etwas behinderte sie offenbar. Sie befanden sich – so der freudianische Ausdruck – im »Widerstand« gegen die Heilung, im Widerstand, sich dem zu stellen, was ein Freund von mir einmal als die »äußerste Krise, nämlich sich helfen zu lassen«, bezeichnete.

Als einer der ersten Psychoanalytiker begriff Wilhelm Reich, was da so hinderlich war. Einige kennen sicher sein schon klassisches Buch *Charakteranalyse*.[4] Darin zeichnete Reich eine detaillierte Karte der ausgefeilten Abwehrsysteme, die neurotische Klienten produzieren, um sich sowohl vor der Außenwelt als auch vor der Wucht ihrer eigenen Gefühle zu schützen. Doch mit diesem wichtigen Einblick in das Funktionieren der neurotischen Persönlichkeit gab sich Reich nicht zufrieden. Er ging viel weiter und begründete die bio-energetische Theorie. Ab 1935 untersuchte Reich intensiv die muskulären Spannungen seiner Patienten.

Unabhängig von Reich publizierten z.B. auch Jacobsen und Schulze Bücher über Entspannungsmethoden. Rudolf Laban[5] entwickelte ein ganzes System von Ausdrucksbewegungen, das zu einer Neubelebung des Tanz-Trainings, ja des ganzen Tänzerberufs und auch der Grundlagen des Schulsports führte. 1966 veranstaltete das Laban-Institut seinen ersten Kongreß über »Bewegung als Therapie« (Senate House, London), bei dem es um die Möglichkeiten einer Bewegungstherapie mit emotional gestörten Kindern und Erwachsenen ging.

Reichs Ansatz war jedoch wegen seiner psychiatrischen Ausrichtung tiefer und dynamischer. Er war betroffen von der Tatsache, daß seine Patienten sich so verhielten, als wären sie halb tot. Ihre normalen

Funktionsweisen waren auf allen Ebenen blockiert. Sie hatten sexuelle Störungen und Probleme mit dem Arbeiten, ihren Körperprozessen fehlte der Rhythmus, und sie atmeten nicht koordiniert. Anders gesagt: Reich betrachtete nun seine Patienten, wie Darwin es vorgeschlagen hatte, zuerst und vor allem als *Organismen*, deren *ganzes Verhalten* mit ihren neurotischen Problemen zu tun hatte.

Reich wurde von den anderen therapeutischen Schulen jener Zeit kaum verstanden, weil ihnen sein Bezugssystem fremd war. Die Ethologie, das systematische Studium des menschlichen Charakters, steckte noch in den Kinderschuhen. Der Geist wurde immer noch als ein vom Körper abgetrennter Teil angesehen. Die Bedeutung, die er dem körperlichen Ausdruck beimaß, wich so weit von der vorherrschenden analytischen Praxis ab, daß man Reich als exzentrischen Ketzer belächelte. Viele hielten ihn sogar für verrückt.

An dieser Stelle möchte ich kurz auf vier Menschen eingehen, die wohl am meisten dazu beigetragen haben, Reichs Therapiesystem zu lehren, zu verbreiten und weiterzuentwickeln.

Dr. Ola Raknes engagierte sich mehr als 35 Jahre in Skandinavien, wo Reich seine Arbeit zuerst entwickelte, für diese Methode.[6] Dr. Nic Waal, die frühere Direktorin des Psychiatrischen Instituts in Oslo und eine prominente Persönlichkeit in der norwegischen und dänischen Psychiatrie, wurde von Reich unterrichtet und bildete ihrerseits viele Studenten nach dem bio-energetischen Ansatz aus.[7] Eine der vielen Früchte ihres Wirkens sind die holländischen »Bewegungstherapeuten«, die in psychiatrischen Kliniken mit schwer gestörten Psychotikern arbeiten.

In den USA, wohin Reich von Skandinavien aus ging, kümmerte sich Dr. Elsworth Baker um die Ausbildung einer jungen Generation von Therapeuten und vermittelte ihnen die Methoden, die er von Reich gelernt hatte.[8] Schließlich hat Dr. Alexander Lowen Reichs Werk in vieler Hinsicht grundlegend fortentwickelt und ausgebaut. Er ist Gründer des Instituts für Bioenergetische Analyse in New York.[9] Durch seinen Einfluß wurden die bio-energetischen Prinzipien und Praktiken in den Vereinigten Staaten und in etlichen anderen Ländern der Erde weit verbreitet.

Bestimmte Therapieformen als »bio-energetisch« zu bezeichnen, weist darauf hin, daß wir es mit starken emotionalen Reaktionen zu tun haben. Wir wissen alle, wie sehr unsere Gefühle den Körper mobilisieren oder lähmen können. Allgemein läßt sich sagen, daß jede neurotische oder psychotische Person einen Teil des Spektrums ihrer menschlichen emotionalen Ausdrucksmöglichkeiten verloren hat. Sie entwickelte entweder nie alle Bewegungsmöglichkeiten, über die ein gesundes Kind verfügt, oder sie verlor sie wieder. Sie ist mehr oder weniger in ihrer *Beweglichkeit* gestört. Eine Neurose ist also ein System von Blockaden, das den freien Fluß der Empfindungen durch den Körper behindert. Das Ziel bio-energetischer Therapie ist die Auflösung der Blockaden und die Wiederherstellung dieses freien Flusses.

Bevor ich einige der Blockaden, mit denen wir es zu tun haben, im einzelnen beschreibe und erläutere, welche Hilfsmittel es gibt, um sie aufzulösen, möchte ich den Begriff »Emotion« definieren. In diesem Buch verwende ich ihn im Wortsinn als die »Bewegung nach außen«. In diesem Sinne ist die Emotion ein grundlegender Ausdruck aller Lebensformen. Schon Einzeller ziehen sich auf einen Reiz hin zusammen und dehnen sich danach wieder aus.

Diese Expansion und Kontraktion können wir als Urform dessen ansehen, was auch in den höheren Tieren zu erkennen ist: Wir greifen in freudiger Erwartung nach unserer Umwelt aus oder ziehen uns im Schmerz vor unangenehmen Situationen zurück. Es handelt sich dabei um protoplasmatische Reaktionen, die tatsächlich »fließen«. In höheren Organismen werden Expansion und Kontraktion von den beiden Zweigen des Autonomen Nervensystems geregelt. Von hier schießen Impulse zu allen Organen und Muskeln unseres Körpers. Sie regulieren den Energiestoffwechsel und kontrollieren so grundlegende Funktionen wie den Blutkreislauf, den Herzschlag, die Verdauung, die Atmung, die Sexualität und den Orgasmus. Gesunde und reife Funktionsweisen sind dadurch gekennzeichnet, daß all diese Prozesse rhythmisch ablaufen. Menschen, die ihre Emotionen verbal ausdrücken können, beschreiben die Erfahrung dieser rhythmischen Prozesse in ihrem Körper als angenehm. Bei allen Neurosen und

14

Psychosen ist der freie Fluß dieser Prozesse jedoch beträchtlich gestört.

Wenn ein Tier durch ein Geschehen oder irgend etwas in seiner Umgebung bedroht wird, spannt es sich an. Es reagiert auf die Bedrohung wie auf einen Notfall. Wird der Körper durch das Nervensystem für die Bewältigung eines Notfalls mobilisiert, kennt er normalerweise zwei mögliche Reaktionen, die wir kurz als »Kampf« oder »Flucht« zusammenfassen können. Ist es dem Tier nun gelungen, sich erfolgreich entweder durch Angriff oder Flucht von der Bedrohung zu befreien, hat es den Notfall erfolgreich bewältigt und kann danach wieder zu seiner normalen rhythmischen Lebensweise zurückkehren. Die Störung war also akuter und vorübergehender Natur. Anders ist es bei bestimmten Haustieren oder bei solchen, die für Experimente benutzt werden. Sie sind menschlicher Behandlung (oder besser Mißhandlung) unterworfen, und manche werden ständig in Situationen gehalten, in denen sie weder fliehen noch angreifen können. Solche Tiere werden neurotisch und zeigen psychosomatische Symptome. Zum Beispiel bekommen Affen, die wiederholt Streßsituationen ausgesetzt werden, die sie nicht vermeiden können, Geschwüre.

Mit Blick auf die menschliche Existenz können wir sagen: Fast jeder fehlangepaßte Mensch lebt wie in einem permanenten Notfall. Spannungszustände und die Überaktivität des sympathischen Nervensystems, durch die sie aufrechterhalten werden, sind chronisch geworden. Jetzt stellen wir fest, daß die normalen körpereigenen selbst-regulatorischen Prozesse nicht mehr funktionieren und Hilfe oder Anregungen von außen nötig werden. Nur indem wir die den freien Bewegungsfluß hindernden Blockaden auflösen, können wir anderen ihre Fähigkeit wiedergeben, ihrer Umgebung vernünftig und gesund zu begegnen.

Was diese Menschen mehr als alles andere brauchen, ist sich zu entspannen. Aber genau das gelingt ihnen nicht mehr. Wenn sie über Jahre hinweg z.B. Wutgefühle aufgestaut haben und sich jetzt entspannen sollten, können sie dies nicht mehr tun. Sie müssen sich anspannen, um ihren Zorn zu bändigen. Wenn ein Kind die Spannung einer unentrinnbaren Streßsituation nicht durch Weinen lösen kann, muß es sich weiter in Spannung halten, als ob ein Notfall noch immer vorläge. Wenn es das kann, ist der Streß erträglicher.

In der bio-energetischen Therapie helfen wir den Menschen, ihre unterschwellige Wut, Trauer, Furcht und Sehnsucht innerhalb der Sitzungen zu erleben und sie auf möglichst vollständige Art auszudrücken. Nur wenn der Körper seinen bisher blockierten Impulsen nachgibt, kann er seine wahre Fähigkeit wiedergewinnen, Freude und rhythmische und angenehme Lebensfunktionen zu erfahren. Das Verständnis, wie es zu Spannungen kommt und wie sie verstärkt werden, bis sie chronisch geworden sind, ist grundlegend für die somatische Therapie. Was hier vor sich geht, aus eigener Erfahrung zu verstehen, schließt jede Art der Verurteilung von Neurosen aus und ist daher eine notwendige und wünschenswerte Voraussetzung dafür, ein Therapeut zu sein.

Kommen wir nun zu den Einzelheiten einiger solcher muskulären Blockaden und der Veränderungen, die stattfinden, wenn sie sich auflösen. Es gibt ein oder zwei Möglichkeiten, die Spannungsmuster des Körpers zu beschreiben. Wir können entweder die verschiedenen Körpersegmente betrachten und uns die hauptsächlichen Bewegungshemmungen, die auftreten können, vergegenwärtigen und sie in Bezug setzen zu der darunter verborgenen Blockade im Ausdruck; oder wir können die verschiedenen Charakterstrukturen betrachten und versuchen, uns vor Augen zu halten, wie sie je nach Art der ihnen zugrundeliegenden Spannungssysteme variieren. Der letzte Weg ist bei weitem genauer und differenzierter,[10] geht aber für unsere Zwecke zu sehr ins Detail. Außerdem leidet der einzelne nicht unbedingt zur gleichen Zeit an all dem gemeinsam.

Zurück zu der ersten Möglichkeit also: Die chronischen Spannungen des Körpers können wir als eine Reihe von Konstriktionen begreifen, die in Notfallsituationen geschaffen wurden mit dem Zweck und dem Ergebnis, Bewegung, Atmung und Fühlen einzuschränken, weil dies die einzig verfügbare Alternative zu wirkungsvollem Handeln war. Jede Einschnürung oder Konstriktion teilt den Körper in separate Segmente, so wie etwa ein enger Druckring die fließenden Bewegun-

16

gen einer Schlange in zwei Hälften zerstückeln würde. Reich beschreibt eine Anzahl von Segmenten, die – angefangen am Kopf bis hinunter zu den Zehen – waagerecht im Körper liegen.

Konzentrieren wir uns einen Moment auf die obere Gesichtshälfte; hier ist ein Therapeut sofort am Ausdruck der Augen interessiert. Ein Klient schaut den Therapeuten vielleicht mit einstudierter Ernsthaftigkeit oder mit ängstlich ausweichendem Blick, überlegenem Starren oder sorgenvollem Stirnrunzeln an. Schizoide etwa haben einen charakteristisch »leeren Blick«, als ob sie in die Ferne schauten. Reich nannte das den »Weit-weg-Blick« (»faraway-look«). In diesen verschiedenen Ausdrucksformen spiegelt sich, wie Menschen der Welt begegnen. Ebenso enthalten sie, in eingeschlossener Form, die Geschichte, wie die ersten Beziehungen zu Eltern und Geschwistern erfahren wurden.

Die Spannungsmuster des Körpers können wir als die erstarrte Geschichte eines Menschen ansehen. Dies wird zuallererst im Gesicht deutlich. Wie wichtig der Blickkontakt bei der Behandlung von autistischen Kindern ist, wurde an anderer Stelle gezeigt.[11] Gerade diese Kinder zeigen besonders dort eine massive Unbeweglichkeit und Blockade. Alle neurotischen Menschen offenbaren eine mehr oder weniger schwere Störung im Augenbereich, von der wir uns vorstellen können, daß sie, ausgehend von den Augen selbst, sich über die Stirn und die großen Kopfhautmuskeln ausbreitet, bis sie in den Nacken einmündet. Das Zurückhalten von Weinen, von Furcht oder Zorn kann starke Spannungen in der Kopfhaut und den Nackenmuskeln an der Schädelbasis hervorrufen. Diese Spannungen sind der physiologische Grund für die ernsten Kopfschmerzen, die bei bestimmten Charakteren weit verbreitet sind.

Um dieses Gebiet zu aktivieren, ist es notwendig, dazu zu ermutigen, die Kopfhaut zu bewegen und die Augen weit zu öffnen. Wir können auch daran arbeiten, die Bewußtheit dafür zu entwickeln, wie die Augen des Klienten auf den Therapeuten reagieren – oder nicht reagieren. Zu den Emotionen, die aus diesem Gebiet befreit werden müssen, bevor jemand wieder gesund sehen und Blicke voller Kontaktfähigkeit aussenden kann, gehören panikartige Flucht, verborgenes Mißtrauen und mörderischer Zorn, die sich alle in den Augen ausdrücken, während das Weinen besonders von den Muskeln zwischen den Augen festgehalten wird. Dieses Beispiel gibt uns erste Hinweise auf die Art von Spannungen, mit denen wir es zu tun haben, auf die Emotionen, die hinter ihnen verborgen sind, sowie einen Anhaltspunkt dafür, wie sie freigelassen werden können. Eine vollständige Erörterung davon zu geben, wäre Aufgabe eines Biosynthese-Übungshandbuchs. Darum geht es hier jedoch nicht. Dennoch hoffe ich, daß das Gesagte und das noch folgende eine erste Einführung geben und die Grundlagen darstellen kann.

Natürlich ist jeder Bereich des Körpers mit dem nächsten verbunden, und die Unterteilungen sind ein wenig willkürlich. Die Spannungen in der oberen Hälfte des Gesichts stehen funktionell in Beziehung zur unteren Hälfte mit dem Zentrum um Mund und Kiefer. Klienten kommen z.b. mit eingefrorenem Lächeln oder dem herabgezogenen Verzweiflungsmund. Ein Zwangscharakter erscheint fast immer mit typischerweise aufeinandergepreßten Lippen. Daneben gibt es die angespannten Kieferbacken, das schwache Kinn, die eingefallenen Wangen usw. – und alle drücken aus, welchen Gebrauch der Klient von seinen Gesichtsmuskeln zu machen gelernt hat. Das gesunde Kind und der gesunde Erwachsene verfügen über Muskeln, die ihnen erlauben, das ganze Spektrum von Emotionen entsprechend der Situation auszudrücken. Solche Menschen sind beweglich und annehmbar. Angespannte Personen verfügen nur über eine stark eingeschränkte Bandbreite des Mienenspiels, die sie sich angeeignet haben, um mit Streß umzugehen. Sie können diese Ausdrucksweisen nicht leicht bewußt ändern. Sie werden sich nur dann grundlegend verändern, wenn die Emotion, die sich hinter den Anspannungen des Gesichts verbirgt, befreit werden kann.

Solche Emotionen sind, wenn sie in Therapiesitzungen erscheinen, natürlicherweise kindliche, weil die ersten Blockaden des gefühlsmäßigen Ausdrucks gewöhnlich im Kindesalter aufgebaut werden. In der Therapie ist es möglich, unterdrückte Impulse – wie Beißen, Saugen, Weinen und Grimassen schneiden – aus diesen Regionen des Gesichts zu befreien. Mit jedem solchen affektiven Ausbruch, jeder solcher Befreiung, finden die Klienten oft die Erinnerung an eine traumatische Kindheitserfahrung wieder. Es ist aber nicht erforderlich, diese Traumata aufzudecken, um zu einer Verbesserung des neurotischen Zustandes zu gelangen. Wichtig ist aber, die gefesselten Emotionen aus den Spannungen zu befreien, die ihren Ausdruck blockiert haben. Das Gesicht kann sich dann richtig entspannen, vielleicht zum ersten Mal seit dem frühen Trauma, und der Klient ist besser in der Lage, sich der Welt ohne die verkrüppelnden Einschränkungen der Vergangenheit zu stellen, die sich in ihm buchstäblich verkörpert hatten.

Es gibt im System des Körpers zwei hauptsächliche Einschnürungen: eine ist der Hals, die andere die Taille. Der Hals ist wie eine Leitungsröhre, die den Kopf mit dem restlichen Körper verbindet. Verspannungen sind hier besonders häufig. Unabhängig von Reich sind solche Spannungen sowohl von Feldenkrais[12] wie von Alexander[13] beschrieben worden; sie bewirken, daß der Kopf von dem Gefühl der Zusammengehörigkeit mit dem Körper abgetrennt wird. Viele Menschen fühlen sich mit ihrem Kopf identifiziert und vom Körper abgeschnitten. Einige Schizophrene allerdings leiden wegen dieser Konstriktionen unter derartig unerträglichem Druck im Kopf, daß sie sich mit ihrem Körper identifizieren und den Kopf als etwas Fremdes empfinden. Sie wünschen sich sogar, sie könnten ihn abnehmen und durch einen neuen ersetzen. Das Gefühl der Identifikation erweist sich als abhängig von der Fähigkeit eines Menschen, sich dessen bewußt zu sein, was er körperlich empfindet.

Im Kehlbereich werden hauptsächlich Emotionen wie lautstark ausgedrücktes Schluchzen, Brüllen und Schreien zurückgehalten. In unserer Kultur sollen Kinder ja nicht allzuviel Lärm machen. Aber was soll ein Kind denn sonst tun, wenn es unter unerträglichen Streß gerät? Es kann nur lernen, seinen Zorn herunterzuschlucken und seine Trauer abzuwürgen. Durch die Belebung der Muskeln in Kehle und Hals kommen dann vielleicht Jahre später in der Therapie diese nicht ausgedrückten und unterbundenen Gefühle in ursprünglicher Stärke wieder hervor. Es ist bemerkenswert zu beobachten, wie sich die

Hautfarbe zwischen dem Gesicht und dem Rumpf verändert, wenn die Emotionen frei werden. Die Klienten empfinden das Gefühl einer »Klärung« im Kopf. Ein Sinn für die Einheit zwischen Kopf und Rumpf entsteht. Sie beginnen ein Gefühl von Koordination und Anmut zu erfahren, das jeder vom Glück Begünstigte, der frei von solchen Spannungen ist, für selbstverständlich nimmt.

Im Nacken zurückgehaltener Zorn ist mit verspannten Schultermuskeln verbunden, die weite Bereiche des Rückens einbeziehen. Es ist erstaunlich, wieviel Wut in den Rücken mancher Leute festsitzt. Natürlich ist es tote Wut, die zu rigiden, starren Rücken und steifen Schultern führt sowie zu empfindungslosen Armen und häufig schlechter Blutzirkulation. Die einzige Möglichkeit, in dieser Region die Beweglichkeit wiederherzustellen, besteht darin, in einer kontrollierten Situation für Gelegenheiten zu sorgen, in denen der Klient seinen Zorn ungefährdet in Form von heftigen Arm- und Faustbewegungen entladen darf. Durch besondere Vorkehrungen im Behandlungsraum ist es möglich, ein sicheres Ventil für Impulse wie Schlagen und Stoßen, bei denen der ganze Rücken einbezogen sein kann, anzubieten. Natürlich muß zwischen Therapeut und Klient ein sehr gutes Verhältnis bestehen. Es ist tatsächlich durchaus möglich, gleichzeitig dieser alten Wut aus der Vergangenheit freien Lauf zu lassen und sich trotzdem sowohl der gegenwärtigen Situation bewußt zu sein als auch der Notwendigkeit, weder den Raum noch den Therapeuten zu demolieren. Die Umstände, die nötig sind, um Wut auf diese Weise freizusetzen, richtig einzuschätzen, ist eine der Fertigkeiten, über die ein bio-energetischer Therapeut verfügen muß.

Nach der Hals-Einschnürung kommen wir nun zum Rumpf. Hier ist der Sitz eines Anzeigers, dem eine Schlüsselfunktion bei dieser Art von Therapie zukommt: die Atmung. Weil sie so fundamental wichtig ist für das Leben überhaupt und für den emotionalen Ausdruck in jeder Form, ist die Arbeit an der Atmung grundlegend für diese Therapie. Sie unterliegt jeder Arbeit an bestimmten Spannungen in bestimmten Teilen des Körpers und begleitet sie.

Sind wir gesund, pulsiert unser ganzer Rumpf, während wir atmen, sanft und wellenartig. Bei einem gesunden Kind oder einem gesunden

Tier können wir beobachten, wie sich Brust und Bauch völlig frei beim Atmen bewegen. Eine der ersten Möglichkeiten jedoch, die ein Kind lernt, wenn es ein Gefühl unterdrücken will, besteht darin, seine Atmung zu kontrollieren. Diese Kontrolle dient dazu, die körperlichen Prozesse den Zielen des Geistes unterzuordnen, der in diesem Fall versucht, die Konflikte zu vermeiden, die ein offenes Ausdrücken von Gefühlen in einer repressiven Familie mit sich bringen würde.

Jeder Neurotiker zeigt Störungen in der Atmung, die sich in zwei extremen Formen äußern können. Erstens als hohe Brust bei eingezogenem Bauch, also die typische Militärhaltung, die von F.M. Alexander in seinen Büchern zur Bewegungskoordination und zur Körperhaltung kritisiert wurde, und zweitens als allgemein mangelhafte Atmung, bei der nur ein Minimum an Luft in die Lungen aufgenommen wird. Schizoiden Menschen und vor allem manchen Hysterikern wird leicht schwindlig, wenn sich ihre Atmung vertieft. Sie dazu zu bringen, ein vollständigeres Atmen anzunehmen, ist einem Akklimatisierungsprozeß vergleichbar – man muß Schritt für Schritt vorgehen, damit sie lernen, eine höhere Vitalitätsebene zuzulassen.

An den Rumpf schließt sich mit der Taille eine weitere Einschnürung an. Sie steht mit Verspannungen im Unterbauch, im Kreuz und den Muskeln des Beckenbodens in Zusammenhang, die alle das Becken zusammenziehen sollen, das bei vielen Neurotikern in einer nach hinten zurückgezogenen Position festgehalten wird. Unbeweglichkeit des Beckens führt natürlich zu sexuellen Schwierigkeiten, die jedoch keinesfalls nur als auf diesen Bereich beschränkt und von allem übrigen getrennt betrachtet werden dürfen. Für eine gute sexuelle Funktion ist der volle Ausdruck der Persönlichkeit nötig. Reichs ausführliche Beschreibung von Orgasmusstörungen ist des öfteren von Menschen mißverstanden worden, die dachten, er biete eine Art sexuelles Allheilmittel an. Nichts könnte mehr von der Wahrheit entfernt sein. Die Fähigkeit, sich ganz einer Erfahrung hinzugeben, ist unteilbar, und zwar gleichgültig, ob es bei dieser Erfahrung darum geht, sich einer Arbeit zu widmen, sich auf ein Musikstück, ein Gemälde oder eine Theateraufführung einzulassen, sich in einer engen Beziehung mit einem anderen Menschen zu engagieren, oder um irgend sonst eine grundlegende Lebenserfahrung. Jede »Hochspannung« in irgendeinem Teil des Körpers verringert ein wenig die volle Erfahrung.

Das Becken mündet naturgemäß in die Beine, die Hauptstützen des Körpers. Verspannungen in den Beinen haben eine Störung des Kontakts zum Boden zur Folge. Der in den Beinen unterdrückte Ausdruck ist vor allem das Stoßen oder Treten – sowohl aggressiver wie auch lustvoller Art. Besonders Lowen und auch Keleman haben betont, wie wichtig die Herstellung eines freien Empfindungsflusses in den Beinen ist, um zu einem Gefühl von »Geerdet«-sein zu gelangen. Wenn wir uns einige der verbreitetsten Störungen vor Augen halten, ist leicht zu verstehen, was damit gemeint ist. Viele Leute empfinden buchstäblich, daß sie mit der Erde nicht viel zu tun haben. Einige schizoide Menschen haben vielleicht sogar das Gefühl, zu schweben. Schwäche in den Gelenken ist charakteristisch für schizoide Störungen. Beine, die übermäßig rigide sind, mögen eine feste Stütze sein, verhindern aber Beweglichkeit und Flexibilität. Ein Mangel an Sprungkraft in den Beinen (engl.»spring«: Sprung, Sprungkraft, Sprungfeder, aber auch Frühling; *Anm. z. dt. Ausg.*) steht in Verbindung mit einem Verlust an Lebensfreude. Man braucht nur einem vor Freude tanzenden Kind zuzusehen und weiß, was ich meine.

Wenn die Hauptverspannungen des Körpers durch spezielle Massagen oder Bewegungsübungen aufgelöst sind und so die grundlegenden Ausdrucksweisen des Körpers hervorgelockt werden, erfahren die Klienten ihren Körper auf neue Weise. Sie lernen sich und ihre Welt anders schätzen. Das englische »value«: Wert, stammt vom Lateinischen »valere«, das »wert sein«, aber auch »stark, gesund sein«, bedeutet. In der bio-energetischen Terminologie meint Gesundsein so frei zu sein, daß eine rhythmische Funktionsweise ohne Blockaden, die aus chronischen Muskelverspannungen resultieren, möglich ist.

Es ist Reichs Verdienst, die feinen Beziehungen zwischen den Abwehrmechanismen des Körpers und der emotionalen Vitalität, die in ihnen zurückgehalten wird, aufgedeckt und von hier aus Wege gewiesen zu haben, wie das Kräftegleichgewicht in Richtung Gesundheit verändert werden kann. Solche Gesundheit ist physisch wie psychisch zugleich.

In einem Zitat von D.H. Lawrence ist dieses Thema gut zusammengefaßt:

Das Leben des Körpers ist ein Leben der Empfindungen und Emotionen. Der Körper empfindet wirklichen Hunger, wirklichen Durst, wirkliche Freude in Sonne oder Schnee, wirkliches Vergnügen beim Duft von Rosen oder im Anblick eines Fliederbuschs; aber auch echten Zorn, echten Kummer, echte Zärtlichkeit, echte Wärme, echte Leidenschaft, echten Haß, echten Gram. Alle diese Emotionen gehören zum Körper und werden vom Verstand nur registriert.[14]

# 2 Zentrieren, Erden und Anschauen

## Embryologie und Therapie

In der von mir entwickelten Form der körperzentrierten Therapie, die ich als Biosynthese bezeichne, arbeite ich unter der Annahme, daß es drei elementare Methoden gibt: das Zentrieren (»centring«), das Erden (»grounding«) und das Anschauen (»facing«).

Jede ist mit dem harmonischen Funktionieren der Organ-Systeme verknüpft, die aus den ursprünglichen Zellschichten der embryologischen Ausgestaltung des Fötus entstehen. Außerordentlicher Streß vor, während oder nach der Geburt unterbricht das Zusammenwirken und den Zusammenschluß der einzelnen Bereiche dieser drei Zellschichten. Therapie kann als das Bemühen definiert werden, diesen Zusammenschluß wiederherzustellen.

Die innere Keimschicht des Fötus, das Endoderm, produziert Gewebe, das für die Energieumwandlung gebraucht wird. Daraus entwickeln sich die Auskleidung der Darmröhren, alle Verdauungsorgane und das Lungengewebe. Das Energieniveau eines Menschen hängt davon ab, wie effektiv er Energie einsetzen kann, und der dazu nötige Stoffwechsel wird sehr stark von Emotionen beeinflußt. Wir können dies z.b. bei einer Person, die depressiv ist, gut beobachten. Der ganze Stoffwechsel ist verlangsamt, der Appetit weg, die Atmung drastisch reduziert.

Das emotionale Gleichgewicht eines Menschen ist mittelbar abhängig von den beiden großen Ästen des vegetativen Nervensystems, des Sympathikus und des Parasympathikus. Der Sympathikus bereitet uns auf Notfälle vor, auf Handeln durch Kampf oder Flucht, und ist mit den Emotionen Zorn und Furcht verbunden. Der Parasympathikus bereitet uns darauf vor, nicht mehr zu kämpfen oder wegzulaufen; er ist mit einem anderen emotionalen Gegensatzpaar verbunden, nämlich angenehmer Entspannung und dem Loslassen in Trauer und Kummer.

Beide Zweige des vegetativen Nervensystems senden Verästelungen zu allen inneren Organen, die Energie umwandeln. Die Kontraktion und Expansion der Lungen beim Atmen und die peristaltischen Bewegungen der Gedärme während der Verdauung reagieren auf die Signale der vegetativen Nerven. Dieser Rhythmus von Expansion und Kontraktion ist einer der fundamentalsten des Lebens überhaupt. Wir finden ihn schon bei primitiven Einzellern, d.h. er entstand bereits lange vor der Entwicklung eines Zentralnervensystems.

Wenn wir therapeutisch mit der Methode des *Zentrierens* arbeiten, versuchen wir, einen funktionierenden Rhythmus im Fluß der Stoffwechselenergie und das Gleichgewicht zwischen Sympathikus und Parasympathikus wiederherzustellen. Praktisch bedeutet das eine Hilfestellung, um ein emotionales Gleichgewicht und ein harmonisches Atmen wiederzuerlangen. Was dies im einzelnen heißt, beschreibe ich im sechsten Kapitel.

Die mittlere Zellschicht des Fötus, das Mesoderm, bildet sich zu den Muskeln, zum knöchernen Skelett, zu den Blutgefäßen und zum Herzen aus, also zum Bewegungs- und Handlungssystem. Das Herz und die glatte Muskulatur werden wie die anderen inneren Organe durch das vegetative Nervensystem (VNS) gesteuert. Die Skelettmuskulatur wird jedoch durch drei verschiedene Instanzen kontrolliert: Großhirnrinde, Stammhirn und Rückenmark. Signale der Großhirnrinde laufen entlang der Hauptbahnen des willkürlichen Nervensystems, dem pyramidalen System; Reize des Stammhirns überträgt ein besonderes Nervensystem, das mit den Basalganglien, dem Mittelhirn und dem Kleinhirn verbunden ist und als extrapyramidalmotorisches System bezeichnet wird. Es sorgt für das Gleichgewicht, den Muskeltonus und die Körperhaltung. Drittens werden die Aktivitäten des Körpers von den Reflexleitungen im Rückenmark gesteuert. Wer hat nicht schon mal die Hand von der heißen Herdplatte blitzartig weggezogen? Solche Reflexe gibt es im ganzen Körper. Sie treten als Geburtsbewegungen auf (Geburtsreflex), als frühkindliche Reflexmuster (Nackenreflex, Babinski-Zeichen u.a.) und in der Sexualität als Orgasmusreflex. Wie die drei Kontrollsysteme des Zentralnervensystems zusammenspielen, werde ich später genauer erörtern.

Beim *Erden* versuchen wir ein gutes Verhältnis zwischen willkürlichen, also von uns bewußt ausgelösten, halbwillkürlichen und unwillkürlichen Bewegungen herzustellen und wieder einen angemesseneren Muskeltonus zu erschaffen. Der Muskeltonus kann in zweierlei Hinsicht aus dem Gleichgewicht geraten. Hypertonisch bedeutet ein Übermaß an Spannung, mehr als für eine bestimmte Aktion gebraucht wird; der Muskel fühlt sich verspannt, knotig und rigide an. Hypotonisch bezeichnet einen Mangel an Spannung, weniger als für eine gewünschte Bewegung nötig wäre; der Muskel fühlt sich schlaff, schwammig und träge an.

Gut geerdet zu sein bedeutet, die unter bestimmten Bedingungen angemessene Muskelspannung zu haben. Ein Seemann ist auf seinem Schiff gut geerdet, wenn er sich den rollenden, wogenden Veränderungen seines Bodens, des Schiffsdecks, beständig gut anpassen kann. Ein schlafender Mensch ist in seinem Bett gut geerdet, wenn er den fürs Bett angemessenen Muskeltonus hat; er muß ihn von der Tagesanspannung befreien und seine Muskeln entspannen. Jemand, der sich im Wasser übermäßig anspannt, ist ein unfähiger Schwimmer; er ist im Wasser schlecht geerdet, schlecht gegründet. Auf dem Boden geerdet zu sein, heißt einen guten Muskeltonus in den Beinen zu haben, d.h. sie nicht zuviel, aber auch nicht zu wenig anzuspannen. Beim Training in den Kampfkünsten werden ein dynamisches Gleichgewicht und entspannte Aufmerksamkeit betont, ohne Energie zu verschwenden. Das vermittelt ein ausgezeichnetes Verständnis der Prinzipien des Erdens.

Bei Menschen, die zur Therapie kommen, ist der Muskeltonus in die eine oder andere Richtung gestört. Dies zeigt sich in entsprechenden Haltungen, die sich im somatischen Ausdruck der Charakterstruktur widerspiegeln. Wie wir uns körperlich halten, enthüllt sehr viel darüber, wie wir in der Welt stehen, wie wir uns fühlen und wer wir sind. Eine Veränderung der Körperhaltung birgt die Möglichkeiten einer heftigen emotionalen Reaktion und des Aufdeckens von tief verwurzelten Charaktereinstellungen in sich.

Das Ektoderm ist die dritte und äußerste Zellschicht des Fötus. Es bildet alle Nervengewebe und Sinnesorgane, die Haut eingeschlossen. Es ist ein System, das Informationen über die Welt sammelt und verarbeitet. Das Nervensystem hat mit drei Arten der Wahrnehmung zu tun: der Interozeption, also Nachrichten von den inneren Organen; der Propriozeption, die Informationen vom Muskelsystem; der Exterozeption, die Wahrnehmungen durch die fünf Sinne. Diese Dreiteilung innerhalb des Wahrnehmungssystems spiegelt die dreiteilige Organisation unseres Körpers wider; die Nerven sammeln Informationen sowohl aus dem Endoderm, dem Mesoderm und dem Ektoderm.

Informationen erreichen uns vorwiegend über die Kanäle der Augen, Ohren und des Tastsinns sowie in geringerem Maß über den Geruchs- und den Geschmackssinn. Die Art unseres Denkens ist in diesen Wahrnehmungskanälen »geerdet«. Wir denken in visuellen Mustern, in Hörmustern (Sprache) oder in Berührungsmustern.

Typische Ungleichgewichte im Ektoderm sind Muster der Überempfindlichkeit oder solche der Unterempfindlichkeit. Beim überempfindlichen Menschen ist die Erregungsschwelle niedrig. Kleine Reize lösen bei ihm leicht Streß aus. Der Unterempfindliche oder Unsensible besitzt eine hohe Reizschwelle und sperrt vieles aus: er hat Augen, aber sieht nicht, hat Ohren, aber hört nicht. Menschen mit niedriger Reizschwelle sind zu wenig abgegrenzt, dünnhäutig, fühlen sich schnell bedroht und angegriffen von einem strengen Blick, einem lauten Geräusch oder einer plötzlichen Berührung. Eine hohe Reizschwelle findet sich bei Menschen, die übermäßig abgrenzen, dickhäutiger und gut gewappnet sind gegen Angriffe oder ein Eindringen.

Beim *Anschauen* beschäftigen wir uns daher mit dem Augen- und Stimmkontakt und bemühen uns darum, Sprache und Wahrnehmung mit dem Gefühl in Einklang zu bringen. Mehr darüber enthält das achte Kapitel.

Die Erfahrungsbereiche, die auf den embryonalen Zellschichten beruhen, sind die Bereiche des Atmens und Empfindens, der Aktion und Bewegung, von Gedanken und Wahrnehmung. So wie extremer

Streß die Einheit von Empfindung, Bewegung und Denken unterbricht, so neigen auch die therapeutischen Systeme dazu, diese Trennung widerzuspiegeln. Es gibt also Therapieformen, die sich auf ein emotionales Freiwerden oder auf die Befreiung der Atmung spezialisiert haben, aber wenig oder nichts von Körperhaltung, Bewegung oder den Feinheiten der Sprache verstehen. Andere arbeiten mit heilenden Bewegungen und einer Haltungskorrektur, vernachlässigen jedoch das emotionale Leben und die Begriffsbildung. Eine dritte Gruppe zeigt große Fähigkeiten in der Analyse von Gedankenmustern, Erinnerungen und sprachlicher Erfahrung, ist aber blind für die in vegetativen Rhythmen und in Haltungsanpassungen bestehende organische Basis von Erfahrung.

Die drei psychoanalytischen Bezeichnungen für die psychischen Strukturen des Geistes, Es, Ich und Über-Ich, beruhen auf entsprechenden organischen Grundlagen. Das Es als Reservoir der primitiven Gefühle entspricht jener Ladung an emotionaler Energie, die verbunden ist mit den tiefen Organsystemen des Endoderms. Wenn sich Wut in unserem Bauch aufbaut oder die Furcht uns auf den Magen schlägt, hat uns das Es in seinem Griff.

Das Ich ist zweigeteilt in einen wahrnehmenden und einen ausführenden motorischen Teil. Das Sinnes-Ich gibt den Wahrnehmungen Sinn. Es baut ein Gedankenbild der Welt auf, es zeichnet eine geistige Landkarte. Der andere Zweig des Ich, das motorische Ich, koordiniert Bewegungen so, daß eine wirkungsvolle Handlung entsteht. Das Sinnes-Ich ist eng dem Ektoderm verbunden, während das motorische Ich durch das Mesoderm ausgedrückt wird. Beide stehen in Verbindung zur Wirbelsäule, die man sich als »Ich-Kanal« denken kann. Wieder liegt ein Dreiermuster vor, das in diesem Fall Psychoanalyse und Embryologie verbindet.

Der Begriff des Über-Ich ist ein soziologischer Begriff ohne direkte Grundlage oder Herkunft aus den embryonalen Keimschichten. Das Über-Ich ist etwas über und jenseits des Ich. Es entspricht den internalisierten Eltern, also der Stimme, die uns sagt, wie wir sein sollten, die physiologisch in dem verankert wird, was Reich die »Panzerung« nannte. Dies ist ein System von Belastungen und

Anspannungen, das dazu dient, das zu erreichen, was von außen erwartet oder gefordert wird, anstatt auf die inneren Gefühle und Wünsche unseres wahren Selbst zu reagieren.

Das Über-Ich wird zum Polizist, der mit einem Knüppel über uns steht. Durch meine therapeutische Arbeit versuche ich den Einfluß dieses Polizisten zu verringern, um den Geltungsbereich des Ich auszuweiten, das die Energien des Es am besten steuern kann. Die Vereinigung des Es mit den beiden Zweigen des Ich entspricht der harmonischen Zusammenarbeit zwischen den drei embryonalen Bereichen.

Zurück zur Embryologie: Mit den drei Ur-Zellschichten stehen drei Affektströme in Zusammenhang. Es gibt einen Erregungsprozeß, der auf der Hautoberfläche abläuft und den Francis Mott[15] als »fötalen Haut-Affekt« bezeichnet hat. Wir erfahren ihn in der Reaktion auf Berührung als Wellen des Behagens oder des Unbehagens. Er besitzt also eine positive und eine negative Form, die widerspiegeln, wie das Baby behandelt wurde. Beim Einsatz von therapeutischer Berührung in den verschiedenen Arten von Massage müssen wir uns immer im klaren sein, mit welchem der Affektströme wir es gerade zu tun haben. Weil Auge und Ohr spezialisierte Ausformungen der (aus dem Ektoderm hervorgegangenen) Haut sind, sind die positiven und negativen Reaktionen des Auges auf Licht und des Ohres auf Klang gleichermaßen Ausdruck des »fötalen Haut-Affekts«. So können wir unsere Ohren mit Hilfe von Klang in der Musiktherapie und unsere Augen mit Hilfe von Farbtönen in der Farbtherapie gewissermaßen »waschen«.

Weiter gibt es den »kinästhetischen Affekt«; das ist der Empfindungsfluß, der unsere Bewegungen begleitet. Anmutige und freudige Bewegungen bringen einen angenehmen und positiven kinästhetischen Affekt mit sich, angespannte und eingeengte Bewegungen einen schmerzhaften und negativen. Spontane Bewegungen besitzen eine tänzerische Qualität mühelosen Zusammenwirkens. Die Schwimmbewegungen des Embryo, das lachende Strampeln des Babys, die Lust am Rennen und Springen, die abgestimmten Bewegungsfolgen von Athleten und Sportlern enthalten ein hohes Maß an kinästhetischem Affekt. Daher gehört dieser Affekt zur Mesoderm-Ebene.

Der umbilikale oder Nabelschnur-Affekt bezeichnet jenen Strom von Empfindungen, der mit der Wahrnehmung von Leben und Energie verbunden ist, die durch die Nabelschnur (endodermal) in das Zentrum des eigenen Körpers gepumpt werden. Ein positiver Nabelschnur-Affekt bringt ein Gefühl des Wohlbefindens, der Vitalität und ein angenehmes goldenes Strahlen in der Magengrube mit sich. Ein negativer Affekt dagegen birgt ein Gefühl von Unbehagen, Angst, Verzweiflung und verlorengegangenem Wohlbefinden – eine dunkle Ahnung, an der Quelle des Lebens vergiftet oder verraten worden zu sein.

Auch nachdem das Kind geboren und abgenabelt worden ist, bleibt der Nabelschnur-Affekt als somatische Erinnerung erhalten, die die Qualität des Fühlens und die Verteilung von Energie im Bauchraum stark beeinflussen kann. Die Art und Weise, wie ein Kind Essen verdaut, hängt eng damit zusammen, wie es Gefühle verdaut. Gerda Boyesen deckte diese Verbindung in ihrer Theorie von der Psychoperistaltik[16] auf.

Der Affektfluß im Abdomen wird auch durch die Art, wie wir atmen, und durch die Aktivität des Zwerchfells gesteuert. Schon in der Anfangszeit der Psychoanalyse beschrieb Freuds Kollege Josef Breuer drei Erregungskanäle, die eine enge Verwandtschaft zu den drei embryonalen Lebensströmen aufweisen. Im Anhang gebe ich eine Beschreibung seiner Arbeit, die einige historische Wurzeln der hier vorgestellten dreiteiligen Auffassung von Therapie aufzeigt.

Therapie aus einem embryologischen Blickwinkel zu sehen, kann als eine der umfassendsten Arten gelten, unsere somatische Organisation zu verstehen. Im fünften Kapitel über den Aufbau des Körpers werde ich dieses Thema ausführlicher entwickeln. Dieser Ansatz kann durch seine Einsicht in die organischen Wurzeln des Es und die beiden Teile des Ich sowie durch seine Verbindung zu den energetischen Konzepten Breuers das Verständnis von der Psyche erhellen. Damit taucht eine weitere Verbindung auf, die es zu erforschen gilt. Parapsychologen, die sich mit dem Energiefeld (der Aura) beschäftigen, haben einen vitalen, einen emotionalen und einen mentalen Bestandteil ausgemacht. Das vitale Feld hat mit der Energieladung des Blutes und deshalb mit dem Mesoderm zu tun, das emotionale mit dem Endoderm und das mentale mit dem Ektoderm. Ein Heiler, der die Energie dieser drei Felder ins Gleichgewicht bringen und dazu beitragen will, daß sie gut zusammenarbeiten können, tut auf einem feinstofflichen Niveau das, was wir mit Zentrieren, Erden und Anschauen auf der Organebene anstreben. So kann man entweder die drei Zellschichten als Erzeuger der drei Energiefelder ansehen oder die drei aufeinander einwirkenden Energiefelder als Organisatoren der embryonalen Keimschichten.

Der Heiler kann durch seine Arbeit an der Lebensenergie die somatische Energie beeinflussen, und der somatische Therapeut kann auf die feinstoffliche Energie der Lebensfelder durch seine Arbeit mit der Atmung, den Bewegungen und der Wahrnehmung einwirken. Der embryologische Ansatz, um unsere somatische und psychische Organisation zu verstehen, ist die Grundlage der Biosynthese.

# 3 Verkörperung vor der Geburt

## Das Leben in der Gebärmutter

Da embryologische Erkenntnisse grundlegend für meinen therapeutischen Ansatz sind, ist ein klares Verständnis der Entwicklung im Mutterleib und des Übergangs zu einem Leben außerhalb der Gebärmutter nicht nur wichtig, um neurotische Konflikte, sondern auch um die früheste emotionale Geschichte des Körpers und den Plan seiner Gestaltung zu verstehen.

Wenn ein Klient bei einem Therapeuten um Hilfe nachsucht, bringt er Probleme mit, die eine emotionale Geschichte haben. Die Symptome, die er zeigt, sind jedoch nur die Spitze eines Eisbergs. Der für den Klienten unsichtbare Teil ist seine eigene Charakterstruktur, die die Symptome erzeugt. Reich verstand die Charakterstruktur eines Menschen als seine erstarrte Geschichte.

Die Psychoanalyse folgte den Erinnerungen bis zum Beginn der Sprachfähigkeit. Melanie Klein spürte die Quellen einiger Neurosen noch genauer bereits im ersten Lebensjahr auf. Otto Rank erblickte im Geburtstrauma den Hauptverursacher von emotionalem Streß. Frank Lake und eine ganze Schule Pränataler Psychologen gingen zurück zur Zeit im Uterus, um die Wurzeln von emotionalen Schwierigkeiten zu untersuchen. Darum will ich nun an diesem Punkt der Darstellung meines Verständnisses vom Verhältnis zwischen Energie und Charakter eine Innenansicht des Lebens im Mutterleib geben.

Um den Körper eines neuen Menschen zu bilden, müssen erst einmal die Keimzellen, die in den Geweben der Eltern eingebettet sind, freigelassen werden und frei beweglich sein. Dies sind explosive und entscheidende Ereignisse. Der Eisprung, die Ovulation, ist ein spektakulärer und atemberaubender Vorgang, der dank der Fiberoptiktechnik gefilmt werden konnte. Ich habe Ausrufe des Erstaunens und der Ehrfurcht von denen gehört, die beobachten durften, wie das reife Follikel zerplatzt und das zukünftige Ei ausstößt. Auch der Orgasmus kann höchste Wogen der Erregung durch alle Gewebe des Körpers schwemmen, wobei die männlichen Samenzellen durch die Stöße der Ejakulation zu Beginn ihrer Reise eine Strecke geschleudert werden, die ein Vieltausendfaches ihrer eigenen Länge beträgt.

Samen und Ei, diese mikroskopisch kleinen Flecke Keimplasma mit einer Geschichte, die in vorgeschichtliche Zeiten zurückreicht, beginnen sich aufeinander zuzubewegen. Das Ei wandert die Röhre des Eileiters hinunter, fortgetragen durch peristaltische Wellen und die schlagenden Bewegungen der Wimpernhärchen, die sich auf der Innenwand des Eileiters befinden. Währenddessen schwimmen 400 Millionen Spermien gegen den Strom, bahnen sich wie winzige Lachse ihren Weg, laufen Spießruten zwischen der Molekülstruktur des Zervikalschleims, denn dieser erreicht gerade zu Zeiten der Ovulation seine größte Dichte. Seine kristallinen Muster, unter einem Mikroskop gesehen, ähneln Farnblättern, Korallenzweigen oder Teilen von Schneeflocken. Lennart Nilsson beschreibt das sehr schön in seinem Buch *The Everyday Miracle*[17]:

Ständig schwingen sie hin und her, und manchmal lockern sich die engen Verbindungen für einen Moment. Dann kann es sein, daß ein einziger Same die Gelegenheit nutzt, so weit wie möglich in den freien Zwischenraum hineinzuschwimmen. Es ist ein ziemliches Spießrutenlaufen. Wenn man so klein ist wie eine Spermie, muß man auf Moleküle und ihre Position achtgeben. Das Vordringen der Spermien durch den Zervikalschleim ähnelt stark der Fahrt mehrerer Boote, die einen Fluß hinauffahren, in dem viele unsichtbare Baumstämme treiben.

Der Schleimstrom, der diesen fantastischen Schwarm der Samenzellen enthält, ernährt ihn allerdings auch; und nicht nur das: er scheint ihn sogar zu weiteren Anstrengungen anzuregen. Irgend etwas im Sekret energetisiert die Spermien und lockt sie zum Ei. Das erste Geißeltierchen, das die geleeartige Membran des Eis berührt, löst hier eine Reaktion aus. Die Membran scheint eine Art Kegel zu formen und dann genügend weich zu werden, um das vorderste Spermium in die Innenflüssigkeit der Zelle eindringen zu lassen. Sobald es die Sperre passiert hat, wird die Membran für alle übrigen Spermien, die von allen Seiten dagegen stoßen, undurchlässig.

Die frei schwebende, jetzt befruchtete Eizelle, die Zygote, setzt ihre gemächliche Reise durch den Eileiter fort. Nach etwa 30 Stunden hat sie sich in zwei Zellen geteilt. Stanley Keleman schreibt dazu:

Wenn man einer Zellteilung zuschaut, sieht man zuerst, wie die Zelle erregt ist und zittert. Man sieht, wie sich die beiden Pole bilden, die Bereiche höchster innerer Aktivität. Man kann in der Tat die Strahlung zwischen den beiden Polen und die Anordnung der Chromosomen in diesem Strahlungsfeld sehen. Die Polstrahlung wird so stark, daß sie zur Pulsation und dann zur Strömung wird. Das Strömen vermittelt die entscheidende Information über das Leben – wie es auch bei uns der Fall ist, wenn wir miteinander kommunizieren.[18]

Daraus folgert Keleman, daß wir alle, zum Besseren oder Schlechteren, auf solche intensiven menschlichen Muster der Erregung eingestimmt sind.

Nach sechs oder sieben Teilungen nistet sich die etwa eine Woche alte Zelltraube in die Gebärmutterwand ein. Dies ist die erste Erfahrung, in etwas eingebettet zu sein. Im Film sieht die Einnistung wie eine Mondlandung aus. R.D. Laing hat diesem Übergang von einem Zustand in den anderen in einem Vortrag mit dem Titel »Leben vor der Geburt« sehr große Bedeutung beigemessen. Er meint, die Einnistung sei gleichbedeutend mit einer Adoption und daß der sich einpflanzende Zellkörper auf bestimmte Weise sensibilisiert ist für die Aufnahmefähigkeit der Gebärmutter. Der freischwebende Zustand der Bewußtheit, wie er aus manchen mystischen oder dissoziierten Zuständen bekannt ist, enthält auch die Furcht, weggeschwemmt zu werden. In vielen Mythen wird der Held im frühen Lebensalter ausgesetzt, treibt in irgendeinem Behälter einen Fluß hinunter, bis er an einem passenden Ort landet. Laing sieht hier Zusammenhänge zu dieser Phase der Reise durch den Eileiter. Wird die Gebärmutter als nicht empfangend empfunden, mag das Bewußtsein später heimgesucht werden von Fantasien und Alpträumen, in Treibsand eingebettet zu sein. Ist der Uterus aufnehmend, kann die Zelltraube erfolgreich ihre Wurzeln in fruchtbaren Boden schlagen.

Für den Rest seines Lebens im Mutterleib bleibt der wachsende Organismus wie eine Pflanze hier verwurzelt, bis zur letzten Loslösung während der dritten Phase der Entbindung. Dann sollte das Neugeborene sich bereits auf dem Bauch oder an der Brust der Mutter niedergelassen haben. Ein verfrühtes Abnabeln kann zu einem Zustand der Unverbundenheit oder Wurzellosigkeit führen.

In Laings schöpferischer Bilderwelt ist die Gebärmutterwand die Erde, der Embryo der Same, die Chorionzotten (Ausstülpungen der mittleren Eihaut) die ersten Wurzeln, die sich entwickelnde Nabelschnur der Stamm und der Fötus die wachsende Frucht der Pflanze. Laing schreibt über die Einnistung (Nidation) des Eis in die Gebärmutterwand:

Die Ausscheidungen des Eileiters [vor der Nidation] können ruhig oder heftig sein… ergiebig oder eine Dürre; man kann ins Trudeln kommen, rotieren, schweben, fliegen; gegen Klippen geschleudert werden; an Land gespült und wieder zurückgeworfen werden, bevor die Reise zu Ende ist. Bevor es schließlich zur endgültigen Nidation kommt, kann es viele Abenteuer zu bestehen geben. Dieser Weg zur Nidation wird möglicherweise zum Modell für spätere Strukturen. So wie die Nidation selbst vielleicht auf den Vorgang der Geburt zu projizieren ist.
… die Geburt ist eine Umkehrung der Nidation, und der Empfang, den einem die postnatale Welt bereitet, erzeugt in uns eine sympathetische Resonanz unserer ersten Aufnahme in unserer pränatalen Welt.[19]

In den nächsten zwei Wochen wird diese Traube aus etwa einhundert Zellen tausendfach größer werden und zu einer länglichen Scheibe mit einem Kopf- und Schwanzteil wachsen, die bereits aus drei Ebenen besteht: einer hinteren, einer mittleren und einer vorderen. Sie rollt sich schließlich während dieser Zeit maximalen Wachstums in eine Reihe von Röhren ein. Man muß schon ein Spezialist in dreidimensionaler Geometrie sein, um den räumlichen Veränderungen dieser Phase folgen zu können, doch diese grundlegende Embryologie ist nötig, um die späteren Energieströme zu verstehen.

In diesem Stadium werden aus ein und derselben Eizelle Nervenzellen, Muskel-, Blut- und Knochenzellen. Zellen sind ursprünglich »Alleskönner«, denn alle besitzen dasselbe Potential, irgendeinen Teil des Körpers hervorzubringen. Aber irgendwie werden sie so »geführt«, nur einem Teil ihres umfassenden genetischen Plans entsprechend zu handeln. »Signale« aus der Umgebung einer sich teilenden Zelle können die Tochterzelle dazu veranlassen (oder daran hindern) sich in Richtung auf Nase, Finger, Lunge oder Niere zu entwickeln. Erst bei der Teilung in embryologische Keimschichten beginnen sie sich tatsächlich zu spezialisieren. Die Morphogenese, die Entwicklung der Gestalt, und was sie steuert, ist bis heute noch nicht verstanden. Die Biologen beschreiben sie als einen Prozeß gezielter protoplasmatischer Bewegungen, bei dem einzelne Zellen durch den Körper der sich verlängernden und einstülpenden Zellmasse zu wandern und eine neue Position einzunehmen beginnen. Dieser Prozeß, das sogenannte »morphogenetische Strömen«, legt die Vermutung nahe, daß es zwischen den Zellen eine Kommunikation durch Kontakt gibt, während sie an bio-elektrischen und chemischen Gefällen entlangfließen zu organisierten funktionalen Standorten im Körper. Während sie sich teilen, differenzieren sie sich. Wir können nur staunen über diesen Vorgang der Selbstgestaltung.

Der Embryo wird von außen nach innen aufgebaut. Otto Hartmann hat beschrieben, wie die drei embryologischen Schichten oder Scheiben gebildet werden[20], und ich denke, es ist nötig, hier ins Detail zu gehen, um die Unterschiede zwischen diesen Schichten zu verstehen (siehe Abb. 1).

Zwei hohle elliptische Zellblasen entstehen: das Amnion (die Wasserhaut) und der Dottersack. Der Raum zwischen ihnen ist ausgefüllt mit Plasmazellen. Zu diesem Zeitpunkt gibt es noch nichts, was einem Organismus ähneln würde, nur diese beiden sackartigen Gebilde, die innerhalb der Grenzen der Zygote schwimmen. Doch aus den Zellen, die die untere Oberfläche der Wasserhaut begrenzen, wächst das Ektoderm. Es wird später zur äußeren Schicht des Körpers. Aus den Zellen, die die obere Oberfläche des Dottersacks begrenzen, bildet sich das Endoderm, die innere Auskleidung des Körpers. Die Plasma-

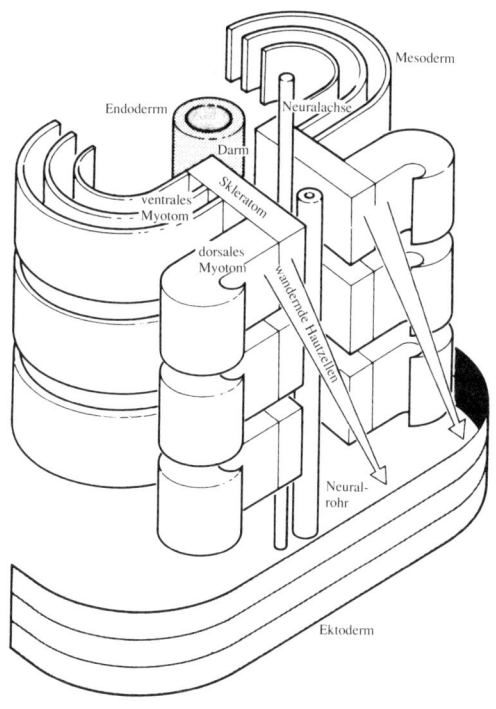

Labels in figure: Mesoderm, Endoderm, Neuralachse, Darm, ventrales Myotom, Skleratom, dorsales Myotom, wandernde Hautzellen, Neuralrohr, Ektoderm

*Abb. 1: Die Bildung der drei embryologischen Keimschichten.*

zellen formen sich zum Mesoderm, sozusagen dem Packmaterial des Körpers.

Jedes der drei Keimblätter der ursprünglichen Scheibe – das äußere (Ekto), das mittlere (Meso) und das innere (Endo) – hat ein eigenes Röhrensystem. Entlang der Rückseite der äußeren Ektodermschicht bildet sich eine Rinne. Ihre Ränder falten sich nach innen ein und umschließen das Neuralrohr: eine versiegelte Röhre voller Gewebswasser, die sich bald am Kopfende dreifach ausbuchten wird. Dies sind die Anfänge des Gehirns – das End-, Zwischen- und Mittelhirn. Die ganze dreischichtige Scheibe faltet sich dann und rollt sich ein zu einem langen, gekrümmten, dreiteiligen Zylinder. Die innerste Röhre (Endoderm) wird zum Gedärm. Alle Verdauungsorgane knospen mit der Zeit von hier aus und differenzieren sich in Magen, Leber, Bauch-speicheldrüse usw.; ebenso keimen dort die Lungen wie zwei kleine hülsenartige Gebilde, die sich bald in die baumartige Struktur der Bronchien verzweigen. Aus der mittleren Schicht (Mesoderm) strömen von beiden Seiten Zellen gegen die Mitte hin aus, um dort die zwei Hälften einer dritten Röhre zu bilden, die zu einem primitiven Herz verschmelzen werden. Nach 25 Tagen wird dieses Herz zu schlagen begonnen haben – in einem Organismus, der weniger wiegt als ein tausendstel Gramm; die Röhre pulsiert spontan.

Theodor Schwenk beschreibt dieses Chaos einfühlsam als rhythmi-sches Geschehen:

Als Ganzes gleicht die Verdauungsbahn – von den Lippen an – nicht einem zylindrischen Rohr, sondern einem rhythmisch untergliederten Gebilde, das in mehreren Hauptabschnitten mit Erweiterung und Verengung das Stoff-wechselgeschehen räumlich und zeitlich unterteilt. Diesem formgewordenen Rhythmus überlagert sich derjenige der noch ganz in der Bewegung verblei-benden Peristaltik des Darmes. … Funktion und Form des Herzens finden sich in den strömenden Vorgängen des Wassers als ausdehnendes und zusammenziehendes Prinzip im Ganzen schon vorweggenommen, wie wenn einzelne abgetrennte Räume gebildet würden. … das Organ schwingt im Rhythmus des Flüssigkeitsstromes mit, aus dem heraus es aufgebaut wurde, und macht so nur sichtbar, was schon im strömenden Medium an sich als Rhythmus pulsiert.[21]

Erst nach drei Wochen wird diese Anordnung von Röhren ein Embryo genannt; in den nächsten fünf Wochen werden alle fundamentalen Strukturen eines menschlichen Körpers aufgebaut. Flüsse von Zellen strömen aus, um Fleisch, Muskeln und, etwas später, Knochen zu bilden. Nerven greifen von der Ur-Wirbelsäule her wie feine Wurzeln nach den Organen aus, mit denen sie kommunizieren werden. Blut-inseln erscheinen und verlängern sich, bis sie wie Regentropfen zusammentreffen, aus denen Bäche werden: das Blutgefäßsystem entsteht. Paarweise Auswüchse des Gehirns vergrößern sich und wachsen in zwei Vertiefungen der äußeren Haut hinein: die beiden Hälften der Augen treten in Verbindung. Irgendwo zwischen Herz und Mund drücken sich Fleischpünktchen heraus, werden zu winzigen Stümpfen und dann zu Armen, die wiederum Hände ausbilden mit einem kleinen Strahlenkranz, der zu den Fingern wird. Ein wenig später machen die Beinknospen eine ähnliche Entwicklung durch.

An den Seiten des Rumpfes wandern Zellen entlang und strahlen horizontal zu zwölf Flüssen aus, die einmal zu Rippen werden. Sie treffen sich auf der Mittellinie der Brust, wo sie das Brustbein bilden helfen. Zwischen den Rippen und in der Rumpfwand unterhalb des Brustkorbs siedeln sich zukünftige Muskelzellen an. Und direkt unter der Oberfläche bildet sich die Haut aus.[22]

Die Form der inneren Organe und die äußere Fleischhülle, die sie einschließt, spiegelt die Windungen und die Wanderbewegungen der primitiven Zellströme wider; genauso wie vulkanischer Fels die Fließlinien des geschmolzenen Magmas festhält und Glas die fließende Gestalt, in die es geblasen wurde. Hierzu noch einmal Schwenk:

Diese [Gliedmaßen] … sind von einem ganzen System von Strömungen durchzogen, welchen sich der Muskel im wesentlichen anlehnt. Beide, Muskelzüge und Gefäße, sprechen von demselben: von der strömenden Bewegung in Schraubenform. Diese Bewegung läuft über die Sehnen in die Knochen hinein aus. Der Knochen hat der strömenden Bewegung, aus welcher er hervorgegangen, ein Denkmal in »Stein« gesetzt, ja, die Flüssigkeit selbst hat sich darin »aus-gesprochen«.[23]

Nach 100 Tagen etwa ist die Periode der Organbildung und der Entwicklung der Gewebe abgeschlossen. In den restlichen sieben Monaten der Schwangerschaft wird der Fötus gut 600mal größer, aber er legt keine grundlegend neuen Strukturen mehr fest. Entwicklungsbiologen, die eine Sprache suchen, mit der sich Gestaltung und Synchronisierung dieses Unternehmens ausdrücken läßt, das in der zeitlichen Steuerung eine Million mal komplexer ist als eine Mondlandung, benutzen Begriffe, die erstaunlich psychologisch klingen. Sie reden von »Kompetenz«, von »Verbindlichkeit«, »Anziehung«, »Kontakt«, »Führung«, »Information«, »Organisation«, »Determination« und »Strategie«.

Von welchem Zeitpunkt an können wir beim Auftauchen dieses sich bildenden Körpers von Erfahrung, Empfindung und erster Erinnerung sprechen? Die Ohren können sechs Wochen nach der Empfängnis hören, noch bevor das Gesicht fertig ausgebildet ist. Der Embryo lutscht vielleicht schon nach der halben Schwangerschaft am Daumen, wenn die Finger noch gar keine Knochen haben. Um diese Zeit herum bemerkt die Mutter immer heftigere Bewegungen in ihrem Bauch (das sogenannte »quickening«). Der Fötus tritt Wasser. Die primitiven Schwimmbewegungen des Fötus sind Urmuster der Bewegungen, die das Baby nach der Geburt machen wird, wenn es der Schwerkraft zu widerstehen lernt. Die Schwimmbewegungen sind die biologischen Grundlagen für Aggression (im Wortsinn von: herausschreiten, Vorwärtsbewegung), die auf der Aktivierung der Rückgratmuskulatur beruht. A.W. Liley beschreibt frühe fötale Bewegungen unter Einsatz der langen Rückenmarksreflexe, die schon in der 26. Woche beobachtet wurden.[24] Er betont, daß »ein Kunststück, das im Zustand neutralisierten Eigengewichts einfach zu vollbringen ist, unter der neuentdeckten Tyrannei der Schwerkraft« so schwierig wird, daß derartige Bewegungen nach der Geburt nicht vor der 14. bis 20. Lebenswoche gesehen werden.

Die früheste bewußte Erinnerung der meisten Leute bezieht sich etwa auf das Alter von zwei Jahren. Die Psychoanalyse erreichte nie die Zeiten davor, weil ihr Instrument die Sprache war. Ein Kind von zwei Jahren hat jedoch bereits 34 Monate lang seinen Körper erfahren, zehn Monate davon im Mutterleib. Glauben wir wirklich, daß diese reiche uranfängliche Zeit, in der der Organismus schneller wächst als in irgendeiner anderen Phase des Lebens, keine Spuren in den Geweben hinterläßt? Es gibt viele Therapieformen – Hypno-, Primär-, Reichianische, LSD-Therapie –, von denen die Menschen behaupten, sich darin an frühere, an vorsprachliche und vorgeburtliche Ereignisse wiedererinnert und sie wiedererfahren zu haben. Mit hoher Wahrscheinlichkeit werden die Erregungsmuster des Fötus, angenehme wie unangenehme, und die mit ihnen verbundenen Reflexbewegungsmuster in irgendeiner Form aufbewahrt, die möglicherweise später wiederentdeckt werden kann. Wenn das so ist, ist es auch legitim anzunehmen, daß die Art und Weise, wie diese Erinnerungen an die Erfahrungen festgehalten werden, den Organismus ebenfalls formt und lenkt.

Wir brauchen Erinnerungsfähigkeit – so verstanden – nicht auf das Gehirn beschränken. Organismen ohne Hirngewebe oder Nervensysteme haben Erfahrungen. Sie sind empfindungsfähig, reagieren auf ihre Umgebung und handeln danach. Es scheint, daß sogar einzelne Zellen ein bestimmtes System primitiver Erinnerungsfähigkeit an vergangene organische Zustände besitzen.

Viele, die Berichte über frühe vorsprachliche Lebensstadien gelesen haben oder mit eigenen Augen sahen, wie solche Zustände offenbar wiedererlebt wurden, akzeptieren auch die Realität vorgeburtlicher Erinnerung. Und es sind sogar noch früher liegende Zugriffe möglich. Menschen unter LSD-Einfluß gaben an, sogar Stadien vor der Embryonalzeit und während der Empfängnis wieder zu erfahren. Einige dieser »offensichtlich« erinnerten Ereignisse konnten nicht in der Gebärmutter geschehen sein. Denys Kelsey und Joan Grant haben ein Buch mit dem Titel *Many Lives* (»Viele Leben«) geschrieben, in dem sie behaupten, Erinnerungen an vorangegangene Tode und Erfahrungen früherer Leben aufzudecken. Sie stehen damit nicht allein.[25]

Ich möchte hier allerdings nicht auf die Kontroversen über frühere Leben, über die Natur des Bewußtseins und darüber, ob es als Einheit getrennt vom Körper existieren kann, eingehen. Deshalb beginne ich mit der Empfängnis. Es kommt nicht darauf an, ob jemand die folgenden Berichte als »Erinnerungen«, »Fantasien« oder »einfallsreiche Rekonstruktionen« sieht. Sie waren tiefe Erfahrungen, die sich auf das Bewußtsein und oft das weitere Leben derer auswirkten, die sich ihnen unterzogen. Näher als durch sie werden wir wohl nicht an unsere subjektiven Ursprünge herankommen.

Die erste nenne ich den »Sperma-Traum«. Ein Psychiater erzählte davon nach einer Ausbildungsstunde, in der LSD eingesetzt wurde:

… ich begann eine seltsame Erregung zu spüren, die anders war als alles, was ich je in meinem Leben empfunden hatte. Der mittlere Teil meines

Rückens erzeugte rhythmische Impulse, und ich hatte das Gefühl, durch Raum und Zeit einem unbekannten Ziel entgegengeschleudert zu werden; ich hatte nur eine sehr unbestimmte Ahnung des Zieles, aber die Mission schien mir ungeheuer wichtig zu sein. Nach einiger Zeit entdeckte ich zu meiner Überraschung, daß ich ein Spermatozoon war und daß die explosiven regelmäßigen Impulse von einem biologischen Schrittmacher erzeugt und an eine lange Flagelle weitergegeben wurden, die sich in blitzschnellen Schwingungen bewegte. Ich nahm an einem hektischen Superwettlauf zur Quelle gewisser chemischer Botschaften teil, die etwas Faszinierendes und Unwiderstehliches hatten. Inzwischen war mir klargeworden, daß das Ziel war, das Ei zu erreichen, in es einzudringen und es zu befruchten. Trotz der Tatsache, daß diese ganze Szene meinem nüchternen wissenschaftlichen Verstand absurd und lächerlich erschien, konnte ich der Versuchung nicht widerstehen, an diesem Wettlauf mit allem Ernst und unter Aufbietung aller Energie teilzunehmen.

Während ich mich als Samenfaden im Wettkampf um das Ei erlebte, war ich mir aller beteiligten Vorgänge bewußt. Was da vor sich ging, hatte die Grundmerkmale des physiologischen Geschehens, wie es im medizinischen Studium gelehrt wird; es waren jedoch viele zusätzliche Dimensionen vorhanden, die weit über alles hinausgingen, was man in einem gewöhnlichen Geisteszustand in der Phantasie produzieren könnte. Das Bewußtsein dieses Spermatozoons war ein ganzer autonomer Mikrokosmos, ein selbständiges Universum. Ich war der chemischen Prozesse im Kernplasma deutlich gewahr; in einer nebelhaften Atmosphäre konnte ich die Struktur der Chromosomen, der einzelnen Gene und der Moleküle der D-Nukleinsäure erkennen. Ich konnte wahrnehmen, daß ihre physiochemische Struktur zugleich Elemente von Ahnenerinnerungen, urtümliche phylogenetische Formen, Kernformen historischer Ereignisse, Mythen und archetypischer Bilder enthielt oder vielmehr all dies zugleich war. Genetik, Biochemie, Mythologie und Geschichte schienen unentwirrbar verflochten und waren nur verschiedene Aspekte des gleichen Phänomens...

Die Erregung dieses Wettrennens nahm von Sekunde zu Sekunde zu, und das hektische Tempo schien sich bis zu einem solchen Grad zu steigern, daß es dem Flug eines Raumschiffes glich, der sich der Lichtgeschwindigkeit nähert. Dann kam der Höhepunkt in Gestalt einer triumphalen Explosion und der ekstatischen Verschmelzung mit dem Ei.[26]

Der gleiche Psychiater berichtete auch noch, daß er in derselben Sitzung die ersten Ereignisse nach der Empfängnis erfahren habe. Es liest sich wie eine Szene aus dem Film *Fantastische Reise*, der im Inneren eines Körpers spielt. Moyotuka Hayashis brillanter Film *Der Anfang des Lebens*, den R.D. Laing begleitend zu seinem Vortrag über »Leben vor der Geburt« im November 1975 in London zeigte, ist beeindruckender und farbenprächtiger als jeder psychedelische Streifen und zutiefst bewegend, da er einige der ungeheuren Ereignisse aus der Embryogenese zum Leben erweckt. Und so erlebte unser Zeuge diese Ereignisse in seinem Sperma-Traum:

In verdichteter und beschleunigter Form erlebte ich die Embryogenese im Anschluß an die Empfängnis. Wieder das vollbewußte Gewahrsein der biochemischen Vorgänge, der Zellteilungen und des Gewebewachstums. Zahlreiche Aufgaben mußten bewältigt und kritische Perioden überwunden werden. Ich war Zeuge der Differenzierung von Geweben und der Bildung neuer Organe. Ich wurde zu den Kiemenbögen, zu dem pulsierenden Herzen des Fötus, den Leberzellen und den Zellen der Magen- und Darmschleimhaut. Eine ungeheure Entladung von Energie und Licht begleitete die embryonale Entwicklung. Ich fühlte, daß dieser blendende, goldene Glanz etwas mit der biochemischen Energie zu tun hatte, die bei dem rapiden Wachstum von Zellen und Geweben wirksam ist.

Richard, ein 26jähriger Student, kam wegen Selbstmordgedanken in die Therapie. Er beschrieb eine Erfahrung in der Gebärmutter, die dem modernen Wissen über diese Dinge sehr nahe ist.

Er fühlte, daß er im Fruchtwasser schwamm, durch die Nabelschnur mit der Plazenta verbunden. Er nahm wahr, daß durch den Nabelbereich Nahrung in seinen Körper floß, und erlebte wundervolle Gefühle der symbiotischen Einheit mit seiner Mutter. Zwischen ihnen beiden fand ein kontinuierlicher Kreislauf statt; eine lebenspendende Flüssigkeit – Blut – schien eine Art von magischer Verbindung zwischen ihm und ihr zu schaffen. Er vernahm zwei Arten von Herztönen mit verschiedenen Frequenzen, die zu einem einzigen wellenförmigen akustischen Muster verschmolzen. Daneben waren eigentümlich hohle, grollende Geräusche zu hören, die er nach einigem Zögern als die Geräusche identifizierte, die von Gasen und Flüssigkeit während der peristaltischen Bewegungen der dem Uterus benachbarten Därme der Mutter hervorgerufen wurden. Er war sich seiner Körpergestalt voll bewußt und erkannte, daß sie sehr verschieden war von seinem Körperbild als Erwachsener: sein Kopf war unverhältnismäßig groß im Vergleich zum Leib und den Extremitäten. Aufgrund von Anzeichen, die er nicht zu identifizieren und zu erklären vermochte, diagnostizierte er sich als einen ziemlich reifen Fötus kurz vor der Geburt.[27]

Umhüllt von Fruchtwasser, wie in Kissen gebettet gegen äußeren Druck und fast schwerelos, befindet sich der schwebende, in der Gebärmutter verwurzelte Fötus in einem Zustand der Sicherheit und Zufriedenheit, den er wohl nie mehr übertreffen kann. Leboyer hat diese Periode das »Goldene Zeitalter« genannt und Stanislav Grof vergleicht sie mit dem Paradies.

Francis Mott meint, daß einige der frühesten libidinösen Gefühle durch die Bewegungen der Lanugo-Haare (Wollbehaarung) im Fruchtwasser auf der gesamten Hautoberfläche des Fötus erzeugt werden.

Diese Haare erscheinen normalerweise während des vierten Monats fötalen Lebens und verschwinden meistens vor der Geburt. Fötale Bewegungen setzen üblicherweise im fünften Monat ein, so daß es im allgemeinen drei oder vier Monate sind, während denen der fötale Körper im Fruchtwasser schwimmt, wobei seine Lanugo-Haare wie Algen in einem vom Wind bewegten Teich hin und her wogen.[28]

Wird dieser Zustand der Ruhe und heiterer Gelassenheit des Lebens im Mutterleib wiederentdeckt, wird er als anspannungsfreie, alles auflösende ozeanische Ekstase erfahren. Grof vergleicht sie mit Erfahrungen mystischer Einheit und Verschmelzung, mit den Höhepunkten des späteren Lebens. Freud sprach ähnlich von »ozeanischen Gefühlen« und Reich vom »kosmischen Strömen«. Der Uterus mag die größte Nähe zur Erfahrung des Himmels haben, die ein Mensch erfahren kann.

Dieses gute Körpergefühl des immer noch in die Mutter eingebetteten wachsenden Babys, das von ihr wie eins ihrer eigenen Organe genährt wird, braucht allerdings eine wesentliche Voraussetzung: Die Mutter, die es trägt und umgibt, muß sich generell in ihrem eigenen Körper und auch mit dem Kind gut fühlen. Wenn die Mutter gestreßt, angespannt und voller schlechter Körpergefühle ist, kann das dem Fötus ebenso vermittelt werden wie Gefühle von Ablehnung, Schuld und Feindseligkeit dem heranwachsenden Baby gegenüber. Gestützt auf Erinnerungen an diese frühe Lebensphase, die uns von Klienten in der Therapie mitgeteilt wurden, können wir schließen, daß der Fötus nicht nur für grobe Störungen seiner Existenz wie mechanischen Druck, laute Geräusche und heftige Vibrationen empfindlich ist, sondern auch in Not gerät, wenn die Mutter krank ist, erschöpft oder Gifte zu sich nimmt. (Wir wissen, daß die Wirkungen des Nikotins die Sperre der Plazenta überwinden und die Sauerstoffmenge im Blut des Fötus vermindern.)

Noch erstaunlicher sind zahlreiche unabhängige Berichte, daß der Fötus die Gefühlslagen der Mutter bemerkt oder sie sogar teilt; in diesem Zusammenhang ist verschiedentlich von fötaler Beteiligung an emotionalen Schocks, Haß- und Aggressionsausbrüchen, depressiven Stimmungen oder sexueller Erregung der Mutter berichtet worden, sowie umgekehrt auch an ihren Gefühlen von Entspannung, Zufriedenheit, Liebe und Glück. Ein anderer interessanter Aspekt bei dieser Art Phänomene sind Berichte über den Austausch von Gedanken zwischen Mutter und Kind in der Gebärmutter, der sich in Form telepathischer Kommunikation vollzieht... Diese vielschichtige Kommunikation mit der Mutter macht dem Fötus sehr bewußt, ob er gewollt und geliebt ist oder ungewollt und zurückgewiesen.[29]

Der von Mott beschriebene fötale Haut-Affekt ist die Grundlage für die Empfindungsfähigkeit des Erwachsenen gegenüber allen von außen eintreffenden Eindrücken – nicht nur auf der Hautoberfläche, sondern genauso in den spezialisierten Sinnesorganen, die ebenfalls vom Ektoderm abgeleitet sind, besonders Augen und Ohren. Wie wichtig der Augen- und Ohr-Kontakt ist, werden wir später sehen. Leboyer beschreibt die Empfindlichkeit des Fötus für Licht.[30] Wenn die Mutter sich nackt starkem Sonnenlicht aussetzt, nimmt der Fötus das Licht als goldenen Schleier wahr, der durch die Bauchwand schimmert. Nach Smythe von der Universität Auckland führte Blitzlicht, auf den Bauch der Mutter gerichtet, zu Schwankungen in der Herzschlagrate des Fötus.

Töne prägen sich ebenfalls dem fötalen Bewußtsein ein. Denn nach der Geburt kann das Baby durch Herzschlagtöne beruhigt werden, und so scheint es klar, daß diese Klänge sich ihm bereits vom Leben im Bauch her eingeprägt haben. Auch der Klang der mütterlichen Stimme kann sich ihm in dieser Zeit einprägen.

Spätestens ab der 25. Woche wird sich der Fötus synchron zum Beitrag des Paukers in einem Orchesterkonzert bewegen... Elias Canetti hebt hervor, daß alle Trommelrhythmen der Welt einem von zwei grundlegenden Mustern zugeordnet werden können – entweder dem eiligen Dröhnen von Tierhufen oder dem abgemessenen Schlag des menschlichen Herzens. Das Muster der Tierhufe ist von den Ritualen und der mitfühlenden Magie der Jägerkulturen her leicht zu verstehen. Und doch ist der Herzschlag-Rhythmus interessanterweise noch verbreiteter, sogar bei Gruppen wie den Prärie-Indianern, die die großen Bisonherden jagten. Hat sich dieser Rhythmus dem menschlichen Bewußtsein noch aus dem fötalen Leben her so tief eingegraben?[31]

Nach Janov zeigten Experimente in Schweden, daß der Fötus auf leichten Lärm mit einer erhöhten Herzschlagrate antwortet:

Der Fötus hat zwar von dem Streß keine begriffliche Vorstellung, doch das bedeutet noch lange nicht, daß er davon unberührt bleibt oder daß der Streß keine langfristigen Auswirkungen auf sein späteres Verhalten ausüben kann.[32]

Ein anderer bemerkenswerter und überprüfbarer Bericht über die Geräuschempfindlichkeit des Fötus wurde uns von Grofs Klient Richard gegeben:

In diesem Zustand hörte er plötzlich seltsame Geräusche, die aus der Außenwelt kamen. Sie hatten einen sehr ungewöhnlichen, hallenden Klang, als ob sie in einem großen Raum widerhallten oder durch eine Wasserschicht hindurchdrängen. Der daraus resultierende Effekt erinnerte ihn an die Art von Klängen, die Techniker bei modernen Musikaufnahmen durch elektronische Mittel erzielen. Er kam dann zu dem Schluß, daß die Bauchwand und das Fruchtwasser die Verzerrung bewirkten und daß in dieser Abwandlung Geräusche von außen den Fötus erreichten. Er versuchte festzustellen, was die Laute hervorrief und woher sie kamen. Nach einiger Zeit konnte er menschliche Stimmen erkennen, die lachten und riefen, und Klänge, die den Tönen von Karnevalstrompeten ähnelten. Plötzlich kam ihm der Gedanke, daß dies der Jahrmarkt gewesen sein mußte, der in seinem Heimatdorf jedes Jahr zwei Tage vor seinem Geburtstag stattgefunden hatte.[33]

Richards Mutter wurde nun befragt, ohne sie über den Bericht ihres Sohnes zu informieren. Tatsächlich war sie kurz vor ihrer Niederkunft zu dem Fastnachtsumzug gegangen. Sie glaubte auch, die Aufregung und der Lärm hätten dazu beigetragen, die Geburt zwei Tage später auszulösen.

Das Bewußtsein des Fötus ist wahrscheinlich näher am Traumbewußtsein als irgend etwas sonst. Es gibt in der Tat Beweise dafür, daß der Fötus im Vergleich zum Neugeborenen wesentlich mehr träumt, genauso wie ein Baby mehr träumt als ein Erwachsener. Zu früh geborene Babys verbringen 85% ihrer Schlafenszeit mit Träumen, wie sich aus den schnellen Augenbewegungen während der sogenannten REM-Phasen (REM – »rapid eye movements«) schließen läßt, während es bei Normalgeborenen nur 50% sind. Der Erwachsene verbringt 25% seiner Schlafzeit im Traum. Howard Roffwarg und seine Kollegen am Montefiore Hospital in New York argumentieren, daß der Traumzustand das sich entwickelnde Nervensystem des Fötus ernähren und unterstützen könnte. Gay Luce schreibt in ihrem Buch über biologische Rhythmen, die Traumzeit sei eine Zeit, in der das »Baby mitunter wach und aufmerksam erscheint, weil es strampelt, seine Finger leicht zucken, weil es saugt, lächelt, das Gesicht verzieht… Vielleicht hat es eine vorgeburtliche Ausbildung in überlebenswichtigem Verhalten wie Treten und Daumenlutschen während der REM-Phasen erhalten.«[34]

Die Gebärmutter ist die Mutter der Träume. In den Mythen der Ureinwohner Australiens wird, wenn sie sich auf ihre Ursprünge beziehen, von der »Traum-Zeit« gesprochen. Viele Erwachsene nehmen im Schlaf die Position ein, die sie zuletzt im Mutterleib innehatten. Der Fötus reagiert auch auf die Traumphasen der Mutter, wobei Forschungsergebnissen von Sterman zufolge die Perioden fötaler Aktivität oft mit dem Traumzyklus der Mutter übereinstimmen.

In der Gebärmutter wandert der Embryo durch die Bilderwelten zehntausender vorangegangener Jahre seiner Entwicklung. In dieser Phase kann mit einigem Recht angenommen werden, daß der sich entwickelnde Fötus irgendwie von den Bildern der Mutter abhängig ist, die vielleicht verzweifelt versucht, ihn loszuwerden. Ihre Mitteilungen an das empfindsame Bild des Fötus sind sicherlich irgendwie verschieden von denen einer Mutter, die das neue Leben mit seinem sich entwickelnden Bild willkommen heißt, das in ihrem Herzen geborgen ist.[35]

Während der ersten Hälfte des fötalen Lebens wächst der Behälter, also die Fruchthülle (Amnion), schneller als sein Inhalt; in den letzten Monaten jedoch verändert sich die Situation drastisch, da der Fötus auswächst und sich ausdehnt, um mit den Fruchthäuten, die ihn umgeben, in Berührung zu kommen. Der Ozean in der Gebärmutter hat Ufer. Leboyer faßt die Entdeckung des Babys, daß es in dieser Zeit in einem schrumpfenden Universum lebt, in folgende Worte:

Es beginnt, sich eingeschlossen zu fühlen.
Das Universum schrumpft.
Was einst ein [Reich] ohne Grenzen war, wird nun jeden Tag kleiner.
[Vergangen der grenzenlose Ozean früherer – und glücklicherer – Tage; die vollkommene Freiheit jener Zeit ist nicht mehr.]
Und so wird eines Tages [das Baby] zum Gefangenen.
Und was für ein Gefängnis das ist!
Die Zelle ist so klein, daß das Kind die Mauern darin berührt, ...alle gleichzeitig.
...Die Wände rücken immer näher, so dicht, daß schließlich der Rücken des Kindes und der Uterus [scheinbar] miteinander verschmelzen.[36]

Zum ersten Mal ist das Baby eingeschlossen in einer Umklammerung aus Fleisch. Es gibt keinen Grund anzunehmen, dieser weltliche Griff sei nach den weiten Räumen des Wassers unangenehm. Viel hängt vom Tonus des Uterus ab und von den Körperempfindungen der Mutter. Wie in frühester Kindheit bestimmt die Art des Haltens, ob sich das Baby freut, weil es in den Armen seiner Eltern aufgenommen, gehalten und liebkost wird, oder ob es sich in Not darin abkämpft. Während des neunten Monats probieren die umfangenden Arme des

Uterus auch kontrahierende Bewegungen aus. Janov meint, daß diese Kontraktionen dazu dienen, die Haut des Babys anzuregen, ähnlich wie Tiere die Haut ihrer Jungen durch Lecken stimulieren. Diese Stimulation regt ihrerseits die körperlichen Systeme an, die das Baby nach der Geburt braucht.

»Das Kleine spürt sie zuerst voller Schrecken«, schreibt Leboyer über diese Kontraktionen, »dann gewöhnt es sich an sie und beginnt sogar, Gefallen an ihnen zu finden. Es gibt sich den Umarmungen und Liebkosungen hin, folgt der Bewegung mit dem Rücken, neigt den Kopf und erschauert vor Vergnügen an diesem sinnlichen Spiel.«[37] Neueste Forschungen lassen vermuten, daß der Fötus seine Position in der Gebärmutter und die Zeit der Niederkunft selbst auswählt.

Die Erkenntnis, daß der Fötus selbst bestimmt, wie er während Schwangerschaft und Geburt liegen will, indem er das Beste aus dem ihm zur Verfügung stehenden Raum macht, läßt die Praxis des Wendens in einem neuen Licht erscheinen, und immer weniger Geburtshelfer glauben heutzutage, sie wüßten besser als der Fötus, wie er sich am wohlsten fühlt. Natürlich kann es auch vorkommen, daß er, um es in den letzten Tagen der Schwangerschaft bequem zu haben, eine Stellung gewählt hat, die eine vaginale Geburt erschwert oder unmöglich macht. In dieser Hinsicht könnte man ihm mangelnde Voraussicht vorwerfen, aber das ist ein Charakterzug, der bei Erwachsenen ja auch nicht unbekannt ist.[38]

Der entwickelte Körper des Babys liegt in seinem Fruchtwasser. Er pulsiert voller Leben, und die einzige Kultur, die er kennt, ist der uterine Ozean. Er ist bereit, die Welt der Schwerkraft, der begehbaren Erde und des atembaren Himmels zu betreten. Und dennoch wird es noch zwanzig Jahre dauern, bis sich das allmähliche Anschwellen der Gewebe und das Ausfüllen der Form, das physisches Wachstum genannt wird, vollendet hat. So verkörpert, bereitet sich das Kind nun auf die Fünfzehn- Zentimeter-Reise in die Welt jenseits des Uterus vor.

# 4 Übergänge zu einem Platz im Leben
## Erste Eindrücke von der Welt

Die Geburt ist ein formbildendes Geschehen, das einige unserer tiefsten Persönlichkeitsmuster hervorbringen kann. Ob sie auch ein Trauma ist oder nicht, hängt großenteils von den aktuellen Umständen und den Haltungen der Beteiligten ab. Während einer normalen Geburt »betritt« das Baby mit dem Kopf zuerst die neue Welt, das ist seine früheste Erdung. Jedes Verständnis späterer Charakterdynamiken beruht auf dieser ersten Auseinandersetzung mit der äußeren Welt.

Wenn der Fötus bereit ist, leitet er die Entbindung ein. Diese scheint auch von einer biologischen Uhr vorbereitet zu werden, die sich auf das Alter der Plazenta bezieht und sicherstellt, daß etwa vierzig Wochen nach dem Eisprung die Wehen in der Gebärmutter einsetzen. So beginnt das erste Stadium der Geburt. Lamaze hat die Kontraktionen der Gebärmutter mit den Gezeiten verglichen: Die aufkommende Flut der immer stärker anwachsenden Wehe, das Stillwasser des Höhepunkts und die Ebbe der abklingenden Kontraktion... und danach die nächste Pulsation.

Grantly Dick Read,[39] einer der ersten modernen Pioniere einer natürlichen Geburt, hat nachdrücklich die Meinung vertreten, es wäre überraschend, wenn von allen natürlichen Prozessen einzig das Gebären organisch mit Schmerz verbunden sei. Es gibt, wie Rank sagte,[40] keinen Grund anzunehmen, daß die Geburt für das Baby notwendigerweise eine traumatische Erfahrung sein müsse. »Nur die traumatische Geburt ist traumatisch«, erinnert Janov[41] uns. Weil eine für die Mutter schmerzhafte Geburt wahrscheinlich zum Streß fürs Baby wird, sollten wir uns die Dynamik des Schmerzes in den ersten Phasen der Niederkunft vor Augen halten.

Der Uterus besteht aus drei Muskelschichten: außen finden wir Längsmuskeln, in der Mitte in viele Richtungen verlaufende Muskelfasern
im Rautenmuster und innen ringförmige Muskeln. Die Längsmuskeln
öffnen durch Ziehen den Gebärmuttermund, dehnen dabei den Gebärmutterhals und öffnen so den Geburtskanal, damit das Baby seine
Reise beginnen kann. Sie werden vom sympathischen Nervensystem
gesteuert. Die Muskelfasern der mittleren Schicht liegen dicht aufeinander. Diese wichtigsten Muskelfasern umwinden in 8-förmigen An-
ordnungen die großen Blutgefäße. Die Fasern engen die Blutgefäße
durch ihre Kontraktionen ein, und wenn sie entspannen, werden die
Blutgefäße wieder geöffnet, und der Uterus erhält Sauerstoff. Die
innere, ringförmige Muskelschicht schließt den Gebärmuttermund.
Wie arbeiten nun diese drei Systeme zusammen, und wie kommt es
zu Störungen?

Eine Mutter, die entspannt ist und nicht unter bewußtem oder unbe-
wußtem Streß steht, wird hauptsächlich vom Parasympathikus beeinflußt. Die Längsmuskeln dehnen dann den Gebärmutterhals, die
8-förmigen Muskeln öffnen die Blutadern zum Abtransport der durch
die Anstrengung entstandenen chemischen Produkte und um Sauerstoff heranzuführen, und die ringförmigen Muskeln entspannen. So
soll das System funktionieren. Die Kontraktionen müssen nicht weh
tun, außer möglicherweise etwa in der letzten halben Stunde kurz vor
der Austreibungsphase, wenn der Gebärmutterhals voll gedehnt ist.
Sheila Kitzinger beschreibt, was dann mit der Frau geschieht:

Bei jeder Wehe, die kommt, hat sie ein Gefühl wie von einer Welle, die aus
der Ferne heranrollt. Sie stellt ihren Atemrhythmus automatisch darauf ein,
sie zu empfangen, und wenn sie näherkommt, »schwimmt« sie mit sorgfäl-
tigen, achtsamen Bewegungen geradewegs hinauf auf den Wellenkamm;
dann spürt sie, wie die Welle wieder ausebbt, ihr Atem wird sanfter, und
sie ruht sich aus. Am Ende jeder Wehe atmet sie ein paarmal tief ein und
aus.[42]

Das Baby sollte diese Wehen als immer engere Umarmung erfahren,
als immer stärkere, festere Massage, aber keinesfalls als zerquet-
schenden Druck. Dazu Ashley Montagu:

Während dieser Zeit stimulieren die Kontraktionen des Uterus die Haut des Fötus sehr kräftig… Während des Gebärens verstärkt sich diese Stimulierung, um den Organismus auf seine postnatale Existenz vorzubereiten, die sich doch wesentlich von dem Unterwasserleben des Fötus unterscheidet.[43]

Eine angespannte und gestreßte Mutter, die vielleicht Furcht vor Schmerzen hat, steht andererseits unter dem Einfluß des sympathischen Nervensystems, das in Stadien der Spannung und Angst dominiert. Das bedeutet, daß der Gebärmutterhals kontrahiert und den Ausgang der Gebärmutter blockiert. Ebenso ziehen sich die 8-förmigen Muskeln zusammen, verengen dadurch die Blutgefäße, vermindern so den Blutdurchfluß und infolgedessen auch die lebenswichtige Sauerstoffzufuhr in die Gebärmutterwände.

Die Einschnürung der Blutgefäße wirkt sich auch auf die Nervenenden aus. »Man spürt Schmerzen im Uterus«, betont Norman Casserley, »wenn die Nervenenden nicht genügend in Blut baden. Eine angespannte Gebärmutter drückt das Blut weg und führt zu Schmerzen.«[44] Als weitere Folge der Dominanz des sympathischen Nervensystems erhalten die Längsmuskeln weniger Impulse vom Parasympathikus. Dennoch kontrahieren sie weiter, weil sie vor allem vom »Geburtshormon« Oxytozin dirigiert werden, das sie dazu anregt.

Die Gebärmutter versucht in dieser Situation also gleichzeitig zwei einander völlig entgegengesetzte Dinge zu tun: Unter dem Einfluß der biologischen Uhr, der sie über das Hormon erreicht, das den Weg für die Geburt des Babys bereitet, versucht sie sich zu öffnen. Andererseits will sie zur gleichen Zeit unter dem Einfluß des sympathischen Systems, das durch die Angst ins Spiel gebracht wurde, geschlossen bleiben. Probieren Sie einmal, ihren Arm gleichzeitig zu strecken und zu beugen. Er wird krampfen und wehtun. Genau das passiert im Uterus einer Mutter, die sich nicht entspannen kann und Schmerzen erwartet.

Wie wirkt sich das auf das Baby aus? Die Situation ist jetzt unerträglich. Statt eine feste Massage zu bekommen, fühlt es sich zu Tode gequetscht. Grof beschreibt dies als ausweglose Erfahrung, als Hölle. Einer seiner Klienten erinnerte sich in der Therapie an diesen Zustand mit folgenden Worten:

Ich war völlig von einer Situation überflutet, aus der es kein Entrinnen geben konnte, außer durch den Tod... Ich fühlte, daß ich alles tun würde, um zu entkommen, aber gab es überhaupt einen Weg? ... Ich fühlte mich in einem Labyrinth gefangen, das keinen Ausweg hatte. Ich saß fest, und das war mein Schicksal, ans Rad des Leidens gefesselt zu sein... Es war, als sei ich gefangen in einem Konzentrationslager, und je hartnäckiger ich mich bemühte, herauszukommen, desto mehr würde man mich schlagen; je mehr ich mich zu befreien versuchte, desto straffer würden die Fesseln.[45]

Menschen, die mit schlechten Erfahrungen aus dieser Phase der Geburt später wieder in Kontakt kamen, assoziierten sie mit Gefühlen unerträglicher Bedrohung, vollständiger Entfremdung, Ohnmacht und Hoffnungslosigkeit. Im Unterschied zu Schwierigkeiten, die während der Austreibungsphase auftreten, sind diese Gefühle Grof zufolge in einzigartiger Weise durch die Rolle des Opfers gekennzeichnet und dadurch, »daß diese Situation absolut unerträglich und zugleich endlos und hoffnungslos erscheint; keinerlei Möglichkeit eines zeitlichen oder räumlichen Entrinnens ist erkennbar«.[46]
Es scheint so, als gäbe es keinen Ausgang. Aber auch bei der angespanntesten Mutter werden die unnachgiebigen Gezeiten der uterinen Kontraktionen schließlich über die widerstrebenden Schließmuskeln, die den Gebärmutterhals im harten Griff haben, den Sieg davontragen, wenn sich die Mutter nicht doch noch entspannen kann. Leicht oder schwer, letztendlich steht der Muttermund offen, und der Weg ist frei für das Baby. Die Austreibungsphase, das zweite Stadium der Geburt, beginnt.
Von nun an überträgt jede uterine Kontraktion einen Druck auf das Kind, dem es sich nur überlassen kann, wenn es anfängt, sich Zentimeter für Zentimeter den Geburtskanal hinunterzubewegen. Die Mutter kann nun aktiver teilnehmen. In der ersten, der Eröffnungsphase, wurde von ihr Entspannung verlangt, nun aber, in der zweiten Phase, ist aktive Anstrengung gefordert. Indem sie den Atem anhält, um den Druck des Zwerchfells nach unten hin zu verankern, kann sie den Prozeß der Austreibung unterstützen und erleichtern. Aber auch hierbei gibt es unangenehme Irrtümer, denen sie zum Opfer fallen kann. Die Zwerchfellmuskeln und die Muskeln des Beckenbo-

dens sind Gegenspieler. Während die kontrahierten und nach unten drückenden Bauchmuskeln die Niederkunft fördern, müssen die des Beckenbodens entspannt sein. Viele Frauen, besonders solche, die auch ansonsten etwas durchdrücken und herauspressen wollen, pressen unwillkürlich ihre Beckenmuskeln zusammen und behindern so die Geburt. Pierre Vellay erklärt das so:

Eine Frau, die auf diese Weise während der Wehen preßt, erzeugt ein Hindernis auf dem Weg ihres Babys durch die Vagina. Ihre Anstrengung geht nicht nur an den Erfordernissen des Augenblicks vorbei, sondern ist ihnen direkt entgegengesetzt. So sollte sie nicht pressen. Natürlich wird das Baby trotz allem geboren. Es überwindet das Hindernis einfach deshalb, weil die drei Kräfte gemeinsam – Uteruskontraktion, Arbeit der Bauchmuskeln und Zwerchfelldruck – mehr Kraft ausüben als die Kontraktion des Vaginalgewölbes durch die Muskeln des Beckenbodens. Aber das Hindernis wird gewaltsam überwunden, was bedeutet, daß die Frau viel stärkere und vor allem viel längere Anstrengungen machen muß.[47]

Sheila Kitzinger erklärt, warum sogar die Tätigkeit der Bauchdeckenmuskeln nicht nur unnötig, sondern auch unerwünscht ist:

Der Vorgang, bei dem das Baby nach unten geschoben wird, sollte wie eine Kolbenbewegung sein, wobei jeglicher Druck von oben her auf die Gebärmutter einwirkt und die Muskeln des Beckenbodens vollkommen entspannt sind. Wenn Sie einen Zylinder aus Karton in der Hand halten und von oben eine Murmel durchdrücken (mit einem Finger der anderen Hand, der die Rolle des Zwerchfells spielt), so wird die Reise um einiges schwieriger, wenn Sie den Zylinder zusammenpressen, statt ihn locker zu halten. Wenn die Bauchdecke straff gespannt ist und nach innen auf die kontrahierende Gebärmutter drückt, so entsteht unumgänglich auch Druck auf die Seiten der Gebärmutter, und dadurch wird verhindert, daß der Druck von oben seine volle Wirkung entfalten kann.[48]

Constance Benyons Untersuchungen über die Austreibungsphase ergaben, daß es zu den leichtesten Geburten dann kam, wenn die Mutter mit ihren Muskelanstrengungen ökonomisch umging und nicht ermutigt wurde, irgendwie zu pressen, außer wenn der Drang dazu unwillkürlich auftrat. Sie kam zu diesem Ergebnis im Laufe von

54

Studien über Mütter mit Herzkrankheiten, die sich während der Wehen nicht anstrengen durften und deshalb eine einfachere Geburt hatten. Sie schreibt:

In fast allen Fällen kam es zu einer Verhärtung, einer Reflex-Anspannung im Perineum [Dammbereich], was alleine schon zu Schwierigkeiten führt. Es ist deshalb sehr verhängnisvoll, weil während der Niederkunft der Kopf des Babys den Uterus verläßt, von hinten auf die Gewebe des Perineums drückt und diese Gewebe auf seinem Weg vor sich her schiebt. Diese Gewebe werden allmählich ziemlich stark gedehnt, aber nur unter einer Bedingung: Damit es sich strecken kann, muß ein Gewebe elastisch bleiben. Wenn Frauen nun falsch pressen, verlieren diese Gewebe ihre Elastizität und schaffen ein Hindernis, das sich einem guten Vorankommen des Kopfes in den Weg stellt. So versteht man, warum der Damm reißt. Diese Muskeln und Gewebe können sich nicht strecken, und irgendwann geben sie nach.[49]

Eine Folge davon ist, daß viele Ärzte als übliche Vorsichtsmaßnahme einen Dammschnitt (Episiotomie) machen, denn das sei, so heißt es, einem »Zerreißen« vorzuziehen. Aber beides ist vermeidbar, wenn der Mutter geholfen wird, sich zu entspannen, und die Geburt ohne Eile geschieht. Dr. Fred W. Petersen schreibt in seinem Buch *Experiences in Obstetrics* (»Erfahrungen aus der Geburtshilfe«):

Ich habe nie irgendeine Logik in der Episiotomie sehen können, und vor allem sehe ich vor der Entbindung keine Notwendigkeit dafür. Warum sollte man, gleich unter welchen Umständen, an einem Punkt schneiden, wo Blutgefäße, Nerven und Muskeln zertrennt werden müssen? Viele Frauen klagen noch Jahre nach der Episiotomie über Taubheit unterhalb der Schnittlinie; ein Resultat der Durchtrennung wichtiger Nerven… Erst nach Jahren schmerzhafter Erfahrungen entdeckte ich, daß es nicht zum Zerreißen kommen muß, wenn ich die Entbindung verlangsamte und so den Geweben reichlich Zeit gab, sich zu strecken, um so das Perineum bis zum Ende zu schützen.[50]

Dies sind Beschreibungen der Folgen einer angespannten und angestrengten Austreibungsphase. Wie wird sie vom Baby erlebt? Stanislav Grof vergleicht sie mit einem Todes- und Wiedergeburts-Kampf in der Atmosphäre eines Titanenkampfes, die wohl dem Fegefeuer näher kommt als der Hölle und sich auf der Grenzlinie zwischen Agonie und Ekstase abspielt. Eine vulkanische Erfahrung, im Vergleich zum ozeanischen Zustand in der Gebärmutter. Zu den körperlichen Anzeichen, die er beschreibt, gehören:

ein ungeheurer starker Druck auf Kopf und Körper; Würgen, ein Erstikkungsgefühl bzw. das Gefühl, erdrosselt zu werden; qualvolle Schmerzen in verschiedenen Teilen des Organismus; schwere Herzbeklemmung; Wechsel von Frieren und Hitzewallungen; Schweißausbrüche; Übelkeit und stoßweises Erbrechen; verstärkte Darmbewegungen; Urindrang, begleitet von Schwierigkeiten, den Schließmuskel des Afters zu kontrollieren; endlich eine allgemeine Muskelspannung, die sich in Zittern, Zuckungen, Schütteln, Krämpfen und komplizierten Verrenkungen entlädt.[51]

Frank Lake hat einen umfangreichen Bericht über die subjektiven Erfahrungen beim Wiedererleben der Geburt in einem in *Energy and Character* veröffentlichten Aufsatz gegeben.[52] Derart traumatische Erlebnisse müssen nicht sein, wenn alle Kräfte, die an der Niederkunft des Babys mitwirken, harmonisch zusammenarbeiten.

Noch eine weitere Kraft kann eingesetzt werden, und es ist überraschend, daß man sie sich nicht mehr zunutze macht – die Schwerkraft. Barbara Yunker beschreibt in einem Artikel über Geburtsverfahren die Position, die die Schwerkraft für die Niederkunft nutzt:

Die natürliche Position bei der Geburt des Menschen ist es, wenn die Mutter hockt – oder, nachdem die Zivilisation die Geburtshilfe eingeführt hat, wenn sie auf einem Geburtsstuhl sitzt, wobei ihr Rücken unterstützt wird. Die heute übliche Position, die aufkam, als sich Ärzte im 18. Jahrhundert um die Geburten von Frauen aus der Oberschicht zu kümmern begannen, besteht darin, eine Frau in den Wehen flach auf den Rücken zu legen, die Beine hoch gelagert.

Unglücklicherweise arbeitet in dieser Position die Schwerkraft gegen die Mutter, anstatt für sie. Das Gewicht der Gebärmutter preßt auf die Hauptvene des Unterkörpers. Das senkt den Blutdruck der Mutter, was zu einer Verlangsamung der Herzschlagrate des Kindes führen kann. Die Hauptarterie, die dem Baby Sauerstoff zuführen soll, wird ebenfalls zusammengedrückt. Wenn die Mutter dagegen auf der Seite liegt oder sitzt oder geht, zirkuliert das Blut frei.[53]

Norman Casserley, eine Hebamme für natürliche Geburt, die schon Tausende von Babys entbunden hat, hilft ihnen gewöhnlich auf die Welt, während die Mutter zurückgelehnt in einem Stuhl oder in einer halb liegenden Position ist.

Die denkbar schlechteste Geburtsposition ist es, auf dem eigenen Rücken festgenagelt zu sein mit den Beinen hoch in Haltebügeln. Die Hauptvenen und -arterien laufen entlang der Wirbelsäule, und in dieser Stellung liegt das ganze Gewicht von Baby, Gebärmutter und Fruchtwasser auf dem Rücken. Thrombosen sind häufig in dieser Stellung.[54]

Eine Mutter, die harmonisch an der Austreibungsphase ihres Kindes teilnehmen kann, braucht im Gegensatz dazu keinen Titanenkampf durchzumachen, obwohl sie den Prozeß mit vollem Einsatz unterstützt.

Eine Klientin in bio-energetischer Therapie, 35 Jahre alt, verheiratet und Mutter von vier Kindern, bekam Schmerzen in den Gelenken und anderen Körperteilen, besonders im Schultergürtel. Ihr Therapeut Zelig Selinger berichtet, wie sich Angst- und Panikzustände bei ihr verschlimmerten. Dann geschah folgendes:

Vor einem Monat gestand sie mir mit einiger Aufregung ein Gefühl, das sie zwei Monate lang gehabt hatte. Es war fast eine Vision. Sie stand kurz davor, eine dunkle Röhre zu betreten, was sie sehr ängstigte. »Es klingt verrückt, aber das ist es, was mich so krank gemacht hat.« Auf weitere Fragen hin sagte sie, sie »sehe« am anderen Ende der Röhre eine kleine Öffnung und ein Licht darin.

Das rief mir Nandor Fodors Aufsätze (*Psychiatric Quarterly, 1946*) und sein Buch *Search for the Beloved*, eine klinische Untersuchung über Geburtstraumata und vorgeburtliche Konditionierung [Hermitage Press, New York, 1949], in Erinnerung. Außerdem dachte ich an meine Erfahrungen mit Hypno-Analyse, während der sich einige regredierende Patienten spontan in dunklen Höhlen voll Wasser und mit Öffnungen erlebten, durch die Licht hereinschien, und von neuem erfuhren, was meine Klienten und ich für Geburtstraumen hielten. Die Erfahrungen des Neudurchlebens waren von großem Nutzen für die Patienten.

Diese Gedanken und Erinnerungen veranlaßten mich, die Patientin zu bitten, sich auf dem Rücken auf die Liege zu legen und ihre Knie anzuziehen. Ich saß neben ihr, hielt ihren Kopf zwischen meinen Händen und drückte ihn sanft von beiden Seiten. Ihr Scheitel schmerzte dort, wo einst die Fontanelle war, sehr. Das hatte sie noch in keiner der Sitzungen zuvor erlebt, in denen ich mit ihr gearbeitet hatte. Ich ermutigte sie, die Röhre zu betreten. Sie fühlte sich langsam hineingehen und sich auf die Öffnung zu bewegen. Sie hatte Angst und spürte diesen großen Schmerz in ihrem Kopf. Ich ermutigte sie wieder und verstärkte meinen Druck auf ihren Kopf. Nach zwei oder drei Minuten empfand sie eine große Kraft auf ihre Beine einwirken, die ihren Körper auf die Öffnung zu drückte. Sie fürchtete sich sehr. Als ich ihren Kopf drehte, fühlte ich jetzt auch dort diese Kraft in ihr, die weiterhin auf mich zu drückte, so daß der Kopf von der Liege herunter und nach unten zum Boden kam. Während ich ihren Kopf weiter stützte, erinnerten mich ihre Körperbewegungen an die Entbindungen, die ich geleitet hatte.

Plötzlich entspannte sie sich vollständig, stützte sich langsam auf die Ellbogen und setzte sich lächelnd auf; sie sah sehr zufrieden aus. Sie ging noch einmal Schritt für Schritt ihre Erfahrung durch, wobei sie besonders von der Kraft beeindruckt war, die sie in ihrem Körper gefühlt hatte, als sie sich aus der Röhre hinaus ans Licht drückte. Schmerz und Druck auf dem Scheitel waren verschwunden. Sie verließ die Praxis gutgelaunt. Das war lange nicht mehr passiert.[55]

Paul und Jean Ritter betonen in einem wichtigen Artikel zur Geburt die Lust, die mit einer gesunden Entbindung verbunden ist. Sie sehen folgende charakteristischen Ähnlichkeiten zwischen Geburt und Orgasmus:

1. Die unwillkürliche Art der Bewegungen, d.h. die den ganzen Organismus einbeziehenden Kontraktionen und Konvulsionen.
2. Die sich erhöhende Spannung und Ladung, die von der Natur der Sache her nur bei der Mutter beobachtet werden kann.
3. Die deutliche und bemerkenswerte Entspannung und Lust, die zwischen den Kontraktionen erfahren wird und den schwächeren Höhepunkten beim Geschlechtsverkehr entspricht.
4. Die Ekstase nach dem Höhepunkt.
5. Dieselbe äußerste Angst und Furcht zu sterben, zu bersten oder gespalten zu werden, wie sie während eines extremen Orgasmus bei denen auftritt, die die volle Lust nicht ertragen können.
6. Die vollkommen strahlenden, pulsierenden, zufriedenen Gesichter von

Mutter und Kind nach einer gesunden Geburt (Dick Read nennt das »Transfiguration«), die so sehr an die Gesichter Liebender nach einer ungehemmten Umarmung erinnern. Oder der buchstäblich plattgedrückte, hochneurotische Anti-Höhepunkt der ungesunden Geburt, der den Nachwirkungen eines gehemmten Geschlechtsverkehrs entspricht.[56]

Eines der Charakteristika der natürlichen Geburt ist, daß sie bei der Mutter oft zum Orgasmus führen kann. Norman Casserley sagt: »Ein Baby, das durch den Geburtskanal kommt, berührt und stimuliert dieselben Bereiche, die beim Geschlechtsverkehr erregt werden.«[57] Eva Reich, Kinderärztin und Tochter von Wilhelm Reich, schlägt sogar die Stimulation der Genitalien vor, um bei der Geburt zu helfen.[58]

Aber es ist mehr als das. Wir haben es hier, wie die Ritters in ihrem klassischen Aufsatz bemerkten, mit der Überlagerung und Steigerung zweier Energiesysteme zu tun. Wilhelm Reich erinnerte uns vor langem daran, daß der Fötus ein weiteres Energiesystem innerhalb der Mutter ist. Die Ritters beschreiben den Prozeß wie folgt:

Die »Ich will raus«-Konvulsionen des Fötus sind die eine Kraft, die »Ich will dich raus haben«-Konvulsionen der Mutter die andere. Die erste wirkt vor allem im Uterus und kann als positive Aktion des Fötus während des Gebärens bemerkt werden, besonders beim Durchtreten des Kopfes. Die »Ich will dich raus haben«-Kraft ist der unwillkürliche Druck der kontrahierenden Gebärmuttermuskeln in Verbindung mit den Hilfskräften. Treffpunkt ist das Perineum. Im Schaubild werden diese beiden Kräfte als zwei Spiralen dargestellt, die sich an diesem Punkt überlagern und verschmelzen. Der Drang, hinauszukommen, und die Anstrengungen, das Kind hinauszupressen, erreichen ihren Höhepunkt. Dieser höchsten Spannung folgt nach dem Durchtritt sofort eine gewaltige Entspannung *in beiden Systemen*, erst verschmolzen und dann in zwei getrennten Organismen.[59]

Daß Geburt für das Baby wie für die Mutter eine orgastische Erfahrung sein kann, wird auch durch subjektive Erinnerungen in vorsprachlichen Therapieformen bestätigt. Viele Menschen, die ihre Geburt noch einmal durchlebten, beschrieben Gefühle von kraftvollen energetischen Strömen, die ihren ganzen Körper durchzogen. Einer von Grofs Patienten erzählt seine Erfahrung so:

Es wurde mir sehr klar, daß es zwischen dem Geburtsprozeß und der Sexualität keinen Unterschied gab und daß die sexuellen Gleitbewegungen mit den Gleitbewegungen der Geburt identisch waren. Ich lernte leicht, daß ich jedesmal, wenn die Frau mich zusammenpreßte, einfach nachgeben und dort hingleiten mußte, wo sie mich hinschob. Ich kämpfte und wehrte mich nicht, das Zusammengepreßtwerden erwies sich als etwas sehr Lustvolles. Manchmal fragte ich mich, ob es ein Ende und keinen Ausgang geben und ob ich ersticken würde, aber jedesmal, wenn ich vorwärtsgeschoben und mein Körper zu einer formlosen Masse zusammengepreßt wurde, gab ich nach und glitt ohne Schwierigkeit dorthin, wohin ich geschoben wurde. Mein Körper war von dem gleichen Schleim bedeckt wie früher in der Sitzung, aber dieser gleiche Schleim war jetzt nicht im geringsten mehr widerlich. Er war das göttliche Schmiermittel, das es so leicht machte, nachzugeben und geschoben und geleitet zu werden. Immer und immer wieder hatte ich das Erlebnis:»Mehr ist also da nicht dran« und:»Es ist alles so unglaublich einfach« – das Erlebnis, daß all die Jahre des Kämpfens, der Schmerzen, des Bemühens zu verstehen, des Bemühens um gedankliche Erfassung einfach absurd gewesen waren und daß die ganze Zeit die Lösung direkt vor mir gelegen hatte, daß es so einfach war. Du gibst einfach nach, und das Leben drückt dich und schiebt dich und geleitet dich sanft hindurch.[60]

Eine Mutter, die voll an dem konvulsiven Höhepunkt des Orgasmus-Reflex teilhaben kann, ist besser auf den energetischen Stoß des Austreibungs-Reflex vorbereitet. Sie »gibt« die Geburt. Das Baby wird nicht geholt. Dem Baby wird, wie dem Orgasmus, erlaubt, zu *kommen*.

Michael Silvert, ein Kollege Reichs, interessierte sich besonders für die Bedingungen einer gesunden Geburt. Er schreibt über eine befriedigende Entbindung:

Die Mutter ständig zu ermutigen, sich ihren Kontraktionen hinzugeben, führt zu einem erfreulich guten Vorankommen des Babys durch den Geburtskanal. Besonders erstaunlich ist die Reaktion des Fötus, wie sie sich an Herzschlagrate und Bewegungen zeigt, auf die sanften, wellenartigen Kontraktionen verglichen mit solchen Kontraktionen, die diese wellenartige Qualität nicht erreichen… Die Mutter, die sich dem Geburtsprozeß hingeben kann, stützt sich leicht in Brusthöhe an einer Wand ab, ihre Ellbogen gebeugt und entspannt. Ihr Kopf fällt nach hinten, die Brust hebt sich sanft beim Atmen, ihr Becken streckt sich in einer Bewegung vor, die an sexuelle Hingabe erinnert, die Knie gebeugt, leichte Seufzer entströmen ihrem halboffenen Mund. Ihr Teint ist rosig, die Augen strahlend und ihre Gedanken sind genauso ausdrucksvoll: »Das ist ja wie Sex. Das macht tatsächlich Spaß. Warum wissen die Leute nicht darüber Bescheid? Es ist wundervoll. Ich bin so glücklich.«[61]

Der Moment, in dem der Kopf durchtritt, ist ein Höhepunkt: er ist der letzte Akt im Prozeß der Entbindung und der erste Moment im Prozeß des Ankommens. Wenn das Baby draußen ist, öffnet es zum ersten Mal seine Augen in dieser Welt.

Ich habe den Geburtsprozeß nicht nur deshalb so ausführlich beschrieben, um einige der beteiligten Kräfte und möglichen späteren Traumata zu verdeutlichen, sondern auch, um für mehr natürliche Geburten zu plädieren und so hoffentlich die Häufigkeit von Geburtstraumata zu reduzieren.

Damit kommen wir zur Ankunft auf der Welt: das Neugeborene etabliert sich im Leben.

Bei der Geburt vollzieht ein Kind den Übergang zwischen zwei Welten, der amniotischen und der irdischen, der Welt fast völliger Schwerelosigkeit und der Flüssigkeit und der Welt von Schwerkraft und Festigkeit. Als es zuletzt eine Landung machte, war es kaum eine Woche alt, eine mikroskopisch kleine Zygote, die sich in der Gebärmutterwand einnistete. Diese erste Landung war ein Einpflanzen, ein Verwurzeln. Die jetzige Landung setzt eine radikale Entwurzelung voraus. Das Wurzelsystem des Babys, einzige Nährquelle seines ganzen Lebens seit jener ersten Woche, die Plazenta, stirbt. Seine Existenz verändert sich nahezu total, und diese Veränderung ist so dramatisch wie der Wechsel aus dem Ozean zum Land während der Evolution – doch der brauchte Millionen Jahre bis zu seiner Vollendung. Das Baby macht ihn in weniger als einer Viertelstunde durch. Dazu Theodor Schwenk:

Vor der Geburt befindet sich das Kind vor seinem endgültigen Eintritt in die Erdenwirksamkeit in einer schützenden Wasserhülle. Wie in einer kugeligen Sphäre liegend, bildet es darin seine noch fast flüssige Gestalt aus… Mit dem Eintritt in den Erdenbereich verläßt es den sphärischen Raum des Wassers und kommt in ein Verhältnis zu den bestimmtgerichteten Kräften der Erde. In dem Maße, als es sich diesen Kräften mehr und mehr hingibt, findet auch die Verfestigung seines Körpers statt, welche zum Aufrichten und Gehenlernen unerläßlich ist.[62]

Es sind viele Parallelen zwischen dem Leben im Mutterbauch und dem Leben in einem Raumschiff gezogen worden. Geoff Roberts hat das besonders gut in seinem Gedicht »Kosmonaut« ausgedrückt:

> Zeitlos und ohne Gewicht
> schwebe ich frei im Orbit,
> gemütlich in meiner Kapsel
> in klimatisierter Dämmerung,
> sicher isoliert
> und doch mit meinen feinen Präzisionsinstrumenten,
> allen fünf,
> die darauf warten, gebraucht zu werden,
> angeschlossen ans Intercom, gewärmt, genährt,
> lausche ich dem Pumpen
> der Maschinen,
> frei schwebend im Orbit,
> kopfunter, warte ich auf den Auftrieb
> und überlasse irgend jemand anderem
> alle Überlegungen
> über die Probleme des Wiedereintritts
> nach Ablauf der neun Monate.

Und so hat eine Elfjährige beschrieben, wie sie den Aufstieg aus der Wasserwelt wahrnahm:

Das Baby schlüpft aus der Mutter wie ein Otter, der ins Wasser gleitet. Wenn es aus der Mutter raus ist, ist es feucht wie Meeresalgen. Seine Hände sind zusammengerollt wie wassergefüllte Muscheln. Die Rippen lassen es aussehen, als hätte es einen spindeldürren Vogelkäfig in sich. Seine Augen sind wie ungeöffnete Austern. Seine Nabelschnur ringelt sich so wie eine Schlingpflanze, mit einem Wirbel aus milchigen und roten Adern. Sein Haar ist so glatt und glänzend wie bei einer Wasserratte. Es öffnet seinen Mund und stößt seinen ersten Ton aus. Es sieht sehr neu und glänzend aus.[63]

Dieser Prozeß beinhaltet wenigstens vier verschiedene Übergangsstadien und jeder Wechsel kann als angenehme Expansion oder als katastrophaler Schock erlebt werden, je nachdem wie mit der Ankunft des Babys umgegangen wird.

Der erste Übergang ist die *Veränderung der Empfindung*. Das Kind kommt aus der Dämmerung und betritt eine Welt blendenden Lichts. Es verläßt eine Welt, wenn schon nicht der Stille, die es dort, wie wir gesehen haben, nicht gibt, so doch eine, in der alle Geräusche zumindest abgeschwächt werden durch die dämpfende Wirkung des Wassers. Es betritt eine Welt harten und ohrenbetäubenden Lärms. Frédérick Leboyer mißt in seinem Prosagedicht *Geburt ohne Gewalt* gedämpftem Licht und sanften Klängen vorrangige Bedeutung bei, wenn er empfiehlt, wie die Umstände, unter denen das Neugeborene ankommt, humaner und sensibler gestaltet werden sollten. Dadurch soll sein Sinnessystem vor unnötigen Schocks bewahrt werden: Augen können sich durch zuviel Licht verbrannt anfühlen, Ohren durch zuviel Lärm überwältigt.[64]

Das Fruchtwasser hat Bluttemperatur. Ein Entbindungsraum ist meist nicht wärmer als zweiundzwanzig Grad Celsius. Ein Temperaturgefälle also von etwa fünfzehn Grad. Obwohl die temperaturregulierenden Prozesse im Gehirn bei der Geburt mit ihrer Arbeit beginnen, braucht es viele Wochen, bis sie effektiv wirken. Zumindest einigen Babys droht akute Unterkühlung.

Die Haut ist das größte Organ des Körpers und bietet den größten Bereich für sinnliche Erfahrung. Durch die ersten Erfahrungen mit Hautkontakt lernt das Kind, in welche Welt es gesetzt wurde: in eine, die für es sorgt und es wärmt, oder in eine, die es frösteln macht. Janov meint, daß die Temperaturempfindlichkeit im späteren Leben teilweise auf diesen ersten Wahrnehmungen beruhen könnte:

Es kann durchaus sein, daß eine schwierige Geburt und der zusätzliche Schock aufgrund des Temperaturabfalls die normale Funktion der Temperaturkontrolle für immer beeinträchtigt, so daß die Körpertemperatur des Betreffenden anschließend zu hoch oder zu niedrig ist.[65]

Leboyer schlägt zwei Wege vor, um den Schock eines Temperaturabfalls beim Neugeborenen zu vermeiden: das Kind sofort nach der Geburt mit dem Gesicht nach unten auf den Bauch der Mutter legen; anschließend ihm ein warmes Bad bereiten, das eine angenehme Sinneserfahrung ist. Zum Baden empfiehlt er:

Wir tun es ins Wasser. Oder besser gesagt: wir tun es wieder hinein.
Kommt es nicht aus dem Wasser, dem Fruchtwasser, das es getragen, gestreichelt und gewiegt hat?
Leicht wie ein Vogel war es darin.
In einer kleinen Badewanne haben wir ein Bad vorbereitet.
Es hat etwa Körpertemperatur, lieber sogar etwas wärmer – 38, 39 Grad.
Wir lassen das Kind hineingleiten.
Auch dies geschieht ganz, ganz langsam,
Das Baby taucht ein und wird wieder leicht. Der neue Körper, der plötzlich mit Schwerkraft beladen war, wird wieder frei.[66]

In seinem wirklich liebenswerten Buch *Water Babies* zeigt Erik Sindenbladh[67], wie natürlich das Element Wasser ist, sogar für Babys außerhalb der Gebärmutter. Dies kann auch in Zusammenhang mit den Evolutionstheorien von Sir Alister Hardy gesehen werden, auf die sich Elaine Morgan in ihrem Buch *Der Mythos vom schwachen Geschlecht*[68] bezieht; wo sie davon ausgeht, die Evolution sei während der zwölf Millionen Dürrejahre des Pleistozän an den Meeresküsten vorangeschritten, in und außerhalb einer wäßrigen Umgebung, und die Vorteile dieser Entwicklung hätten die dadurch aufgekommenen Pleistozän-Humanoiden in unsere Ur-ur-ur-Eltern verwandelt. Es hat viele Vorteile, den neuen Erdenmenschen sofort auf den Bauch der Mutter zu legen. Erstens ist dies möglich, bevor die Nabelschnur durchtrennt wird, und zweitens ist dies der beruhigendste Ort für ein Baby, Bauch an Bauch mit dem Körper, der es seine ganze bisherige Existenz über umschlossen hat. Auf weitere Vorteile komme ich später zu sprechen.

Kann es einen besseren Ort geben als ihren Bauch, der genau die Form und Größe des Babys angenommen hat? Eben wölbte er sich noch nach oben, jetzt ist er eingesunken und liegt da wie ein wartendes Nest.

Leicht und geschmeidig hebt und senkt er sich im Rhythmus ihres Atems, die Haut mit ihrer natürlichen Wärme ist sanft und weich. Ja, es ist ein ausgezeichneter Ort, wo das Neugeborene sich ausruhen kann.[69]

Das zweite Übergangsstadium ist die *Veränderung des Blutkreislaufs* und die *Geburt der Atmung*. In den letzten zehn Monaten wurde das Baby mit Sauerstoff durch die Luft versorgt, die die Mutter einatmete. Für den Rest seines Lebens wird es die eigene Luft atmen. Obwohl sein Herz seit dem fünfundzwanzigsten Tag nach der Empfängnis Blut durch den Körper pumpt, strömte nur sehr wenig (wenn überhaupt etwas) davon durch die Lungen, das meiste ging in die Plazenta. All dies muß sich nun ändern.

Die Veränderungen im Blutkreislauf in den ersten Sekunden und Minuten nach der Geburt sind in der Tat umwälzend. Das Gefäßsystem muß in neue Bahnen gelenkt werden. Um das zu verstehen, ist es am besten, sich genau anzuschauen, was in den vier Herzkammern vor und nach der Geburt passiert.

Vor der Geburt, während der Kreislauf über die Plazenta geschieht, kommt folgendermaßen Blut ins Herz und wird wieder von ihm ausgestoßen:

**Linke Hauptkammer:**
Kontrahiert sie, drückt sie Blut durch die Aorta und den ganzen Körper des Fötus; ein großer Teil strömt über die zwei Nabelschnurarterien zum Mutterkuchen, wo das Blut mit Sauerstoff aufgeladen wird.

**Rechter Vorhof:**
Diese Kammer sammelt das zurückfließende Blut aus zwei Quellen – vom Körper des Fötus und der Plazenta. Das frisch mit Sauerstoff angereicherte Blut, das aus der Plazenta zurückkommt, fließt durch die Nabelschnurvene und wird entweder über die Leber oder eine »Kurzschluß-« oder Shunt-Verbindung, den sogenannten Ductus venosus, zurück in den Hauptkreislauf des Körpers geleitet.

**Rechte Hauptkammer:**
Sie nimmt ein wenig des hinausströmenden Blutes auf und führt einige Tropfen über die Pulmonalarterien den Lungen zu. Das meiste

aber fließt durch den Ductus arteriosus, einen anderen Shunt, und vereint sich mit dem Hauptfluß der Aorta, der den ganzen Körper durchläuft.

**Linker Vorhof:**

Hier tröpfelt nur wenig über die Pulmonalvene herein, die von den Lungen kommt. Das meiste kommt durch eine Membranöffnung, das foramen ovale, aus dem rechten Vorhof. (Bleibt diese Öffnung nach der Geburt bestehen, haben wir das »Loch im Herz«-Syndrom.)

Nach der Geburt öffnen reflexhafte gefäßerweiternde Impulse die Wege in die Lungen. Gleichzeitig schließen reflexhafte gefäßverengende Impulse den Ductus arteriosus. Das hat zur Folge, daß der Druck steigt, mit dem Blut aus den Lungen in den linken Vorhof fließt. Die Nabelschnurarterien kontrahieren ebenfalls und verringern so den Druck des Blutes, das von der Plazenta zur rechten Hauptkammer fließt. Beides führt dazu, daß der Druck in der linken Kammer größer wird als in der rechten, und dies schließt die Membran zwischen den beiden Vorhöfen, die sich nach ein paar Tagen zu einer dauerhaften Schranke zwischen den zwei Hälften des Herzens verfestigt.

Der erste Schrei des Neugeborenen dehnt seine Lungen aus und setzt diese Kreislaufveränderungen reflexhaft in Gang. Sie geschehen schnell, aber nicht sofort. Die Nabelschnur pulsiert noch für mehrere Minuten nach der Niederkunft. Ein letzter Blutstrom fließt noch aus dem Mutterkuchen ins bereits geborene Baby. Es wird zweifach geschockt, wenn die Nabelschnur zerschnitten wird, bevor sie aufgehört hat zu pulsieren: erstens durch einen Kreislaufschock und zweitens durch einen Atmungsschock. Zum Kreislaufschock kommt es, wenn immer noch durch die Nabelschnurarterie pulsierendes Blut abgedrückt wird und das erzeugt, was R.D. Laing den »wash-back«-Effekt nennt, ein Zurückdrücken in den allgemeinen Körperkreislauf, wobei unnötiger Streß auf das neu funktionierende Herz ausgeübt wird. Das Abschneiden der letzten Pulsationen, die aus der Plazenta in die Nabelschnurvene fließen, raubt dem Baby wichtigen Sauerstoff und verringert möglicherweise die Anzahl roter Blutkörperchen. Zum

Atmungsschock kommt es, weil das Kind plötzlich allen Sauerstoff über die ganz frisch sich ausdehnenden Lungen aufnehmen muß. Frédérick Leboyer beschreibt das so:

Beide Systeme arbeiten gleichzeitig, allmählich löst eins das andere ab: das alte, die Nabelschnur, versorgt das Kind noch so lange ausreichend mit Sauerstoff, bis das neue, die Lungen, diese Funktion in ausreichendem Maße übernehmen können.
So bleibt das Kind, das eben erst den Mutterleib verlassen hat, noch einige Minuten lang durch die kräftig pulsierende Nabelschnur mit ihr verbunden. Vier, fünf Minuten, manchmal noch länger.
Der Sauerstoff, den es weiterhin über die Nabelschnur erhält, schützt es vor Anoxie, so daß es gefahrlos und ohne Schaden zu nehmen in aller Ruhe mit dem Atmen beginnen kann, langsam und ohne etwas zu überstürzen.
Das Blut hat Zeit, nach und nach die alte Bahn zu verlassen (die zur Placenta führte) und zunehmend die Lungenstrombahn zu entfalten.
Das Kind reitet vier bis fünf Minuten lang wie auf einem First zwischen zwei Welten. Da es von beiden Seiten Sauerstoff erhält, kann es allmählich von der einen zur anderen hinüberwechseln, ohne daß dies gewaltsam geschehen muß. Man hört kaum einen Schrei.[70]

Wie wir gesehen haben, ist in dieser Übergangszeit der beste Platz auf dem Bauch der Mutter oder an ihrer Brust.
Wer die Geburt eines Babys nach der Leboyer-Methode direkt oder im Film miterlebt hat, wird bemerkt haben, wie die Atmung des Babys nach ihrem eigenen Maß langsam und zögernd erwacht statt eines qualvollen Schreiens, bei dem es zum fast sofortigen voll durchbluteten Einsatz der Lunge kommt, ohne daß die empfindlichen Gewebe Zeit hätten, sich den versengenden Luftstößen anzupassen. Das Baby keucht leise lustvoll. Die Atmungswellen sind eher kleine Strudel und Kräusel als große Brecher.
Wenn diese Erfahrung traumatisch war, wie es bei vielen Kindern der Fall ist, gibt es nur umso mehr Grund dafür, unsere größte Aufmerksamkeit darauf zu verwenden, daß wir die Umstände bei Ankunft und Übergang so sanft, gemächlich und harmonisch wie möglich gestalten. Man kann fast nichts besseres tun, als dazu Leboyers bemerkenswertes Buch zu lesen, in dem er betont, wie

Berührung und allgemeiner Umgang mit dem Baby stets allmählich und sanft geschehen sollten, und vollkommenen Respekt für die außerordentliche Empfindsamkeit des Neugeborenen zeigt. Ganz ähnlich wird an der von Michel Odent maßgeblich beeinflußten Klinik in Pithiviers gearbeitet. Auch hier der große Respekt vor der Mutter und ihren natürlichen Fähigkeiten, das Kind sicher zur Welt zu bringen. Für diese beiden Pioniere und alle, die an dieser Art Geburtsarbeit beteiligt sind, ist die Ankunft eines jeden Babys eine wahrhaft heilige Erfahrung.

Die dritte Übergangsstufe ist die *Veränderung der Schwerkraftverhältnisse*. Leboyer bezeichnet es als den vierten Schritt auf dem Weg ins Leben, wenn das Kind zum ersten Mal mit der terra firma, der festen Erde, in Kontakt kommt. Und so beschreibt er es:

Sobald es aus dem Wasser auftaucht, begegnet es wieder seinem neuen Meister, dem Tyrannen Schwerkraft, der neuen Bürde seines Körpers…

Neun Monate war das Kind Odysseus auf den Weltmeeren. Sein Universum stand nie still. Manchmal war es stürmisch, manchmal ruhig. Der Körper der Mutter war immer in Bewegung. Selbst wenn sie still lag und schlief, gab es doch immer noch den großen Rhythmus ihres Atems, ihres Zwerchfells.

Das Kind lebte in beständiger Bewegung. Nun aber ist eine wirklich [erschreckende] Änderung eingetreten: alles steht plötzlich still. Zum ersten Mal.

Nichts bewegt sich mehr.

Auf seiner ganzen Reise, in seiner langen Vergangenheit hat das Kind so etwas noch nicht erlebt…

Die Welt ist tot. Zu Eis gefroren. Starr und reglos. [Sie ist das Unbekannte.][71]

Wie die Erfahrung, in Kontakt mit dem Boden zu sein, empfunden wird, hängt davon ab, wie wir das Kind an den festen Grund heranführen. Für einige ist es eine Erfahrung völliger Verlassenheit und Trostlosigkeit. Das Kind fühlt sich bedroht von der Weite des Raumes mit seiner starr gefrorenen Erde. Es fühlt sich wie zu Stücken zerfallend. Hier haben wir die Grundlage der Agoraphobie, der Angst vor weiten Plätzen, vor Grenzenlosigkeit, der Angst, entbunden zu sein. Sie ist das exakte Gegenteil der klaustrophobischen Erfahrung, der Furcht, zusammengedrückt und übermäßig umgrenzt zu sein, gefangen im Mutterleib. Führen wir das Kind jedoch, wie Leboyer vorschlägt, allmählich auf die terra firma ein, kann die Erfahrung eine ganz neue sein. Da gibt es etwas Festes, Unnachgiebiges, gegen das man zu drücken lernen kann. Gegen diese Festigkeit erprobt das Kind die Lebensrhythmen des eigenen Körpers und lernt, sie von den Lebensrhythmen anderer zu unterscheiden. Menschen, die in irgendeinem Sinn zu wenig gegründet sind, zu wenig Boden unter den Füßen haben, die davor zurückschrecken, ihre Kraft gegen die Festigkeit des Grunds zu erproben, und die ihre Aggression zurückziehen, haben oft unzureichende Ich-Grenzen oder sind sich nicht sicher, wo sie anfangen und die anderen Menschen aufhören. Sie sind leichter zu beeinflussen.

Beim kleinen Kind steht die Empfindung der Schwerkraft mit der Erfahrung zu fallen in Zusammenhang. Halten wir das Kind sicher in den Armen, wiegen wir es hin und her, auf und nieder, so erinnern die Bewegungen zeitweiliger Schwerelosigkeit an die Empfindungen, sich im Fruchtwasser zu wiegen. Das Spiel mit der Schwerkraft ist dann dem Fliegen verwandt.

Das unsichere Kind hingegen hat Angst vor dem Fallen. Die Anziehungskraft ist bedrohlich, die Erde der Ort der Verlassenheit oder der harte Grund, auf den es schlägt, wenn man es losläßt. Im Mutterleib kann kein Kind fallen. Aber draußen, da ja. Die Angst vor dem Fallen führt zu einer Kontraktion des ganzen Organismus, zum Abfrieren der Strömungsempfindungen und des angenehmen Fließens im Körper. Statt dessen werden die primitiven Schreckreflexe, die allen späteren neurotischen Spannungsmustern zugrunde liegen, eingeprägt. Wilhelm Reich beschrieb die Fallangst eines drei Wochen alten Babys:

Am Ende der dritten Woche trat eine akute Fallangst auf. Es passierte, als man das Kind aus dem Bade nahm und rücklings auf den Tisch legte. Es war nicht gleich klar, ob nun die Bewegung des Hinlegens zu abrupt gewesen war oder ob die Abkühlung der Haut die Fallangst ausgelöst hatte. Jedenfalls begann das Kind fürchterlich zu schreien, zog seine Arme zurück, als ob es Unterstützung suchte, versuchte seinen Kopf nach vorn zu bringen, zeigte intensive Angst in seinen Augen und konnte nicht beruhigt werden.[72]

Am nächsten Tag bemerkte Reich, daß das rechte Schulterblatt und der rechte Arm zurückgezogen und weniger beweglich waren als der linke Arm. Während der Angstphase spannte das Kind seine Muskeln an als gälte es, sich festzuhalten. Reich erklärt, was mit der plötzlich von der Peripherie zum Zentrum des Körpers zurückgezogenen Bio-Energie (dem Orgon) geschieht:

Die Empfindung des Fallens ist die direkte innere Wahrnehmung, wie die Körperperipherie bewegungsunfähig wird, und des Gleichgewichtsverlusts. Daraus folgt, daß das Gleichgewicht des Körpers im Feld der Schwerkraft eine Funktion der vollen orgonotischen Pulsation in der Peripherie des orgonotischen Systems ist.[73]

Die Auswirkungen der Fallangst werde ich umfassend in anderem Zusammenhang darstellen. Fürs erste genügt es, festzustellen, daß die Art, wie wir in den ersten Stunden und Tagen mit dem Neugeborenen umgehen, zu grundlegenden Mustern führt, wie es seinen Körper hält und wie seine Muskeln organisiert werden, wenn es der Schwerkraft widersteht und gegen sie angeht oder ihr nachgibt.

Der vierte Übergang ist die *Veränderung der Ernährung.* Dazu kommt es, wenn das Kind seine erste äußere Nahrung aufnimmt und sein Verdauungssystem lernt, gut zu funktionieren. Dies ist ein längerer Übergang, der einige Wochen braucht, bis alles läuft. Ist dieser Prozeß gelungen, kann man davon sprechen, daß das Kind begonnen hat, sich auf dieser Erde sicher einzurichten. Während die Verbindung der Nabelschnur eine ständige Nahrungszufuhr gewährleistete, gibt es für das Neugeborene jetzt nur noch eine zeitweilige Verbindung, das Zusammenführen von Mund und Brustwarze. Übrigens ist es bemerkenswert, daß die Nabelschnur exakt lang genug ist, daß die Mutter ihr Baby stillen kann, bevor die Schnur zerschnitten wird oder die Plazenta sich abgelöst hat. Tatsächlich werden durch das Saugen Hormone freigesetzt, die die Blutzufuhr zur Plazenta stoppen und weitere Kontraktionen auslösen – genau das, was gebraucht wird, um das Risiko von Blutungen zu vermindern.

Das Kind muß lernen, die Bewegungen von Atmen und Trinken zu koordinieren, um nicht zu ersticken, wenn Milch in die Lunge fließt, oder Bauchschmerzen zu bekommen, weil es Luft schluckt. Seine selbstregulatorischen Fähigkeiten können allerdings nur wirken, wenn die Mutter so einfühlsam ihren eigenen Rhythmen gegenüber ist, daß sie den Nahrungsfluß der Nachfrage anpaßt und lernt, den Hungerschrei von dem des Unbehagens, etwa aufgrund von Blähungen, zu unterscheiden. Diese Zeit ist ja häufig so leidvoll, daß man von der sogenannten Drei-Monats-Kolik spricht.

Der neuseeländische Kinderarzt Bevan-Browne hat die »Saugbeziehung« als die erste Erfahrung des Babys beschrieben, sich selbst aktiv die Quelle der Nahrung suchen zu müssen und sich an diese Quelle anzuschließen. Suchbewegungen, mit denen das Baby seinen Kopf hin- und herbewegt, um die Brustwarze zu erreichen, sind der Versuch, sich die Verwurzelung, die im Mutterleib durch die Nabelschnur selbstverständlich gegeben war, nun über den Mund wiederherzustellen.

Wir bezeichnen diesen Instinkt, diese Neigung als kopulative oder Bindeneigung. Wir finden ihn bei Geschöpfen bis hin zu den Protozoen. Bei den Säugetieren und Menschen ist diese verbindende Tendenz in den ersten Lebensmonaten von äußerster Wichtigkeit. Wir wollen deutlich machen, daß das Kind ein dringendes Bedürfnis hat, sich mit einer Person, genauer mit der Mutter, mittels Brustwarze und Mund zu verbinden. Dieses Bedürfnis geht über das bloße Bedürfnis nach chemischer Nahrung hinaus. Mit anderen Worten: Saugen ist eine Sinneserfahrung, die folgendes beinhaltet:

1. Intensive Empfindungen durch den Kontakt von Lippen, Zunge und Gaumen mit der Brustwarze.
2. Empfindungen durch Berührungen von Nase und Wange mit der Brust.
3. Allgemeine Gefühle von Weichheit und Wärme.
4. Gefühle, eingehüllt, unterstützt, umarmt und gehalten zu sein.
5. Körpergerüche der Mutter.
6. Befriedigende Empfindungen in Mund, Rachen, Speiseröhre und Magen beim Aufnehmen der warmen Milch.
7. Entsprechend befriedigende Geräusche, die die Mutter macht.
8. Gefühle in den Händen, die Brust zu streicheln, zu drücken und zu beklopfen.

9. Eindrücke über die Augen vom Gesichtsausdruck der Mutter.[74]

Kinder, die das Glück haben, das Stillen in diesem vollen und erfüllenden Sinne zu erfahren, zeigen oft eine umfassende Körperreaktion, die der Prototyp des Orgasmus beim Erwachsenen ist. Der Saugreflex steigert sich zum Zittern von Armen und Beinen, des ganzen Körpers: ein oraler Orgasmus.

Biologen am Peckham-Gesundheitszentrum erkannten die Feinheiten des Lernprozesses, sich nicht nur auf die emotionale Stimmung der Mutter, sondern auch auf die Aufnahme von äußerer Nahrung zu beziehen:

Sobald das Kind geboren ist, muß es sich über seinen eigenen Verdauungskanal ernähren. Alle beteiligten Organe sind zur Zeit der Geburt fertig und einsatzbereit. Aber es kann ihren richtigen Gebrauch nicht sofort beherrschen, genausowenig wie es sofort nach der Geburt seine Beine zum Laufen oder seine Augen zum Sehen benutzen kann. Es ist ein Lernender vom Moment der Entbindung an, ebenso wie es bereits in der Gebärmutter lernte. Es muß noch lernen, Milch in seinem Verdauungsapparat zu verarbeiten und aufzunehmen. Der Biologe hält danach Ausschau als einem der ersten Anzeichen im Leben des Neugeborenen dafür, daß es sich auf dieser Erde etabliert, daß es beginnt, sich in seiner neuen Welt einzurichten – was bedeutet, daß es den Prozeß beherrscht, die Muttermilch zu verdauen. Daß ihm das gelungen ist, läßt sich am Gesamteindruck des Babys erkennen, das seinen manchmal ängstlichen, aber stets geistesabwesenden Gesichtsausdruck verliert und eine gewisse Heiterkeit ausstrahlt. Sein Körper füllt sich, seine Haut entspricht nun genau seiner Figur, die Augen sind weit offen, wenn es wach ist, und zwischendurch schläft es tief und friedlich wie ein zufriedenes Hündchen.[75]

Ein zufriedenes Neugeborenes wechselt zwischen Phasen des Saugens und Phasen des Schlafens, aber es erfährt auch, daß immer die Zeit eine Rolle spielt. Das Anlegen an die Brust ist ein aktiv empfangender Vorgang – dabei können die Grundlagen gelegt werden für die Kontaktaufnahme und Kontaktbeendigung im späteren Leben. Zeiten, da das Kind sich dem Fließen der Milch und dem Kontakt mit der Brust hingibt, wechseln mit hellwachen Perioden allgemeinen Kontakts und Spiels mit der Mutter, die genauso fundamental für die Entwicklung eines gut geerdeten Selbstgefühls sind. Es wird oft behauptet, der Blickkontakt mit der Mutter entwickle sich nicht vor der vierten Woche nach der Geburt, aber die Forschungen von Leboyer und anderen legen nahe, daß es schon sehr viel früher dazu kommen kann. Miriam Dror erzählt über die Augen ihrer Tochter Alissa:

Ich fühlte einen wundervoll schlüpfrigen Körper voller Leben herauskommen. Und da lag sie auf mir, stützte sich selber hoch mit ihren kleinen Händen und blickte mir direkt in die Augen, so wie ich noch nie zuvor angesehen worden war. Diesen Blick kann ich nicht mit Worten beschreiben. Sie hatte noch nicht einen Atemzug auf dieser Erde getan, war immer noch mit meinem Körper verbunden und atmete durch die Nabelschnur und doch… mit einer Weisheit, die wohl nie zu begreifen sein wird. Der Blick war ruhig und immer ruhiger werdend, ließ er mich innehalten. Ich bin sicher, daß mein Herz einen Sprung machte und daß wir beide uns diesen kurzen Blickwechsel lang außerhalb der Zeit befanden.[76]

Kommen wir schließlich zu den *Schmerzen des Übergangs*, denn die bisher erwähnten Veränderungen sind grundlegend für die entstehende Wahrnehmung des Kindes von sich selbst außerhalb der Gebärmutter. Es mögen Erfahrungen sein, die den neugeborenen Körper des Babys nähren und erfüllen oder die ihn stressen und dazu führen, daß es sich in Spannungsknoten und in Schmerzens- und Wehgeschrei windet.

Eine Patientin von Francis Mott hatte einen Alptraum, in dem vier bestimmte Ängste auftauchten: die Angst vor dem Blitz, die Angst vor dem Donner, die Angst vor Sturm und die Angst vor der Brandung, die mit zornigen Wellen durch eine Lücke in den Dünen schlägt. Mott kommentiert die biologischen Ursprünge dieser Ängste:

Warum sie so weitgehend »ungeboren« geblieben war, liegt daran, daß sie mit so viel Angst auf die Eröffnung ihrer Kopföffnungen bei der Geburt reagiert hatte. Sie hatte sich vor dem Licht in ihren Augen gefürchtet, vor den Tönen in ihren Ohren, dem Atem in ihren Lungen und der Nahrung in ihrem Mund. Das Unwetter hatte diese Ängste wieder geweckt. Die Blitze hatten die Furcht vor dem Licht in ihren Augen wieder wachgerufen, der Donner die Furcht vor dem Lärm in ihren Ohren, der rauschende Wind die Furcht vor der Luft, die in ihre Lungen brauste, und die Brandungswellen die Furcht vor der Milch, die in ihren Mund strömte. Meine Patientin öffnete sich, kurz gesagt, nie der freien und angstlosen Aufnahme der Welt und war so ein fötales Individuum geblieben.[77]

Mott hat eine ganze Theorie der menschlichen Entwicklung, die er »Biosynthese« nennt, aus seinen Erkenntnissen über die Natur der Übergänge von der Gebärmutter in die Außenwelt entwickelt. Denn wenn die erste, grundlegende Verwurzelung eines Menschen in dieser Welt zu einer erschreckenden oder schockierenden Erfahrung wird, so daß seine Kontaktorgane sich danach nur zögernd ausdehnen, ist die Grundlage, sich in der Welt, im eigenen Körper oder inmitten der Körper anderer sicher zu fühlen, geschwächt, unterminiert oder gar zerstört. In meiner Arbeit baue ich auf dieser Theorie auf und habe, weil ihre Konzepte zentral für meine therapeutische Arbeit sind, ihren Namen – wie bereits erwähnt – übernommen.

Bereits vor der Geburt der Sprache, bevor irgendein Wort geäußert wurde, ist das grundlegende Gefühl für die eigene Identität oder eben auch für ihr Fehlen, bereits ausgebildet. Es wächst aus dem Nährboden der Nabelschnurpulsationen, die aufhören, wenn die Nabelschnur durchtrennt ist, und durch die Rhythmen der Atmung und des Saugens ersetzt werden. Es wird durch den Haut-zu-Haut-Kontakt ins Leben gerufen, der an die Stelle des Fruchtwassers tritt, welches über die Lanugohaare des Fötus fächelte. Es entsteht durch die rhythmischen Klänge der Stimme, die Zärtlichkeiten ins Ohr flüstert und schon von der Zeit im Uterus her vertraut ist. Es wird geboren aus den spontanen Bewegungen des Körpers, der sich nun, nachdem er neun Monate in den schützenden Wassern der Gebärmutter geborgen war, ausstreckt und die unermeßliche Endgültigkeit und Festigkeit der Erde erfährt. Es wird durch die Anspannungen und Entspannungen der Muskeln geformt, die auf die Schwerkraft reagieren.

Das neugeborene Lebewesen ist auf der Erde angekommen und wird von seinen Eltern versorgt. Es ist umgeben von den komplexen sozialen Beziehungen seiner besonderen kleinen Welt, aber es nimmt sie noch nicht bewußt wahr. Bar jeglicher Bildung wartet es auf den Prozeß der Konditionierung, der zur Ausbildung des Charakters führt.

# 5 Kopf, Herz und Hara

## Die dynamische Morphologie des Körpers

Nachdem wir in den letzten beiden Kapiteln die embryonale und frühe nachgeburtliche Entwicklung aufgezeigt haben, können wir uns nun der Frage zuwenden, wie sich die embryonale Geschichte in der Form des erwachsenen Körpers ausdrückt. In diesem Kapitel geht es deshalb um das Verständnis einiger Aspekte des Entwurfs oder der Anlage des Körpers sowie der Beziehung zwischen der Entwicklung einzelner seiner Teile und den embryologischen Keimschichten. Wir werden von formbildenden Prozessen zu Strukturen übergehen; von der Geschichte des Lebens im Mutterleib zu der Morphologie des Körpers.

Die drei embryonalen Bereiche entwickeln sich zu drei verschiedenen primären Regionen des Körpers. Alle wichtigen ektodermen Organe sind, mit Ausnahme der Haut, im Kopf zusammengezogen: Augen, Ohren, Nase, Zunge, Hirn. Das organisierende Zentrum für die großen Muskeln des Körpers und die knöcherne Struktur des Skeletts ist die Wirbelsäule mit ihren Ausläufern in die Arme, Beine und den Kopf – letzteren kann man in bezug auf seine äußere Struktur als fünfte Extremität einsetzen, so z.B. beim Yoga-Kopfstand oder bei der Niederkunft durch den Geburtskanal. Die Wirbelsäule und diese Gliedmaßen sind die hauptsächlichen ausführenden Organe des Mesoderm. Die inneren Organe des Rumpfes, also Lungen und Verdauungsapparat, kann man sich als Hauptenergiespeicher des Endoderm vorstellen.

Wir können die Morphologie des Körpers von dem Standpunkt aus betrachten, wie diese drei Bereiche von Kopf, Wirbelsäule und Eingeweiden miteinander verbunden sind.[78]

Es gibt drei wichtige Knotenpunkte im Körper, die die drei Regionen miteinander verbinden. Der Kopf ist mit der Wirbelsäule am Schädelansatz des Nackens verbunden. Ist der Nacken verspannt, wird der Verbindungsfluß zwischen Ektoderm und Mesoderm unterbrochen. Denken und Handeln trennen sich. Wenn mehr Energie oberhalb der Nackensperre als darunter gefangen ist, neigen wir dazu, uns auf Kosten der Bewegung zu sehr mit dem Denken zu identifizieren. Im äußersten Fall entsteht daraus ein zwanghaftes oder besessenes Verhaltensmuster. Der zwanghafte Mensch verbringt übertrieben viel Zeit damit, irgendwelche Aktivitäten zu planen, aber die freie Energie, dann auch wirklich etwas zu tun, ist im Kopf gebunden. Diese Art des Denkens wird zu einer Denksperre. Werden die Nackenverspannungen gelöst, kann Aktivität typischerweise als Fluß ausdrucksvoller Bewegungen die Wirbelsäule hinunterfließen. Viele Kopfschmerzen sind durch Nackenanspannungen verursacht und können erleichtert werden, wenn die Energie diesem Fluß folgt und sich in ausdrucksvolle Bewegung hinein neu verteilt.

Ist die Energie unterhalb der Nackenblockade gefangen, mag ein Muster von Über-Aktivität und mangelnder Voraussicht auftreten. Der Körper ist vielleicht zu sehr mit Energie aufgeladen, der Kopf zu wenig. Dieser Mensch ist vor dem Denken auf der Flucht. Nach Auflösen der Nackenspannung kann Energie vom Körper herauf zum Gesicht, den Augen, der Stimme und dem Gehirn fließen, was zu mehr Möglichkeiten für Reflexion und Kommunikation führt.

Der Verbindungspunkt zwischen Kopf und Eingeweiden ist die Kehle. Hier vereint sich der ektoderme Bereich des Kopfes mit dem endodermen der Eingeweide. Denken und Empfinden werden durch die Ausdrucksfunktion der Stimme vereinigt. Ist die Stimme mechanisch, bleibt die Sprache rein erklärend. Erklären bedeutet abflachen. Kopf-Gespräche sind von der Empfindung abgeschnitten. Erforschen heißt hinausfließen: die erforschende Sprache verbindet Denken und Empfinden.

Wenn ein Kind lernt, Empfindungen herunterzuschlucken, dient die Blockierung der Kehle dazu, die Gefühle unten zu halten. Die emotionale Energie wird im Rumpf gefangen und findet keinen Ausgang zum Gesicht. Solch eine Person fühlt den Druck starker Emotionen, aber gleichzeitig auch, daß sie ihr Gesicht verlieren wird, wenn sie sie zeigt. Das Gesicht bleibt teilnahmslos – gefühllos, ganz im Gegensatz zu dem inneren emotionalen Druck. Das gegenteilige Muster zeigt sich, wo viele Emotionen durch das Gesicht ausgedrückt werden, aber wenig Kontakt zum Körperzentrum gehalten wird. Es ist dann, als ob die Emotion erbrochen wird, um den inneren Druck zu erleichtern.

Eine Frau, mit der ich arbeitete und die dieses Muster zeigte, hatte die Tendenz, als Reaktion auf Streß zu weinen und zu schreien. Ihr Gesicht wurde rot, und alle Energie wurde in ihre Kehle und ihr Gesicht gepumpt. Ich legte meine Hand auf ihren Bauch, der sich anfühlte wie eine leere Plastiktüte, schlaff und leblos. Was sie tun mußte, war den emotionalen Druck zu lockern, der in die Kehle hinein- und über sie hinausgezogen war, und zuzulassen, daß sich ihre Ausdrucksenergie durch den ganzen Körper verteilte. Als der Druck in Kehle und Gesicht sich löste, »reifte« und füllte sich ihr Bauch, als ob sie schwanger würde mit neuem Leben.

Das Muster, Emotionen zu schlucken und sie vom Gesicht fernzuhalten, ist typisch masochistisch. Das Muster, Energie hoch in Stimme und Gesicht zu pumpen, ist typisch hysterisch. Jedoch wird jemand in hysterischem Zustand eher schreien als seine Gefühle durch Sprache mit ihrem höheren Niveau an Ich-Wahrnehmung auszudrücken. In einem Fall kann also die Auflösung der Blockade in der Kehle dazu beitragen, jemandem, der viele Gefühle schluckt, zu helfen, seine Empfindungen kathartisch heraufkommen zu lassen; und im Falle eines, der zu kathartisch reagiert, kann sie dazu beitragen, die vereinigenden Funktionen der Sprache in den Vordergrund rücken zu helfen.

Die dritte Hauptverbindung ist die zwischen Wirbelsäule und Eingeweiden, zwischen der mesodermen Achse des Rückgrates und der endodermen Energie des Rumpfes. Die Brücke wird vom Zwerchfell geschlagen, der Hauptatmungspumpe im Körper. Ist das Zwerchfell frei, ist es der wichtigste Regler für die Atmung und massiert die inneren Organe außerdem kräftig. Ich werde im nächsten Kapitel zur Atmung darauf noch genauer eingehen.

Das Zwerchfell ist an der oberen Lendenwirbelsäule mit dem Rückgrat verankert. Ein verspanntes Zwerchfell wirkt wie ein Zug- oder Spannseil auf die Wirbelsäule und veranlaßt sie, sich zu verfestigen. Das zerstört die Einheit von Atem und Bewegung. Wenn wir dagegen ein glückliches Baby beobachten, das auf dem Rücken liegt und mit den Beinen strampelt, sehen wir die Vereinigung von Atem und Bewegung. Für das Baby ist Strampeln Atmen und Atmen ist Strampeln.

Wieder haben wir zwei typische Formen der Störung. Einmal bewegt sich jemand mechanisch, ohne viel Emotion und mit nur geringen deutlichen Atmungsveränderungen. Beim Gegenmuster wird die Atemgeschwindigkeit gesteigert – typischerweise bei Angstzuständen –, aber dann kein Weg gefunden, die durch die Atmung mobilisierte Energie in Bewegung umzusetzen. Die Atmung ist übermäßig aktiv, das Muskelsystem zu wenig aktiv. Zu diesem Zustand kommt es oft bei der Hyperventilation, auf die ich im sechsten Kapitel eingehe.

Die drei Brücken sind offensichtlich Kehle, Nacken (also Vorder- und Rückseite des Halses) und Zwerchfell. Allerdings kann letzteres auch als »Boden« vom Hals angesehen werden, weil es embryologisch dort entspringt und während der fötalen Entwicklung nach unten wächst. Der Hauptnerv, der zum Zwerchfell führt, tritt am vierten Halswirbel aus dem Rückenmark. Wenn wir den Hals weicher machen und die Gewebe in diesem Gebiet aktivieren, führt das häufig zu einer Entspannung des Zwerchfells.

Die beiden Blockaden des Halses, vorne und hinten, schließen sich zu einem Spannungsring zusammen, der den Kopf vom Körper trennt. Das Zwerchfell wird japanisch »o-kaku-maku« genannt, was waagerecht trennende Membran bedeutet. Ist diese Membran chronisch angespannt, zerschneidet sie den Rumpf in zwei Teile, die wenig Verbindung miteinander aufweisen. Das Herz wird dann zwischen den Spannungen im »Dach« der Brust, im Hals, und den Spannungen im »Boden« der Brust, im Zwerchfell, eingeschlossen.

Das erlaubt uns, die therapeutische Arbeit aus einem neuen Blickwinkel zu sehen. Es geht dann nicht nur darum, die drei embryonalen

Bereiche und die drei entsprechenden Körperregionen wieder zu vereinen, sondern ebenso eine Vereinigung zwischen Kopf-, Herz- und Hara-Bereich des Körpers zu unterstützen. (Hara ist die japanische Bezeichnung für den Unterleib.)

Wilhelm Reich beschrieb sieben Spannungsringe,[79] verursacht durch Muskelpanzerungen, die waagerecht zur Körperachse liegen und den Körper in Segmente unterteilen. Das Gesicht ist in zwei Segmente unterteilt: das Augen-Segment mit Augen, Stirn und den großen Muskeln der Kopfhaut; das Mund-Segment mit den Muskeln rund um die Lippen, des Kinns, der Kiefer und den ausdrucksvollen Muskeln der Wangen. Das dritte Segment umfaßt den Hals mit all seinen kompliziert angeordneten Muskeln von Kehle und Kehlkopf und den Skelettmuskeln des Nackens – die Scalenusmuskeln, der Levator scapulae und der Sternocleidomastoideus. Das vierte Segment, der Brustraum, enthält Herz, Lunge und Arme. Das fünfte Segment ist das Zwerchfell. Das sechste ist der Unterleib mit Eingeweiden und unterem Rücken. Das siebte enthält das Becken, die Geschlechtsorgane und die Beine.

Aber nicht nur der ganze Rumpf, sondern auch die Gliedmaßen können in Segmente unterteilt werden. Die Teilung geschieht naturgemäß an den Hauptgelenken, die jedes Glied in drei Segmente gliedern, die wir uns als Kopf, Herz und Bauch jeder Extremität vorstellen können. Füße und Hände, die Enden der Glieder, entsprechen demnach dem »Kopf«, Unterarme und Wadenbeine dem »Herz«, Oberarme und Oberschenkel dem »Bauch«. Wir können auch das Handgelenk als »Hals« des Arms und das Fußgelenk als »Hals« des jeweiligen Fußes ansehen. Häufig, wenn die Kehle zu wenig geladen und der Energiefluß zum Kopf eingeschränkt ist, werden wir feststellen, daß auch Hand- und Fußgelenke eingeschnürt sind, wodurch die Blutzufuhr zu Händen und Füßen und auch ihr Energiekreislauf eingeschränkt wird. Die Fuß- und Handgelenke zu lockern, kann Entspannung und Expansion im Hals wieder anregen.

Reichs Formulierung der sieben Segmente enthält eine enge Verwandtschaft zu dem östlichen System der sieben Chakren, auf das ich später zurückkommen werde. Die Chakren unterteilen den Körper ebenfalls in Segmente, die jeweils unter dem Einfluß eines Chakras stehen, und sind auch am Rückgrat zentriert. Sie werden vom Ende der Wirbelsäule aufwärts gezählt, und jedes scheint sich einem besonderen Nervenzentrum oder -geflecht zu verbinden.

Das erste heißt das Wurzel-Chakra und ist mit dem Kreuzbein und dem Steißbein verbunden, sein Zentrum liegt am Damm. Anatomisch reguliert es die Energie des Kreuzbeinnervengeflechts im Becken und der Nebennieren. Das zweite Chakra gehört zum Hara und dem Lendengeflecht, einschließlich der Milz. Das dritte wird auf den Solarplexus, direkt unter dem Zwerchfell, und auf die Bauchspeicheldrüse bezogen. Viertens haben wir das Herz-Chakra, welches auch mit der Thymusdrüse und dem Herzgeflecht in Verbindung steht. Das fünfte ist das Kehl-Chakra, verbunden mit dem Rachennervengeflecht und der Schilddrüse.

Diese fünf Chakren stimmen eng mit den unteren fünf Segmenten Reichs überein. Oberhalb der Kehle gibt es leichte Unterschiede. Reichs Mundsegment entspricht einer Unterabteilung des Kehlbereichs im indischen System. Das sechste Chakra liegt zwischen den Augen, ist mit der Zirbeldrüse verbunden und stimmt mit dem unteren Teil von Reichs Augensegment überein. Das siebte Chakra befindet sich auf dem Scheitelpunkt des Kopfes im Bereich der Fontanelle. Es ist ebenfalls ein Teil des Reichschen Augensegments, das sich ja über die ganze Schädelhaut hinzieht.

Sollte jemand glauben, Reich oder die Begründer des indischen Chakrensystems hätten sich von der mystischen Zahl Sieben wissentlich faszinieren lassen, ist es wichtig, den Umstand zur Kenntnis zu nehmen, daß die Anatomie der Wirbelsäule von Natur aus sieben »Knoten« aufweist, die den Chakren entsprechen. Man könnte das Rückgrat wie eine pulsierende Sinuswelle sehen: Sie hat doppelte S-Form mit zwei konkaven Bögen am Nacken und unteren Rücken, drei konvexen Rundungen am Hinterkopf, zwischen den Schulterblättern und am Gesäß, sowie zwei Endpunkten, am Scheitel und am Steißbein (siehe Abb. 3).

In der Akupunktur-Lehre nimmt man an, daß die Energie des an der Oberfläche liegenden Meridian-Systems in einem vierfachen Kreislauf dreimal um den Körper fließt, wobei zwölf Meridiane gebildet werden. Wenn wir als Anfangspunkt einmal ganz willkürlich den ersten Punkt des Lungenmeridians auf der Brust nehmen, bewegt sich die Energie von dort zu den kleinen Fingern, dann wieder den Arm hoch und hinauf ins Gesicht und von hier durch den Körper hinunter zu einem bestimmten Punkt in den Zehen, von wo aus sie durch die Beine hoch wieder zurück zu einer Stelle in der Brust aufsteigt. Schematisch können wir diesen Fluß als Bewegung vom »Herzen« zur »Hand«, zum »Kopf«, zu den »Fersen« und zurück zum »Herzen« darstellen. Wir sehen, daß dies beschreibt, wie Energie vom Rumpf (Zentrum) zu den Händen (oberer Boden), zum Gesicht, abwärts zu den Füßen (unterer Boden) und zurück strömt. Der Energiefluß weist eine zentrifugale Bewegung auf (vom Herzen zu den Händen), gefolgt von einer corticopetalen (von den Händen zum Kopf), weiter einer corticofugalen (vom Kopf zu den Fersen) und schließlich einer zentripetalen Bewegung (von den Fersen zum Herzen). Diese vierfache Bewegung vereint sehr schön die Prinzipien von Zentrieren, Erden und Anschauen mit den drei Regionen Brust und Arme, Gesicht und Kopf sowie Bauch und Beine. Wie wichtig diese Beziehungen für die Praxis sind, führe ich später noch eingehender aus.

Den Charakter einer Person können wir jetzt als Ausdruck dessen vestehen, wie sie ihre energetische Ladung organisiert, deren Zentrum in den Gedärmen liegt und die im Bauch konzentriert ist. Das wird angezeigt durch die Höhe des Tonus in den Muskelschichten und den Grad des Geerdetseins, das in den Gliedmaßen und im Rückgrat vorhanden ist, wie auch dadurch, wie groß das Maß an Konzentration im Wahrnehmungssystem ist. Es geht hier um bevorzugte Verhaltensweisen, die als Schutz gegen verschiedene Formen von Bedrohung angewandt werden können. Diese Verhaltensweisen, die den Grund für die Charakterverschiedenheiten legen, sind teils genetisch bedingt (Widerspiegelungen der embryonalen Ausstattung, wie es Sheldon[80] beschrieben hat) und teils Reaktionen auf Streß aus der Umgebung seit der Zeit in der Gebärmutter und weiter die ganze Kindheit hindurch.

Der Mensch besitzt drei hauptsächliche Nervensysteme, von denen uns jedes mit speziellen Sinnesinformationen beliefert. Während die Ursprünge des Nervensystems insgesamt im Ektoderm liegen, scheint jedes der drei Untersysteme funktionale Beziehungen zu den drei embryonalen Keimblättern zu haben, und die Art ihres Zusammenspiels kann als Grundlage dienen zur Feststellung von Unterschieden im Charakter.

Das Informationssystem des *Großhirns* arbeitet nach den beiden gegensätzlichen Prinzipien von Förderung und Hemmung. Eine Person mit niedriger Hemmschwelle hat eine niedrige Schwelle eindringenden Reizen gegenüber, die sie nur schwer wird hemmen können. Sie wird leicht von Informationen (Bilder, Töne, Empfindungen anderer Menschen, psychische Einflüsse usw.) überflutet. Das hat eine Tendenz zur Folge, zu wenig fokussiert zu sein. Andererseits werden Menschen mit hoher Hemmschwelle immer versuchen, alle »unerwünschten« Eindrücke auszublenden, und eine übermäßig fokussierte, sogar zwanghafte Einstellung zum Leben entwickeln.

Das *Stammhirn-* oder das *extrapyramidale System* reguliert die Körperhaltung. Sind die Muskeln hypertonisch, ist der Körper bereit zur Aktion und rigide geschützt gegen ein Kollabieren oder Zusammenfallen. Wir können eine solche muskuläre Haltung als »über-geerdet« bezeichnen, weil mehr Energie verbraucht wird, als nötig ist, um die aufrechte Haltung zu bewahren. So jemand zeigt vielleicht arbeitssüchtige Tendenzen und wird mit Tätigkeit und der materiellen Welt identifiziert. Ist der Muskeltonus andererseits zu schlaff und hypotonisch, fühlt sich der Körper träge an und neigt zu Schwäche und Kollaps. Ein mangelndes Vertrauen zum Boden kann zu einem überentwickelten Fantasieleben führen, gepaart mit einem verminderten Sinn für die äußere Realität.

Das dritte Nervensystem des Körpers ist das *vegetative*, das den Fluß des emotionalen Lebens steuert. Es hat zwei große Äste: den sympathischen, der uns auf Flucht oder Kampf als Reaktion auf Furcht oder einen Notfall vorbereitet, und den parasympathischen mit seinem mehr beruhigenden und friedlichen Einfluß, der auf Wohlbefinden und Erholung zielt. Wird jemand vom sympathischen System dominiert, neigt er zu einer übermäßigen energetischen Ladung. Nach außen scheint er einer zu sein, der sich ständig ent-lädt, weil er versucht, dieses Zuviel durch leicht auszulösende Emotionalität loszuwerden. Jemand, der sich unter dem entgegengesetzten Einfluß des Parasympathikus befindet, wird zögern, eine Ladung aufzubauen, und angesichts einer Krise dazu neigen, sich gehenzulassen, mit einem Hang zu emotionaler Passivität oder dazu, sich vor dem Konflikt zurückzuziehen. Im Extrem kann diese »Unter-Ladung« sich als Depression äußern.

Wenn wir diese Funktionen – Fokussierung, Erdung und Ladung, jeweils mit der Möglichkeit zweier extremer und gegensätzlicher Ausprägungen – miteinander verbinden, können wir einen Charakter als bipolare Neigung verstehen. Das gibt uns ein 2 x 2 x 2-Schema, das es erlaubt, die Charakterkräfte mit Arbeitsbegriffen zu benennen. Therapie wäre dann der Versuch, einer Person zu helfen, ein besseres Gleichgewicht herzustellen, indem sie die Eigenschaften der bisher ausgeschlossenen polaren Funktion entwickelt. Davon ausgehend können wir die acht Charaktertendenzen in einem Diagramm darstellen (siehe Abb. 2). Die sechs Seiten eines Würfels stehen für die sechs entgegengesetzten Zustände: unter-fokussiert, unter-geerdet und unter-geladen; über-konzentriert, über-geerdet und über-geladen. Die acht Ecken des Würfels bezeichnen die acht Charakterrichtungen: phallisch-narzißtisch, passiv-weiblich, psychopathisch, hysterisch, depressiv, masochistisch, schizoid und oral. Diese Begriffe sind weiter entwickelt als Reich ursprünglich ging und werden in größerer Breite im Buch *Maps of Character*, das ich gemeinsam mit David Smith schrieb, ausgeführt.[81] Eine tiefschürfende, ausführliche charakterologische Studie, die von embryologischen Grundlagen ausgeht, bietet uns auch Stanley Keleman in seinem meisterlichen Buch *Emotional Anatomy*.[82]

Eine andere Art, die hauptsächlichen Charakterstrukturen und ihre Probleme zu sehen, besteht darin, sie als Störungen der wichtigsten Funktionen der sieben Chakren zu verstehen. Mit diesen Energiezentren des Körpers wird im Yoga, in der Akupunktur und vielen anderen verschiedenen und bekannten Heilmethoden gearbeitet. Daß diese und das Konzept einer Energie innerhalb des Körpers in der

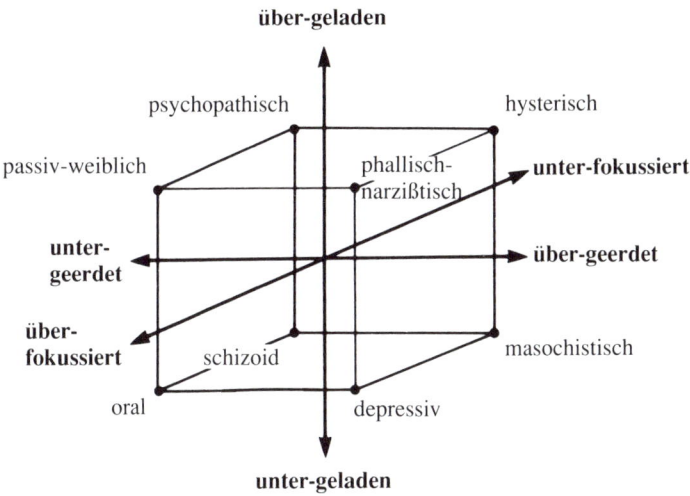

*Abb. 2: Der Charakter-Würfel mit den sechs polaren Zuständen.*

westlichen, modernen Medizin nicht beachtet werden, gereicht ihr mehr zum Nachteil als alles andere. Ich habe die Orte der Chakren und ihre anatomischen und neurologischen Verbindungen bereits erwähnt. Nun möchte ich noch einmal auf dieses System eingehen, diesmal aber ihre Beziehung zu den Charaktermustern beschreiben.[83]

## Das Wurzel-Zentrum

Wichtigste Aufgabe ist die *Erdung* im Sinne von Bindung an den Körper und Überlebenswille. Das Wurzel-Chakra ist mit dem Gefühl verbunden, ein gutes Rückgrat zu haben, das in der Welt aufrecht stehen kann. Menschen, bei denen dieses Chakra gut entwickelt ist, haben ein Unabhängigkeitsgefühl und empfinden persönliche Kraft. Fehlfunktionen äußern sich als Tendenz, übermäßig geerdet zu sein, und als Angst vor Abhängigkeit oder aber als zuwenig Erdung und Furcht vor Unabhängigkeit. Daraus ergibt sich die Polarität von Rigidität und Hilflosigkeit, von Kontrolle und Kollaps.

85

**Das Hara-Zentrum**

Hier geht es hauptsächlich um die energetische Ladung. Das Chakra ist eng mit dem Nabel verbunden und mit dem Sinneskontakt (über die Nabelschnur-Verbindung). In der Kindheit ist es das *Zentrum* für Wohlbefinden, was besonders durch befriedigende Erfahrungen an der Brust (gut genährt zu sein) unterstützt wird. In der Jugend und danach tritt es in Verbindung zum sexuellen Zentrum.

Fehlfunktionen äußern sich als ein Zuviel und ein Zuwenig an Ladung. Zuviel Ladung steht mit Problemen der Hypersexualität und des beliebigen Kontakts und mit Schwierigkeiten, eine erfüllende Partnerschaft aufzubauen, in Verbindung. Zuwenig Ladung bezieht sich auf Hyposexualität, auf Potenzprobleme, Frigidität und sexuelle Unempfindlichkeit, zu denen es durch die Unfähigkeit kommt, in die Welt zu gehen und zufriedenstellende Kontakte aufzunehmen.

**Das Solar-Plexus-Zentrum**

Dieses Chakra hat mit den Kämpfen des Kindes in bezug auf Macht und Meisterschaft, seinem Umgang mit Konflikten und seiner Fähigkeit zur Zusammenarbeit zu tun. Es besteht eine starke vegetative Ladung, die dazu führen kann, daß man sich mit Zorn oder Furcht identifiziert.

Im Zorn tendiert man dazu, andere zu überfallen und in sie einzudringen; in Situationen der Furcht steht man in Gefahr, dies selbst von anderen zu erleiden und leicht in sich eindringen zu lassen. Dieses Zentrum betrifft also die Frage der *Grenzen*. Grundlegende Konflikte drücken sich als Identifikation mit gegen andere gerichteter Macht und mit Herrschaft aus oder als Auslieferung von Macht an andere (als Unterwerfung), kaum jedoch als Vermischung der eigenen Kraft mit anderen in einem Akt der Kooperation.

**Das Herz-Zentrum**

Kernfunktion ist die Hingabe. Die Fähigkeit, tief zu lieben und starke menschliche Beziehungen herstellen zu können, ist von zentraler Bedeutung für die menschliche Natur. Das Herz-Chakra ist das Chakra der *Bindungen*.

Bindungen können auf zweierlei Weise gestört sein. Ich kann zu sehr verbunden sein, wobei sich suchtartige Verhaltensmuster in Beziehungen entwickeln und es zu einer solchen Verschmelzung mit dem oder der Geliebten kommt, daß die Individualität von beiden blockiert wird. Andererseits kann es zu zuwenig Bindung kommen, was sich entweder in oberflächlichen oder vorübergehenden Beziehungen – vielleicht mit einem gewissen Grad an Gleichgültigkeit – äußern kann oder als genereller Rückzug aus Beziehungen überhaupt auftritt.

## Das Kehl-Zentrum

Die Hauptfunktion hier ist Kommunikation oder *Stimmqualität* (»sounding«). Es steht in Verbindung damit, wie gut wir das, was unser Herz bewegt, mit Hilfe unserer Stimme ausdrücken und wie klar wir über unsere Wahrnehmungen und Gefühle sprechen können. Ob das Zentrum gesund ist, zeigt sich daran, wie ausdrucksvoll wir im allgemeinen sein können und wie kreativ durch unsere Sprache und unsere Stimme.

Störungen stellen sich uns hier als zwei Verzerrungen in der Sprache dar: Introjektion, d.h. die Ansichten anderer zu glauben und ihre Urteile zu schlucken, ohne in irgendeiner Weise zu unterscheiden oder auf die eigenen Gefühle zu hören; oder Projektion, d.h. zu glauben, andere Menschen hätten Eigenschaften, die man sich selbst nicht zuschreiben will. Ist das Zentrum blockiert, spielen Schuld und Scham eine große Rolle.

## Das Stirn-Zentrum

Es wird auch »drittes Auge« genannt. Dieses Zentrum hat mit Vision und Kontemplation, mit Ausblicken und Einsehen zu tun. Es trägt die Fähigkeit in sich, sich selbst und anderen klar zu *begegnen*. Es ist mit der Vorstellungskraft ebenso verbunden wie mit der Fähigkeit, tief in das Wesen einer Situation hineinsehen zu können.

Fehlfunktionen äußern sich als Zwanghaftigkeit, als Verengung der Vision auf eine einzelne, festgelegte Richtung und als Verlust an fantasievoller, schöpferischer Innenschau. Das passiert, wenn Menschen sich besessen fühlen, d.h. die Empfindung haben, von Bildern oder Absichten anderer überflutet zu sein; eine Situation, in der der Betreffende telepathisch zu offen ist. Das ist bei Schizophrenen ziemlich verbreitet.

## Das Scheitel-Zentrum

Von diesem Zentrum aus kommunizieren wir mit dem Kosmos. Es hat mit einer Offenheit zu tun für etwas, das größer ist als das eigene Selbst, ob nun in einem religiösen oder einem naturalistischen Sinn. Wenn es gestört ist, kann es entweder zu einer messianischen Inflation, im Sinne von Allmacht, oder zu einer nihilistischen Deflation führen, bei der es zu einer existentiellen Depression und Todesangst kommt – äußerste Bedeutungslosigkeit.

Die Funktion des Chakra ist verbunden mit dem Kontakt zwischen dem *Raum, zwischen innerem und äußerem Raum.* Störungen beziehen sich auf grenzenlose Ausdehnung und auf die Angst in einer großen Leere ausgelöscht zu werden.

## Zusammenfassung

Diese Funktionen lassen sich wie folgt zusammenfassen; weitere Ausführungen dazu finden sich in den jeweils angegebenen Kapiteln.

| | | |
|---|---|---|
| Wurzel | Erdung (grounding) | Kapitel 7 |
| Hara | Zentrieren (centring) | Kapitel 6 |
| Solarplexus | Abgrenzen (bounding) | Kapitel 9 |
| Herz | Bindung (bonding) | Kapitel 10 |
| Kehle | Stimmqualität (sounding) | Kapitel 8 |
| Stirn | Anschauen (facing) | Kapitel 8 |
| Scheitel | Raum (spacing) | Kapitel 10, 11 |

Wir haben schon gesehen, daß es eine interessante Ähnlichkeit gibt zwischen der Anordnung der Chakren und Reichs »Ringen« oder »Segmenten« der Panzerung, die er in seiner *Charakteranalyse* beschreibt und die die Abbildung 3 zeigt. Wie schon beim Nervensystem können wir das Verhältnis zwischen der Energie und den Charakterstrukturen als eine analoge Beziehung verstehen.

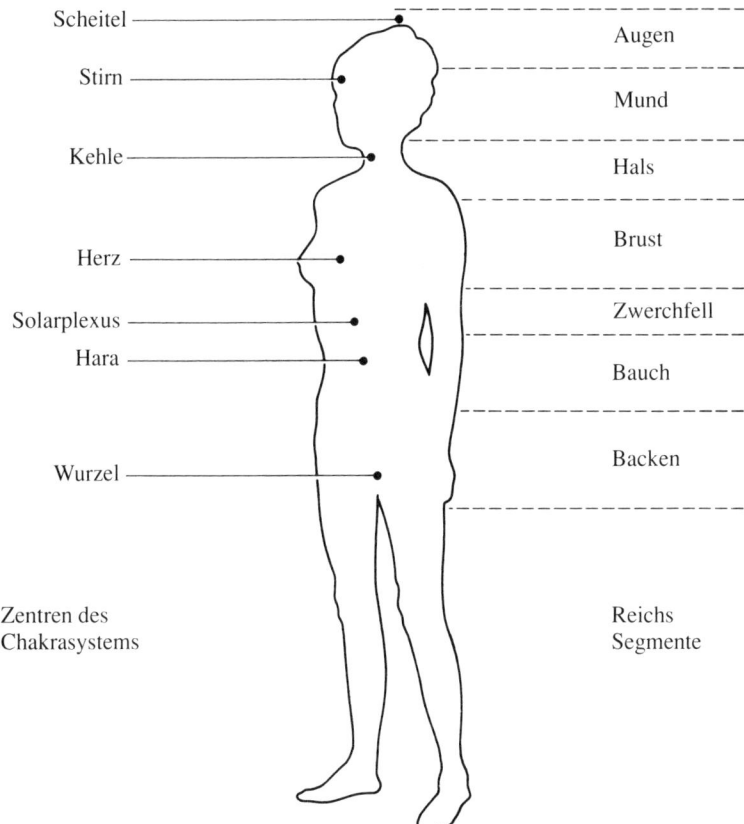

Scheitel

Stirn

Kehle

Herz

Solarplexus

Hara

Wurzel

Augen

Mund

Hals

Brust

Zwerchfell

Bauch

Backen

Zentren des
Chakrasystems

Reichs
Segmente

*Abb. 3: Ein Vergleich zwischen Reichs sieben Panzerungssegmenten und dem östlichen Konzept der sieben Energiezentren (Chakren). Die Chakren werden in ihrer von der Wirbelsäule aus vorderen Projektion gezeigt.*

# 6 Wellen der Atmung
## *Rhythmen von Atmen und Fühlen*

Die Bedeutung der Atmung, die nicht nur Lebensenergie in uns pumpt und nicht nur ein Mechanismus ist, der unserer Aktivierung dient, sondern durch das Zwerchfell auch Mesoderm und Endoderm verbindet, habe ich bereits erwähnt. Ich nutze das Atmen als wichtiges Anzeichen dafür, was im Klienten vor sich geht, und verstehe es als Ausdruck seines emotionalen Zustandes. Die emotionale Energie wieder ins Gleichgewicht zu bringen und dasselbe mit dem Atmen zu tun, ist so eng miteinander verkoppelt, daß ich die Arbeit am einen für untrennbar verbunden mit der Arbeit am anderen halte.

Die entspannte Pulsation des Atmens schafft ein Gefühl der Mitte oder des Zentrums. Wir nennen einen Menschen zentriert, wenn er mit dem Rhythmus seiner Atmung verbunden ist. Genaugenommen liegt das Gravitationszentrum des Körpers im Hara, etwa fünf Zentimeter unter dem Nabel. Im Wasser schwebend, verteilt sich das Gewicht beidseits dieses Punkts. Angst unterbricht den Atemrhythmus, erzeugt eine Kontraktion, und man geht unter: die Verbindung zum Zentrum ging verloren.

Die Atmung hat einen Rhythmus wie das Meer. Wir sehen ihre Wellen in Bauch und Brust steigen und fallen. Wir hören sie in uns hinein- und hinausrauschen, wenn wir unsere Ohren darauf einstellen. Unsere Hände heben und senken sich, wenn wir sie auf die Körperoberfläche legen, und spüren die Inflation und die Deflation des Rumpfes.[84] Bei der Inspiration dehnt sich der Rumpf aus, und die Wirbelsäule erfährt einen Impuls, sich nach oben zu verlängern. Bei der Exspiration werden wir kleiner und kürzer. Ausatmen ist ein Aufgeben und Loslassen. Einatmen ist ein Auffüllen und Halten; eine Vorbereitung zum Handeln.

Das emotionale Zentrum wird im Herzen gefühlt, das energetische

Zentrum im Hara. Ist das Zwerchfell entspannt, sind diese beiden Zentren verbunden und werden als eins gespürt; ist es angespannt, ist die Verbindung unterbrochen. Es ist dann möglich, sich mit dem Herzen verbunden zu fühlen, aber gleichzeitig zu spüren, daß die Unterstützung durch die Energie der unteren Körperhälfte fehlt. Im anderen Fall spürt man vielleicht Kraft und Lebendigkeit im Hara, ist aber engherzig oder leer und kalt im Herzen. Wir können diese beiden Zentren das »Liebes«-Zentrum und das »Kraft«-Zentrum nennen. Sind sie gespalten, haben wir kraftlose Liebe oder lieblose Kraft. Steht die Zwerchfellverbindung offen, sehen wir einen Menschen vor uns, der in der Kraft der Liebe zentriert ist.

Atmung kann also sowohl Spontaneität ausdrücken oder auch die Gestaltung des Charakters widerspiegeln.[85] Wie jemand atmet, übermittelt entweder ein Gefühl von Rhythmus und innerem Wohlbefinden oder es vermittelt Streß, Unbehagen, Druck oder mangelndes Wohlgefühl.

Das Herzzentrum steht in Zusammenhang mit der Brustatmung, das Hara mit der Bauchatmung. Erstere pumpt die Brust auf und hält sie in der aufgepumpten Stellung fest. Gefühle werden zurückgehalten, ein Gefühl übermäßigen Haltens und Zurückhaltens entsteht. Es kommt zur Angst, voll auszuatmen; loszulassen würde wie Sterben empfunden werden, wie das Leben »auszuhauchen«, wie eine Auflösung der Grenzen und ein Sturz in mehr Selbstausdruck. Paradoxerweise entsteht durch dieses Gefühl von Druck in der Brust tatsächlich ein Sterberisiko, denn das übermäßig aufgepumpte Einatmungsmuster kommt häufig bei rigiden Persönlichkeiten (sogenannten Typ A-Persönlichkeiten) vor, die zu hohem Blutdruck und zu Herzattacken neigen. Das Herz fühlt sich eingesperrt. Dieser Preßdruck erhöht – zusammen mit der Rigidität der Brust – das Risiko, das Herz zu überfordern.

Edouardo wurde als Kind häufig von seiner Mutter geschlagen. Er versuchte ihre Liebe durch eine Reihe von guten Leistungen zu erlangen. Aber immer hatte sie etwas an ihm auszusetzen, und dann schlug sie ihn mit einem Elektrokabel. Als er älter wurde, lernte er Karate und brachte es zum schwarzen Gurt. Karate erlaubte ihm, seine Aggressionen körperlich herauszulassen, aber er hielt sich zu sehr zurück, wo es darum ging, die Wut, die er aus seiner Kindheit her empfand, auszudrücken. Die unterdrückte Wut mußte unter allen Umständen niedergehalten werden, und Edouardo hatte immer wieder Brustschmerzen. Er brauchte Hilfe, seine Brust weicher zu machen und seine Atmung zu entspannen, um den Druck in der Brust zu verringern. Im allgemeinen helfe ich Klienten, aus sich herauszukommen, um ihnen zu helfen, auszuatmen. Wie das geschehen kann, wird später genauer beschrieben.

Die Neigung, zuviel im Bauch zurückzuhalten, finden wir häufig bei Menschen, die gelernt haben, ihre Gefühle herunterzuschlucken und unten zu halten. Es sind die »masochistischen« Charaktere. Damit ihre negativen Gefühle nicht ausbrechen, erzeugen sie einen hohen Druck im Unterleib.

Das Gegenteil des masochistischen Musters ist das aktive hysterische Muster bei Menschen, die zuwenig zurückhalten. Sie werden mit dem Ausatmen gleichgesetzt. Die Ausatmung trägt einen Schrei, Weinen oder sonst einen starken emotionalen Ausdruck in sich. Bei näherer Betrachtung fehlt jedoch der Kontakt mit der Einatmung. Menschen in hysterischen Zuständen verlieren leicht ihr Gefühl der Mitte. Der Bauch ist voll Unruhe und wird tendenziell in deflationiertem Zustand gehalten. Ein wichtiger Teil der erforderlichen therapeutischen Arbeit besteht daher darin, solchen Menschen zu helfen, mit dem Einatem im Bauch Fühlung aufzunehmen, um ein Gefühl der Zentriertheit und des Gehaltenseins aufzubauen.

Bei übermäßig bedürftigen, abhängigen Menschen (die orale Charakterstruktur) ist ein Widerstreben, Luft aufzunehmen, ebenso festzustellen wie eine Hemmung, zu saugen und auszugreifen. Sie sehen schwach und leer aus und fühlen sich auch so. Dieses Gefühl, unterernährt zu sein, geht mit geringer Inspiration in Bauch und Brust einher. Dadurch wird ein verminderter Stoffwechsel aufrechterhalten, der das Gefühl von Mangel noch unterstützt.

Als Reich damit begann, Patienten zu helfen, auf ihre Atmung zu achten, fielen ihm viele auf, die eine inspiratorische Tendenz, die Neigung zum Einatem, zeigten. Deshalb konzentrierte er sich vor allem auf die Bedeutung des Ausatmens und die emotionale Befreiung. Ich beobachtete schon einige Male schlecht ausgebildete Reichianische Therapeuten, die versuchten, Klienten zu eben dieser Reaktion zu ermutigen, obwohl sie genau die gegenteilige Hilfe gebraucht hätten. Nach meinen Erfahrungen aus dreißig Jahren Arbeit mit einigen Tausend Leuten benötigen mindestens die Hälfte aller Menschen, denen ich begegne, Hilfe, um ihre Inspiration vertiefen zu lernen, während der anderen Hälfte durch Arbeit daran, die Exspiration zu vertiefen, zu helfen ist.

Einer der wohl am schlechtesten verstandenen Prozesse bei allen, die Atemübungen machen, ist die Entstehung und die Dynamik der Hyperventilation.[86] Die äußeren Zeichen sind leicht entdeckt: der Klient atmet immer schneller oder verlängert oder preßt den Ausatem; er neigt dazu, zu wenig aktiv zu sein und Gefühle zu wenig auszudrükken; nach einer Weile krampfen seine Finger im charakteristischen Klauen-Spasmus, und der ganze Körper beginnt sich zu straffen. In frühen Stadien sind die Symptome ein leichtes Kribbeln, das erst angenehm sein mag, aber dann zunehmend unangenehmer wird, gefolgt von Empfindungen wie Straffheit, Schmerz und Taubheit, anfangs in den Fingern, dann vielleicht auf Lippen und Zunge, wodurch das Sprechen schwieriger wird. Oft tritt ein Gefühl der Benommenheit oder Unwirklichkeit, von Panik oder Verwirrung auf, wobei gewöhnlich ein Druck oder eine Spannung im Bauch empfunden wird.

Die Ursache der Hyperventilation ist Kohlendioxidmangel. Die überschnelle Atmung und die forcierte Exspiration stößt zuviel davon aus. Das $CO_2$-Niveau im Blut fällt und verschiebt den pH-Wert zum Alkalischen. Dies wiederum verstärkt eine Calciumveränderung in Muskeln und Nerven, was eine andauernde Serie von Nervensignalen an die Muskeln, sich zu kontrahieren, bewirkt. Dadurch beginnen die Muskeln, sich einem Starrkrampf zu nähern, der an der Peripherie des Körpers (Finger, Zehen, Lippen, Nase) einsetzt. Viele Menschen wechseln in Situationen großer Angst spontan in die Hyperventilation über.

In der Zeitung »Observer« schrieb ein Arzt, seiner Meinung nach seien rund vierzig Prozent aller Leiden, mit denen Patienten zu ihm in die allgemeine Praxis kämen, Nebenwirkungen einer unerkannten Hyperventilation. Ein Psychotherapeut, der mit einem Klienten arbeitet, der in einem Angstzustand ist, wird es schwer haben, wenn er ein dysfunktionales Atemmuster nicht erkennt und hier nicht Abhilfe schaffen kann. Gleichermaßen erreicht ein rein physiologischer Ansatz beim Umgang mit der Hyperventilation nicht seine volle Wirksamkeit, wenn die psychischen Aspekte von Angstzuständen ignoriert werden.

In den letzten zehn und mehr Jahren wurde die Hyperventilation von einigen therapeutischen Richtungen bewußt als therapeutisches Mittel benutzt, in dem Glauben, dadurch »mehr Empfindung« zu erzeugen oder Klienten könnten sich »durch den Widerstand hindurchatmen«, wenn man sie in den $CO_2$-Mangel drängte. Besonders das Rebirthing hat dies als Methode vertreten und hartnäckig die Tatsache mißachtet, daß Hyperventilationssymptome Notsignale des Körpers als Reaktion auf einen Mangel sind. Die folgende Überladung des psychischen (Labilität und Verwirrung) oder des somatischen Systems (verstärkte Spannung und Krampf) können tatsächlich mitunter zum Tode führen. Ein Mann mit präpsychotischen Tendenzen kam aus einer Rebirthingsitzung und ermordete noch am selben Abend seine Hauswirtin. Natürlich gibt es da keinen Zusammenhang, werden die Verteidiger des Rebirthing sagen. Ein anderer Mann starb in einer Rebirthingsitzung in Deutschland an einem Herzinfarkt, zu dem es während der Hyperventilation kam. Es wird natürlich heißen, er hätte früher oder später sowieso einen gehabt oder er hätte ihn selbst herbeigeführt. In London drängte ein unausgebildeter Therapeut einen Klienten durch bio-energetische Streßpositionen in die Hyperventilation und löste so eine latente Klaustrophobie aus, die einige Monate bestehen blieb. Der Klient beschloß sich umzubringen, sollte dieser Zustand länger als ein halbes Jahr anhalten. Glücklicherweise besserte er sich rechtzeitig. Ich traf ihn etwas später. Er erwies sich als Hyperventilierer, der Hilfe brauchte, seine Inspiration zu vertiefen.

Auch Stanislav Grof arbeitet mit der Hyperventilation. Er interessiert sich für veränderte Bewußtseinszustände, die durch sie hervorgerufen werden können.[87] Früher benutzte er dazu LSD, dessen Gebrauch nicht mehr erlaubt ist. Ich habe großen Respekt vor Grofs theoretischem Modell des Unbewußten und der vorgeburtlichen Phasen, jedoch weniger für die Methoden, durch die er sein Material erhält, weil die Hyperventilation alle hauptsächlichen Funktionssysteme des Körpers stört.

Anhänger Grofs und des Rebirthing verteidigen die Hyperventilation, indem sie argumentieren, daß Menschen, die fortfahren, so übersteigert zu atmen, »ihre Blockaden durchbrechen« und symptomfrei werden. Die physiologischen Grundlagen dieses Glaubens konnte mir bisher noch niemand erklären. Es gibt zwei Möglichkeiten. Die erste: Wir pressen den Körper in noch stärkere Hyperventilation, so daß das Gehirn eine Notabschaltung vornimmt (technisch Depolarisierungssperre genannt). Das kommt etwa einer Störung im Radiosender gleich. Aber sich auf dieses Notfallprogramm zu stützen, um einen Klienten von den Auswirkungen des Mißbrauchs seines Körpers zu befreien, erscheint mir überheblich und illegitim. Die andere Möglichkeit ist, daß der Klient spontan tiefer *ein*atmet. Dies gleicht den Sauerstoff-Kohlendioxid-Spiegel im Atem wieder aus und korrigiert so den $CO_2$-Mangel. Dies ist ein Wechsel, der aus der Hyperventilation (einer Dysfunktion) *herausführt* und in tiefes, ausgeglichenes Atmen überleitet, was für die Funktionsweisen der meisten Menschen eine Verbesserung ist.

Wie also die Hyperventilation behandeln? Da ihre Symptome aus einem Kohlendioxidmangel entstehen, können sie aufgehoben werden, indem man das Tempo des $CO_2$-Verlusts so sehr verlangsamt, bis das alkalische Blut wieder ins Gleichgewicht gekommen und die Calciumverschiebung umgekehrt worden ist. Es gibt mehrere Wege, um dem Blut wieder Kohlendioxid zuzuführen. Einer basiert auf dem Prinzip des Zurückatmens; der Klient atmet in eine Tüte oder unter einem Taschentuch, das über dem Gesicht liegt. Dadurch wird das Kohlendioxid aufgefangen und mit dem nächsten Einatem wieder aufgenommen. Eine andere Möglichkeit, die jedoch nur in frühen Phasen ausreicht, ist Bewegung. Hyperventilierer atmen bezeichnenderweise zu viel und zu schnell und bewegen sich zu wenig. Aktivität produziert Milchsäure, die der Alkalisierung des Bluts entgegenwirkt. Außerdem sind Kontakt und Beruhigung hilfreich, denn sie verringern die Neigung, panisch heftig auszuatmen und regen dazu an, etwas anzunehmen, etwas aufzunehmen, wodurch der Einatem unterstützt wird.

Am hilfreichsten ist es, den Betreffenden dabei zu unterstützen, seinen Einatem zu entwickeln und ihm die Dynamiken dieses Prozesses zu erklären. So erhält er die Möglichkeit, mit einiger Aussicht auf Erfolg seine eigenen Angstanfälle zu regeln. Zur Entwicklung des Einatems kann der Therapeut praktisch beitragen, indem er den Lenden- oder Halsbogen des Rückgrats mit seinen Händen unterfaßt, während der Klient auf dem Rücken liegt, und dort einen leicht anhebenden Impuls bei der Einatmung gibt und seine Hände entspannt, wenn der Klient ausatmet. Er kann auch die Arme des Klienten im Rhythmus der Atmung bewegen und sie beim Einatem leicht und langsam heben und beim Ausatem sinken lassen. Diese Arbeit mit den Armen regt die Expansion der Brust an. Der Klient kann auch gebeten werden, während er mit aufgestellten Füßen auf dem Rücken liegt, mit dem Einatem sanft in den Boden zu drücken und den Druck mit dem Ausatem zu entspannen. Dadurch wird die Atmungsfunktion des Zurückhaltens betont. Dies kann auch dadurch unterstützt werden, daß der Therapeut beim Einatem mit den Händen leicht von hinten gegen die Schultern des Klienten drückt und während des Ausatems mit dem Druck nachläßt.

Diese Arbeit mit dem Einatem ist grundlegend, nicht nur um der Hyperventilation zu begegnen, sondern auch in allen Fällen niedriger Ladung, schwacher Grenzen und einer zu großen Bereitschaft, einem Freilassen der Emotionen zu verfallen. Der amerikanische Therapeut Will Davies, der nach ähnlichen Prinzipien arbeitet, bezeichnet sie als die »Arbeit mit dem Hineinziehen« (»in-stroke«).[88]

Die zentrale Bedeutung des Atmens für die Steuerung des Energiehaushalts eines Klienten ist besser zu verstehen, wenn wir spezifische emotionale Zustände anschauen. Jeder Neurotiker hat, wie ich bereits erwähnte, einen Teilbereich aus dem Spektrum der allen Menschen zugänglichen Reaktionsmöglichkeiten verloren. Reich fand heraus, daß alle Neurotiker auch im Sexualleben auf irgendeine Art und Weise gestört sind. Der Hauptmechanismus, der bei allen Panzerungsformen vorliegt, ist eine Atemstörung. Wenn wir mit dem Körperzentrum arbeiten, arbeiten wir auch mit der Atmung und den emotionalen Rhythmen. Das Gleichgewicht zwischen Einatem und Ausatem ist auch das Gleichgewicht zwischen emotionaler Zurückhaltung und emotionalem Freilassen.

Als Wilhelm Reich die elementare Rolle entdeckte, die das gehemmte Atmen bei jedem Neurotiker spielt, beschrieb er seine Entdeckung als »Durchbruch in den vegetativen Bereich«. Das führte ihn dazu, die verborgenen inneren Gebiete des Körpers zu erforschen, den Lebenspuls in den Arterien, das Schlagen des Herzens, den Sekretionsfluß der Drüsen und das peristaltische Pulsieren der Gedärme. Wo immer es chronische Störungen in der Atmung gab, gab es auch Störungen in diesen inneren Rhythmen, gab es Blockierungen im glatten, harmonischen Pulsieren der inneren Organsysteme.

Ein Tier, das einen vorübergehenden Notfall durchlebt, erfährt akute Streßzustände, während denen diese grundlegenden Stoffwechselrhythmen verändert oder unterbrochen werden. Sie können erst zu den ruhigen Rhythmen zurückkehren, die für den Körper im Zustand der Entspannung und des Wohlbefindens kennzeichnend sind, wenn die Herausforderung oder Bedrohung vorbei ist. Menschen werden schon von einer sehr frühen Zeit in ihrem Leben an sehr oft langdauernden Notsituationen ausgeliefert, etwa unter den schwierigen Bedingungen eines frustrierenden oder überbeschützten oder deprivierten Heranwachsens. Ein Baby, das völlig unnötig stundenlang schreiend alleingelassen wird, ein Kleinkind, das über die Sauberkeitserziehung Spannung und Schuld erwirbt, ein Kind, das geschlagen wird und sich schämen soll, weil es sexuell lebhaft ist – sie alle erleben keinen zeitweiligen Notfall, bei dem alles kurz darauf wieder zur Harmonie zurückkehrt, sondern werden oft nicht weniger als zwanzig Jahre lang konditioniert, ihre natürlichen Gefühle zu unterdrücken oder zu verzerren. Diese Bedingungen führen zu *chronischem* Streß.

Das Bewußtsein vom Zusammenhang zwischen muskulärer Spannung und Streß ist nicht neu. Es sind viele Entspannungstechniken und -therapien entwickelt worden, die sich in wichtigen Bereichen von Reichs Vegetotherapie unterscheiden, die ihm dazu diente, aufgestaute vegetative Energie freizusetzen und die natürlichen Rhythmen des Körpers wiederherzustellen.

Wenn im Laufe einer therapeutischen Behandlung blockierte Emotionen freigesetzt werden und angespannte Muskeln ihre Abwehrfunktion aufgeben, treten spontane Bewegungen sowohl im System des Skeletts als auch der glatten Muskulatur auf. Die Beziehung zwischen den Spannungen der Hauptskelettmuskeln und den glatten Muskeln der inneren Organe ist äußerst komplex. Gerda Boyesen hat das verwickelte Zusammenspiel des viszeralen Panzers intensiv erforscht. Sie erarbeitete eine Technik, den wechselnden Rhythmen der Darmperistaltik mit dem Stethoskop zuzuhören, und konnte so die inneren Reaktionen des Körpers auf ihre biodynamische Massage direkt überwachen.[89]

An einem bestimmten Punkt in der Therapie, so fand Reich 1933 heraus, begann sich das spontane Zittern der Muskeln – das freigesetzt wurde, wenn die Muskeln ihre gebundene Energieladung aufgaben – zu vereinigen und in eine umfassende, unwillkürliche, rhythmische Pulsation des Körpers überzugehen. Wegen der Ähnlichkeit zu orgastischen Bewegungen bezeichnete er das als »Orgasmusreflex«. Ich werde darauf später noch zurückkommen. Der Orgasmusreflex, als spontane Antwort des Körpers auf tiefe Entspannung, war in der Tat Reichs Entdeckung. Warum war er vorher noch nie bemerkt worden? Ich denke, weil die Kombination von tiefer Entspannung und hoher Energieladung ungewöhnlich ist. Normalerweise treibt uns hohe Ladung in eine Aktion, bei der die Spannung der Konzentration und der Gebrauch der willkürlichen Muskeln ein Höchstmaß erreichen. Normalerweise legen sich die Leute dann hin und entspannen, wenn sie müde sind und sich wieder aufladen müssen, weil ihr Energiepegel abgefallen ist. Die therapeutische Situation führt zu einer Lage, in der hohe Ladung und große Erregung (durch emotionale Befreiung) gleichzeitig mit muskulärer Entspannung auftreten, was ja gerade die Methode ist, um diese Befreiung zu erreichen. Und genau dann kann der Orgasmusreflex auftreten, vorausgesetzt, daß die Hauptblockaden, die der freien Entfaltung des Reflexes entgegenstehen, bereits aufgelöst wurden. Wie früher schon erwähnt, beobachten wir eine ähnliche Reflexpulsation des Körpers mitunter auch beim saugenden Baby. Sie ist als oraler Orgasmus bekannt.

Es spricht viel dafür, daß wir es hier mit einem ganz fundamentalen und archaischen Körperrhythmus zu tun haben, einem Lebensreflex, der schon vor der Geburt auftritt. Der entstehende Fötus zeigt die Fähigkeit, koordinierte, rhythmische Bewegungen auszuführen, noch bevor sich die Sinnesnerven entwickelt haben. Sind die Reizverbindungen dann im sich bildenden Nervensystem geschaffen, können Erregungen auf der Haut ein grundlegendes fötales Konvulsionsmuster auslösen. Schon mit acht oder neun Wochen reagiert der Fötus in einer Weise auf leichte Reize, die Thorpe ausführlich dargestellt hat:

Reaktionen als Antwort auf leichte Tastempfindungen (gewöhnlich auf die Gesichtsregion begrenzt) sind weder einfach noch lokal begrenzt. Wenn die neuromuskulären Verbindungen sich vervollständigen, weiten sich die Reaktionen hauptsächlich nach dem unteren Körperende hin aus und beziehen mehr und mehr den Rumpf in einem Reflex der gleichen Art ein wie der zuerst erschienene.[90]

Thorpe nennt diese Reaktion einen »ausgeweiteten Reflex« (»expanded reflex«).

Die koordinierten reaktiven Bewegungen des Fötus erscheinen vor allem wieder beim bekannten Saugreflex des Babys. Die Lust des Kindes ist nicht auf den Mund beschränkt, sondern verbreitet sich in Reflexwellen über den ganzen Körper.

Reich verglich die Reflexbewegungen des erwachsenen Körpers beim sexuellen Orgasmus mit den peristaltischen Bewegungen eines Darms oder den pulsierenden Bewegungen einer Qualle, ein Vergleich, der ihm einige Verachtung seitens seiner psychiatrisch orientierten Kollegen einbrachte. Hier seine Darstellung:

Die Ausdrucksbewegungen im Orgasmusreflex sind funktionell dieselben wie die einer lebenden und schwimmenden Qualle. In beiden Fällen wippen die Körperenden, d.h. die Enden des Rumpfes, rhythmisch aufeinander zu, als ob sie sich berühren wollten. Sind sie einander nahe, so liegt der Zustand der Kontraktion vor. Sind sie voneinander weitest entfernt, so liegt Expansion oder Relaxation des orgonotischen Systems vor. Es ist eine sehr primitive Form biologischer Pulsation. Wird diese Pulsation beschleunigt, nimmt sie klonische Form an, so haben wir die Ausdruckbewegung der orgastischen Zuckung vor uns.[91]

Es ist, als ob im Orgasmusreflex der ganze Körper wie der Darm funktioniert und die Skelettmuskeln die unwillkürlichen wellenartigen Bewegungen übernehmen, die normalerweise den glatten Muskeln zugeschrieben werden.

Gerda Boyesen erkannte in ihrer Psychoperistaltik-Therapie, daß es zwei Wege gibt, wie sich Energie unwillkürlich entlädt: die eine Richtung führt zum emotionalen Abreagieren über die Freisetzung von Wut, Trauer, Furcht usw.; die andere führt zur »Harmonisierung«, wie sie es nennt, einer Neuverteilung von Energie, die innerlich entspannt wird und sich in andere Bereiche des Körpers ausbreitet, ohne aber starken emotionalen Ausdruck aufkommen zu lassen.

In der therapeutischen Arbeit kann häufig ein rascher Wechsel von einer Form zur anderen beobachtet werden. Einer Entladung von zurückgehaltenen Gefühlen folgt eine ruhigere Periode der Harmonisierung, in der der Körper starke Empfindungen des Schmelzens und Fließens verspürt, wenn Energieströme freigesetzt werden, die bisher in den Spannungen, die die Gefühle blockierten, aufgestaut waren. Diese Empfindungen können von jedem gespürt werden, der nicht durch chronische Kontraktionen gestrafft gehalten wird, der sich entspannt und seine Aufmerksamkeit auf unmittelbare Empfindungen ausrichtet. Dies sind die Ströme der Erregung darüber, lebendig zu sein, die wie ein stiller Fluß in uns fließen und derer wir uns bei der Dringlichkeit unserer täglichen Bemühungen, mit den Problemen und Schwierigkeiten fertigzuwerden, die uns bedrängen, oft nicht bewußt sind. Sie sorgen für warme, strahlende Haut, guten Muskeltonus und eine gesunde Gewebsladung. Die Biologie dieser Strömungen wird im vierten Kapitel meines Buches *Wilhelm Reich:*

*Sein Leben und Werk* und in den Werken der Boyesens erörtert; an dieser Stelle wollen wir darauf nicht weiter eingehen.

Die Strömungen hängen mit dem zusammen, was Francis Mott den »fötalen Haut-Affekt« und den »Nabelschnur-Affekt« nennt.[92] Sie liegen der Empfindung, lebendig zu sein, zugrunde, aber sie reichen auch über das Individuum hinaus, sind also transindividuell. Genauso wie das Ich seine Überlegenheit opfern muß, damit es zum Orgasmus kommen kann, muß es seinen festen Griff auf die äußere Realität lockern, damit die Strömungen gespürt werden können. Manchmal fühlen wir sie, wenn wir von Ehrfurcht überwältigt vor einem Naturphänomen stehen oder tief bewegt sind von einem Musikstück; doch wir werden sie kaum spüren, wenn wir uns in einer Notsituation abstrampeln.

Reich hat den Prozeß der Lustangst beschrieben. Manche Menschen dulden nicht (oder nur bis zu einem geringen Maße) das Gefühl der Selbsttranszendenz, das mit dem Beben des Lebens einhergeht, wenn es zurück in die Gewebe kriecht und fließt, aus denen ein Gefühl für die Lebendigkeit bisher ausgeschlossen oder verbannt war. Es gibt vor allem drei Wege, um zu vermeiden, den vollen Kontakt mit den Strömungen und einen Zustand zu erreichen, den ich »das offene Zentrum« nenne. Beim ersten benutzen wir geradeheraus Einfrier- und Blockademechanismen, um den Lebensfluß zu hemmen, so daß wir in der einen oder anderen Hinsicht absterben. Das sind die üblichen Arten des *Panzerns*, von denen viele bereits beschrieben worden sind. Beim zweiten wandeln wir die Pulsation in Explosion um, schnellen von der Lust in den Schmerz; das ist vor allem ein Muster des »Ausflippens«, der Extrovertiertheit (»freaking-out«), mit dem wir uns unten noch eingehender beschäftigen werden. Beim dritten Weg verklären wir die Strömungen, erzeugen ein geschlossenes Zentrum und ziehen uns vom Außenkontakt zurück, um inneren Kontakt zu konservieren. Dies führt zum entgegengesetzten Reaktionsmuster des »Einschnappens«, der Introvertiertheit (»freaking-in«).

Beim *Ausflippen* wandeln wir die pulsatorischen Lebensrhythmen mit einer hysterischen Attacke in einen explosiven Kampf um; den Prototyp dafür finden wir im Geburtskampf. Der hysterische Charakter ist voll schlechter Körpergefühle, zentriert in körperlichen Empfindungen, die Schmerz, Unwohlsein und untragbare Qual bereiten, und gleichzeitig versucht er, aus diesem Zentrum zu fliehen. Das hysterische Muster ist haltlos, eines das die Energie zerstreut. Ärger z.b. wird charakteristischerweise durch Wutausbrüche oder über Panik oder mit konvulsivischen Angstanfällen ausagiert. Der Hysteriker tendiert dazu, Empfindungen zu entleeren, um das aufgestaute Zentrum zu entlasten, aber er vermeidet Kontakt aus dem Gefühl innerer Fülle heraus und duldet nicht das gehaltene Gefühl ruhiger Erregung und sanften Strömens.

Ich habe den Energieprozeß des Hysterikers genauer betrachtet, um aufzuzeigen, wie er sich vom normalen emotionalen Ausdruck als auch vom pulsierenden Fluß des koordinierten Lebensreflexes unterscheidet. Ich habe dieses Verhältnis auch in den ersten Abschnitten von »Between coma and convulsion« erörtert.[93]

Der Gegenpol zum Ausflippen ist das *Einschnappen:* anstatt auf Kosten des eigenen Zentrums offen zu bleiben, haben wir hier eine nach innen gekehrte Person, die auf Kosten der Offenheit zentriert bleibt. Einer der Gründe, warum Reich niemanden dazu aufforderte, mit beliebigen »Atemtherapien« zu beginnen, ist, daß er die bewußtseinsverändernde Macht energetisch geladener Atmung kannte. Er war sich der Gefahren bewußt, die auftreten können, wenn gehemmtes Atmen zu schnell frei wird, so daß der Organismus mit mehr Empfindungen überflutet wird als er, ohne sich auf irgendeine Art dagegen abzuschotten, vertragen kann. Dies beschwört möglicherweise psychotische Reaktionen herauf. Genau deshalb sei es nötig, wie Nic Waal in einem Brief, den sie mir 1952 schrieb, betonte, mit der Vegetotherapie sehr vorsichtig umzugehen und zuallererst das Ich aufzubauen.

Wie also kann unbedachte Vegetotherapie latent vorhandene Psychosen auslösen? Weil sie die Lebensimpulse des Es stärkt, aber nicht die haltenden Funktionen des Ich. Die Welt der haltlosen, entpersönlichten Strömungen ist die Welt eines Schizophrenen, der unter seiner Kontaktlosigkeit tief lebendig und empfindsam ist. Er oder sie spürt das Zittern des Lebens, erkennt aber nicht, daß es aus dem eigenen

102

Körper stammt. Die Strömungen werden in extremen Fällen vielleicht als elektrische Ströme erfahren, ausgesandt von irgendwelchen »kosmischen Manipulationsmaschinen«, von denen die Patienten verfolgt werden. Die Strömungen können auch zu »Christus-Gefühlen« verklärt werden und zu der Überzeugung führen, auserwählt zu sein und mit einer besonderen Kraft in Verbindung zu stehen.

Tatsächlich jedoch kommt es zu einer Regression zurück zu jenem Zeitpunkt, als man zuletzt mit so starken Energieströmen Berührung hatte, und zurück zu einem Zustand vorpersönlicher Existenz als Fötus; dieser Fötus führt ein abgekapseltes Leben. Er lebt das Leben des geschlossenen Zentrums. Diese Erfahrung fasse ich mit dem Begriff »Kosmose« zusammen. Wir haben es mit einer bestimmten Art Spaltung zu tun, weil zwar der- oder diejenige einerseits auf irgendeiner Ebene mit einem tiefen Gefühl der Vitalität in Berührung steht, andererseits aber unfähig ist, dieses Gefühl angemessen mit der Außenwelt und dem Alltag zu verbinden.

Das Gefühl von Einheit und kosmischem Zusammenhang bringt die Empfindung mit sich, ganz eins und nie mehr allein zu sein. Aber wenn die Wahrnehmung der pulsierenden Ströme den Kontakt mit der Innenwelt vergrößert, ohne daß gleichzeitig an den Funktionen äußeren Kontakts – zur Erde und den anderen Menschen – gearbeitet wird, kann es vorkommen, daß Strömung und Spaltung zusammenlaufen und sich sogar gegenseitig verstärken.

Viele Meditationssysteme enthalten eine gute Kenntnis dessen, wie die Atmung die Energie eines Menschen zentrieren helfen kann; die meisten jedoch kultivieren das geschlossene Zentrum. Man kann mit bestimmten Techniken vertiefter oder verlangsamter Atmung sprudelnde Emotionsgewässer beruhigen und Gedankenprozesse unter Kontrolle bringen. So eingesetzt, ist Meditation tatsächlich eine subtile Form der Unterdrückung. Es werden oft Techniken benutzt, die Augen zu defokussieren oder umgekehrt, sie innerlich auf ein Objekt zu fixieren, um eine Halbtrance herbeizuführen. In Trance sind die normalen Sinneseindrücke reduziert und eventuell andere, extrasensorische Kanäle geöffnet. Wenn jemand sich aus der Welt, in der seine Sinne und seine Muskeln zu Hause sind, in sein Zentrum hinein zurücknimmt, mag er erhöhten Kontakt mit seinen eigenen inneren Empfindungen und dem Bereich der parapsychologischen Erfahrungen erreichen. Wir haben ja bereits die Biologie des Sinnesbewußtseins näher betrachtet und können daher verstehen, wie es dazu kommt.

Es ist andererseits aber auch möglich, mit einem offenen Zentrum zu meditieren, indem wir ganz einfach mit den inneren Bewegungen unseres Körpers und den Empfindungen des Atmens in Berührung bleiben, ohne anzugreifen zu versuchen, und uns dennoch nicht aus der alltäglichen Welt zurückziehen.

Ich hatte einmal ein Mädchen namens Gillian als Klientin, die von Panikgefühlen gequält wurde, von der Furcht, sich zu erbrechen, und Strömen der Angst in ihrem Bauch. Als sie sich hinlegte und tiefer atmete, kehrte die Angst ihre Richtung um und durchfloß sie in Wellen der Freude. Gillian hatte früher gelernt, ihre Atmung zu vermindern und ihre Ausdrucksbewegungen zu dämpfen, um ihre Angst nicht in zu große Höhen klettern zu lassen. Sie hatte sich in der Folge auch an ein viel niedrigeres Niveau körperlicher Lust gewöhnt. Als das Gefühl, ihr eigenes Leben durch sich strömen zu spüren, zu stark wurde, erfuhr sie die Lustangst: Sie zog sich gegen die Expansion zusammen, als werde sie von einer äußeren Kraft übernommen. Ihre Hände wurden starr in einer bestimmten Kontraktion, die bei der Hyperatmung auftritt. Gleichzeitig fühlte sie eine Taubheit im Mund und in Teilen ihres Gesichts. Es fiel ihr schwer zu sprechen.

Daß der Körper dazu neigt, auf vertiefte Atmung mit Kontraktion zu reagieren, ist, wie ich schon erläutert habe, eine physiologische Kontraktion, die mit einem reduzierten Kohlendioxidspiegel des Blutes zusammenhängt. Ich habe dargestellt, wie sie vermieden werden kann, wenn gleichzeitig die Muskeln entsprechend kräftiger betätigt werden. Gillians Tendenz war es jedoch, zu internalisieren, sie wollte ihre Empfindungen haben und ihre Gefühle fühlen, sie aber für sich behalten. Sie teilte sie anderen Anwesenden nicht mit, sie ließ sie auch nicht heraus, indem sie vor Freude tanzte oder sich vor Vergnügen wand. Sie erlaubte ihnen nicht, sich über rhythmische

Bewegungen zum Orgasmusreflex zu entwickeln. Statt dessen lag sie mit ihnen, schwamm und wiegte sich darin und hatte Angst, in ihnen zu ertrinken.

Sie brauchte Hilfe dabei, diese inneren Energieströme zu integrieren, die in ihrem Körper um Raum kämpften. Ich half Gillian, indem ich sie dazu brachte, ihre Augen zu öffnen und über ihre Gefühle zu reden und dem Bedürfnis nachzugeben, die Arme auszustrecken und sich an jemandem festzuhalten, der nahe war. Sie hatte ein starkes Bedürfnis, gierig nach Kontakt zu greifen, aber sie hemmte es. Als sie ihren Händen erlaubte, sich bewußt in einer Festhaltekontraktion zu biegen, begann der unwillkürliche, durch die zu starke Atmung bedingte Krampf zu verschwinden. Indem sie ihre Arme und Hände einsetzte, um Kontakt zu der Welt außerhalb ihres eigenen Internalisierens zu schließen, öffnete sie ihr Zentrum. Lust und Vergnügen konnten durch ihre Gliedmaßen zu fließen beginnen und in ihrem Rumpf kreisen und sich durch ihre Hände entladen.

Wilhelm Reich unterschied in seinem Buch *Charakteranalyse* ganz klar zwischen einer tertiären, einer sekundären und einer primären Ebene emotionaler Triebe.[94] Die tertiäre war die Ebene der gut an den Charakter angepaßten Abwehrstrukturen, der Ersatzkontakte und der konformistischen sozialen Fassade. Die sekundäre war das unterdrückte Unbewußte inmitten all seiner verbotenen, häufig verwirrten oder zerstörerischen Triebe. Die primäre Ebene bestand aus den spontanen Impulsen, auszugreifen und Kontakt herzustellen. Reich behauptete, daß sich der gesunde Ausdruck der primären Triebe in jedem Menschen spontan von selbst manifestieren würde, wenn die destruktiven Impulse der sekundären Schicht aus ihrer Unterdrückung befreit und aufgelöst werden könnten. Er beobachtete dies in der Therapie, wenn er mit der fundamentalen Ausdruckssprache des Körpers bei tiefer plasmatischer Entspannung arbeitete.

Nicht alle jedoch, die Erfahrungen mit Gruppenarbeit haben oder eine Therapieform durchlaufen haben, die die emotionalen Eigenschaften betont, bestätigen Reichs Ergebnisse. So finden wir z.B. nirgends in der Literatur zur Primärtherapie eine klare Beschreibung der Qualitäten vegetativer Lebendigkeit und der Kontaktwärme, wie Reich sie für Menschen schilderte, die auf die Erfahrung ihrer primären Empfindungen reagierten.

In einigen kathartischen Therapien kann man tatsächlich sehr lange Zeit schlechte Empfindungen abladen, ohne notwendigerweise an die guten heranzureichen. Einige mir bekannte Menschen taten dies so heftig, daß sie sich Darmentzündungen, Geschwüre oder irgendwelche anderen Funktionsstörungen zuzogen. Anders gesprochen: Es ist möglich, in der sekundären Schicht steckenzubleiben.

Wenn Energie aus den zentralen Speichern des Körpers fließt, kann sie sich entweder ins motorische System begeben und körperlichen Ausdruck in der Bewegung suchen, oder sie kann in die Kanäle der Kommunikation fließen – in Berührung, Blickkontakt und Reden. Die Unterscheidung zwischen Ausdruck und Kommunikation – zwei verschiedenen Funktionen – wird oft übersehen, ist aber entscheidend. Emotionaler Ausdruck kann in einem Raum mit sich allein stattfinden. Man kann dort schreien, heulen, treten und sich auf alle möglichen unwillkürlichen Körperbewegungen einlassen und sich selbst sozusagen eine Primärtherapiestunde verabreichen. Man drückt dann aus, was man fühlt, aber kommuniziert nicht. Kommunikation bedeutet etwas mitzuteilen, etwas mit anderen zu teilen. Die Gegenwart eines anderen, der in der Lage ist, auf irgendeine Weise zu reagieren, ist unabdingbar für Kommunikation. Kommunikation findet statt in einer Situation der Gegenseitigkeit, der Interaktion und wechselseitiger Empfänglichkeit und Reaktion.

Das Grundbestreben eines Kindes ist nicht, Zorn, Terror oder unmögliche Forderungen auszudrücken. Tatsächlich kann jedoch in der Kindheit Ausdruck ohne Kommunikation zu wachsender Verzweiflung, Unzufriedenheit, Selbstekel und Gefühlen persönlicher Unzulänglichkeit führen. Genau das passiert in vielen kathartischen Therapien. Um nicht in diese Falle zu tappen, halte ich es für wichtig, uns diese Entwicklungsphase näher anzuschauen. Lowen und Keleman[95] haben festgestellt, daß wir in früher Kindheit durch die Interaktionen mit der Familie lernen, auf welche Art wir uns in unserem Körper und in der sozialen Welt erden. Davon handelt das nächste Kapitel.

106

# 7 Erden als Kommunikation
## *Schritte der Umgestaltung*

Das Neugeborene entdeckt viele »Böden«, in denen es Wurzeln schlagen kann. Es liegt auf dem Bauch der Mutter und ist auf der Außenseite ihres Körpers geerdet, wo es die gleichen Rhythmen und Herzschläge verspürt, die es zuvor von innen erlebt hat. Es hält und wird gehalten. Es umschließt einen Teil von ihr mit einer Hand oder in der Biegung seines Körpers und wird umschlossen durch den Kontakt zu ihr. Saugt es an der Brust, könnte man sagen, es erde sich durch den Mund. Schaut es in ihr Gesicht, erdet es sozusagen seine Augen. Im Lauf der Entwicklung seiner Sprache beginnt es, seine Ideen zu erden. Durch all die fortschreitenden Bewegungen, angefangen vom Auf-dem-Bauch-Liegen, dann seinen Kopf hochhaltend, über Kriechen und Krabbeln bis schließlich zum aufrechten Stehen, erfährt es guten oder schlechten Kontakt zur physischen Erde. Das alles geschieht in einer bestimmten emotionalen Atmosphäre, die den Hintergrund bildet, vor dem das Kind seine Aktivitäten organisiert. Beim Erden geht es darum, was geschieht, wenn Energie nach außen, zur Oberfläche des Körpers fließt, und welche Art von Kontakt sie dort findet. Weil für so viele Menschen diese verschiedenen Formen des Erdens falsch gelaufen sind, gehören Erfahrungen, den Kontakt zum Grund von neuem zu machen, mit zur therapeutischen Arbeit. Dadurch erfahren die Klienten, wie sie damals gelernt haben zu kommunizieren, und sie erfahren, welche neuen Wege der Kommunikation es geben kann. Durch die Therapie wollen wir eine Reihe von Erfahrungen begründen, in denen es möglich ist, den eigenen inneren Antrieb in einer sozialen Situation zu spüren und zu erfahren, wie man sich in der Vergangenheit organisiert hat und welche neue Erdung möglich sein könnte.

Alle Methoden, dem Körper Erdungsmöglichkeiten zu verschaffen – ob durch posturale Arbeit mit der Körperhaltung, mit Streßpositionen oder kathartischem Loslassen blockierter Emotionen – haben ihre Berechtigung, aber sie sind nur der äußere Grund. Indem wir darauf achten, wie ein Mensch seinen Lebensraum aufbaut und wie er seine Lebenszeit organisiert,[96] müssen wir den Prozeß vertiefen und bereichern. Wir müssen ihm helfen, seinen inneren Grund zu finden. Das ist die Quelle, aus der seine eigene heilende Energie hervorsprudelt, die ihm die Kraft verleiht, sich neu zu integrieren, trotz allem, was er auch immer darüber gelernt hat, wie es ist, sich nicht lebendig zu fühlen. Indem wir verschiedene Entwicklungsstufen rekapitulieren und neu in Szene setzen, kann es dem Klienten gelingen, die Muster von Selbstgefühl und Interaktion, durch die er der Welt begegnet, für sich zu reklamieren. Unter angemessener Anleitung kann er dann neue Arten der Erdung ausprobieren, die belebender und befriedigender sind, er kann die Schritte unternehmen, die seine Lebenserfahrung verwandeln werden.

Lowen entwickelte systematisch eine Reihe dynamischer Positionen, die den Energiefluß durch den Körper und hinunter in die Füße fördern.[97] Er hat unsere Auffassung vom Stehen und von den verschiedenen Möglichkeiten, den eigenen Standpunkt zu behalten, sehr bereichert. »Erdung« beinhaltet jedoch viel mehr als das Stehen, wie mir auch Lowen sicher beipflichten würde, und um das Konzept des Erdens umfassend zu verstehen, müssen wir einen Moment lang zu einigen Grundprinzipien zurückkehren.

Der Fötus in der Gebärmutter erlebt nicht nur den von Mott beschriebenen Nabelschnur- und den fötalen Haut-Affekt,[98] sondern auch einen kinästhetischen Affekt, den Fluß einer Empfindung, die dadurch entsteht, daß die Muskeln in glatten koordinierten Bewegungen eingesetzt werden. Zuerst sind dies primitive Schwimmbewegungen. Das Neugeborene kann ohne weiteres schwimmen lernen, lange bevor es gehen kann, weil die Unterstützung durch das Wasser weniger bewußte Koordination erfordert als zum Aufrechtstehen an Land nötig ist. Den ersten intrauterinen Schwimmerfahrungen, die mit ozeanischen Gefühlen des Gehaltenwerdens und der Zufriedenheit verbunden sind, kommen im späteren Leben bestimmte Umstände im Wasser oder in der Luft am nächsten, die ein Schweben und Schwerelosigkeit unterstützen: der Auftrieb in einem warmen Bekken, Fallschirmspringen oder Drachenfliegen.

Betrachten wir zunächst einmal die beiden Enden des Körpers. Die Füße stehen auf dem Boden, der Kopf ist der am weitesten von ihnen entfernte Körperteil. In der Bio-energetik vertreten wir die Auffassung, daß jemand, der kopflastig ist, sich von der Erde zurückgezogen hat. Der Ausgangspunkt, an dem sich Lowen bei der Entwicklung der Bio-energetik von Reich getrennt hat, ist eben seine Verwendung des Begriffs der Erdung und des Grundes.

Die fötalen konvulsiven Bewegungen sind bereits weiter oben beschrieben worden. Paul Ritter nannte sie den »Ich will raus«- Reflex.[99] Die Geburtsreflexbewegungen ähneln denen des Orgasmusreflexes, sind aber auch von ihnen verschieden. Einige prinzipielle Unterschiede sind:

| *Geburtsreflex* | *Orgasmusreflex* |
|---|---|
| Auf dem Höhepunkt des Stoßes drücken sich die Enden des Körpers voneinander weg. | Auf dem Höhepunkt des Stoßes bewegen sich die Enden des Körpers aufeinander zu. |
| Der Reflex wird durch Druck auf die beiden Enden (Sohlen und Scheitel) ausgelöst. | Der Reflex wird durch Aufladung im Zentrum des Körpers (genitaler Brennpunkt) ausgelöst. |
| Die Bewegungen führen den Organismus vom (schwebenden) Unbewußten zum (ankommenden) Bewußtsein. | Die Bewegungen führen den Organismus von der Erdung (Aufrechtstehen, Realität, Alltagsleben) und einem wachen Bewußtsein hin zu einem mehr zentrierten Zustand (Entspannen, Schmelzen, Verschwimmen des Bewußtseins, ozeanische Gefühle). |

Der Drang lautet: »Ich will raus!«

Der Drang lautet: »Ich will rein!« oder: »Ich will aufnehmen!«.

Der Extensionsstoß steht im Kontrast zur embryonalen Position der vorangegangenen neun Monate.

Im Orgasmus nähern sich die Enden des Körpers einer embryonalen Krümmung, die im Gegensatz steht zur ausgestreckten Haltung des Erwachsenen.

Und nun zu einigen Ähnlichkeiten. Umfassender als bei den meisten anderen Erfahrungen ist bei beiden Reflexen der Körper einbezogen. Beide sind lustvoll, unwillkürlich und lösen mächtige Energiewellen aus, die konzentriert in bestimmte Richtungen laufen.

Der Geburtsreflex ist jene fundamentale Funktion des Organismus, die jedem Gelingen oder Scheitern eines Menschen bei dem Versuch zugrunde liegt, sich auf dieser Welt und im Leben zu erden. Das Baby schiebt sich durch reflexhaftes Ausstrecken der Füße, Kopf voran und gegen allmählich nachgebenden Widerstand in die äußere Welt. Bei der Geburtserfahrung fokussiert und nützt sein Organismus also zum ersten Mal die muskulären Muster, um sich selbst in entschiedener Weise zu erden.

Dieser Reflex kann beim Erwachsenen sofort wiederentdeckt und wiedererlebt werden, wenn der Klient sich in eingerollter Position hinlegt (gewöhnlich auf die Seite) und man festen Druck auf Kopf und Füße ausübt. Frank Lake,[100] Pionier der »Birth-relax«-Therapie in Großbritannien, führte diese Technik ein und benutzt sie regelmäßig. Lake läßt die Menschen sich hinlegen, ihre Füße gegen eine Wand gestemmt, während er ihren Kopf mit beiden Händen umfängt, eine hinten am Hinterkopf, die andere über dem Gesicht. Der Klient wird nun ermutigt, sich zu entspannen und tief zu atmen. Nach einer Weile, wenn er ruhig daliegt, setzen leichte Streckbewegungen der Beine ein, die ihn ein wenig von der Wand wegdrücken. Nun bittet Lake drei oder mehr Leute hinzu, die eine menschliche Wand bilden und die Beine zurückbeugen (engl. »re-flex«) sollen.

Auf diese Art übernehmen sie die Funktion des Gebärmutterbodens. Der Verlauf der folgenden Erfahrungen variiert entsprechend der Geburtsgeschichte dessen, der sie durchmacht, aber die organismische Erfahrung einer gewaltigen, vorwärtstreibenden Anstrengung, die sich auf den Höhepunkt zubewegt, in dem der Kopf durchtritt, kann in vielen Fällen wiedererlangt werden. Viel hängt davon ab, wieviel Festhalten und Spannung vorher im Körper war. Als ich zum ersten Mal diese Konvulsionen und vorantreibenden Körperbewegungen beobachtete, fiel mir spontan das Wort »schlängeln« ein. Der ganze Körper schlängelt sich durch den Raum hindurch, er biegt sich, krümmt sich, wellt sich wie eine Schlange über den Boden. Es ist, als würde die ganze Muskelhülle des Körpers wie ein Darm funktionieren, der sich peristaltisch bewegt, in Expansion und Kontraktion, rhythmisch und kraftvoll in aggressiven lokomotorischen Bewegungen. Später fand ich bei D.W. Winnicott eine Beschreibung desselben Phänomens. Er benutzt dafür den Begriff »kriechen wie ein Reptil« (»reptation«):

Bei der normalen Geburt ist der Kopf der vorderste Punkt und dehnt die weichen mütterlichen Teile auseinander. Es gibt verschiedene Wege, sich später daran zu erinnern. Einer mag z.B. als wichtige Fortbewegungsart erhalten bleiben, die als Kriechen, Schlängeln oder auch Robben bezeichnet werden kann. Diese Wörter erscheinen in einem Buch von Casteret mit dem Titel *My Caves* [»Meine Höhlen«]. Der Autor erzählt, wie er bei Höhlenforschungen durch Löcher kommt. Die Sache ist: er benützt dazu weder Arme noch Hände. Tatsächlich ist ihm der Grund für diese Vorwärtsbewegung nicht klar. Ich nehme an, daß es in der Erinnerungsspur einer normalen Geburt keine Empfindung der Hilflosigkeit geben würde. Das Kind würde fühlen, daß die Schwimmbewegungen (wir wissen, daß ein Fötus dazu fähig ist), und die Bewegungen, auf die ich mich mit den Worten kriechen, schlängeln und robben bezogen habe, eine Vorwärtsbewegung ergeben.[101]

Manchmal löst der Prozeß, diese Bewegungsmuster herbeizuführen, tief unterdrückte Geburtserinnerungen aus und reaktiviert den ersten, ursprünglichen Kampf um Leben oder Sterben. Ein andermal wirkt er als integrierender Sammelpunkt für die aggressiven (sich voranbewegenden) Energien des Körpers. Er ermöglicht dem Individuum eine

Erfahrung von Ausgerichtetsein und muskulärer Sammlung, eine Quelle tiefer Lust und tiefer Einsicht in die muskulären und die charakterlichen Muster, die ihm normalerweise eine derartige Befriedigung durch seine erwachsenen motorischen Ausdrucksweisen verwehren. Das Individuum erlebt die Grundlage seines Geerdetseins.

Der Klient erfährt dies durch die sich steigernde Erregung und eine Welle inneren Ausgerichtetseins, die ihn bei seiner Interaktion mit der Umgebung ergreifen. Wird dieser Prozeß eine gewisse Zeit hindurch wiederholt, entdeckt er vieles über seine Durchsetzungskraft. Vielleicht findet er heraus, daß er dazu neigt, seine vorwärtstreibende Kraft durch diese oder jene Körperbewegungen zurückzuhalten, oder daß seine innere, unwillkürliche Welle des Ausgerichtetseins von Gefühlen der Panik, Niederlage, Scham und Schuld begleitet wird. Er hält eventuell den Atem an oder beißt die Zähne zusammen. Oder er übersetzt seine Kraft nicht in Bewegung. Nach dieser Erkenntnis kann dem Klienten geholfen werden, das Ereignis auf andere Weise zu erfahren, indem er z.b. seine Atmung zuläßt oder sich erlaubt, der Woge der eigenen Bewegungen zu folgen. Dabei ist es immer wichtig, nicht in den Schmerzen der Vergangenheit steckenzubleiben, sondern sie zu erleben, zu verstehen und über sie hinauszugehen, um die eigenen pulsierenden, schlängelnden und durchsetzungskräftigen Bewegungen zu erneuern.

Die Bewegung vom Liegen zum Stehen in der nachgeburtlichen Periode wird ebenfalls vom Kopf angeführt, der sich aufwärts reckt, während die Füße nach unten drücken. Die therapeutische Erdungs-Arbeit ermöglicht es uns, jemanden durch die verschiedenen Stufen auf dem Weg zum aufrechten Stand zu führen: angefangen vom Liegen auf dem Boden und dann die weiteren Schritte: den Kopf in die aufrechte Position zu heben (horizontaler Blickkontakt), sich auf die Arme zu stützen, auf allen Vieren zu knien, zu hocken (die embryonale Stellung mit Bodenunterstützung), bis zum Stehen.

Es gibt einen Unterschied zwischen der Erfahrung, auf dem Rücken, und der Erfahrung, auf dem Bauch zu liegen. Die erste Stellung ist offener, die Vorderseite ist verletzlich, und es kommt leichter zu unwillkürlichen Bewegungen. Sie ist visionärer, denn wenn die

Augen geöffnet sind, schaut man hoch in den freien Raum. Vielleicht ist der Nachthimmel zu sehen oder ein blauer Himmel mit Wolkenbildern. Vielleicht sind die von Reich erwähnten tanzenden atmosphärischen Lichtpünktchen zu erkennen. Vielleicht ist da bloß die Zimmerdecke, auf die Kinder gerne Bilder und Muster projizieren oder von wo sie das Gesicht ihrer Mutter herunterblinzeln sehen können. Bei geschlossenen Augen fördert diese Rückenlage das Tagträumen. Einem Altweibermärchen zufolge bekommen Kinder Alpträume, wenn sie auf dem Rücken schlafen. Auf dem Rücken zu liegen, ist die Position der Selbstvergessenheit, wenn die Grenzen des Selbst verschwimmen und Körperempfindungen und gesteigerte Wahrnehmungsfähigkeit ihr höchstes Niveau erreichen können.

Die Seitenlage ist die der eingerollten Gestalt des Fötus, die nachts, wenn man das Bedürfnis aufgibt, mit der Welt in Beziehung zu treten, Trost und Behaglichkeit spenden kann. Menschen mit einer Tendenz, zu heftig zu atmen oder hysterisch zu werden, können beruhigt werden, wenn sie diese Stellung einnehmen. Sie zieht die Menschen aus der Berührung mit der Welt zurück und gestattet ihnen, sich eine Zeitlang innerlich zu nähren. Für Gerda Boyesen ist sie die »Position der Polarisation«. Der Therapeut kann den Klienten beruhigen, indem er seine Hände auf zwei oder drei Chakrapunkte legt, etwa Kreuzbein und Schädelansatz, und die Atmung durch leichte Handbewegungen unterstützt.

Die Bauchlage ist die Position, sich seiner selbst zu erinnern. Das Kind ist nicht in Gefahr, sich im Raum zu verlieren oder im Wasser zu ertrinken. Es ruht auf einer stützenden Oberfläche. Gleichzeitig ist die verletzliche Vorderseite geschützt. Ist die tragende Fläche fest, wie der Boden etwa, verstärkt sich die Empfindung, sich der Schwerkraft zu überlassen, um das eigene Zentrum wiederzuentdecken. Wir werden nicht zu weiten Blicken in den Himmel oder in die inneren Bereiche des Geistes ermutigt. Vielmehr lernt das Kind in dieser Position, wenn es seinen Kopf auf die Unterarme bettet, seine Augen auf das Naheliegende zu richten und sich auf einen Teil der Welt zu konzentrieren. Die Bauchlage ist die fundamentalste Art des Geerdetseins, die Grundform, auf der alle die Aktivitäten des Krabbelns,

Kauerns, Hockens, Stehens und Gehens aufbauen. Der Übergang aus der horizontalen Welt in die vertikale ist einer der folgenschwersten, den wir jemals unternehmen.

Wenn unsere Arbeit nicht die Endposition betont, sondern die Erfahrungen der Übergänge zwischen den Positionen, wird eine ganze Reihe begrabener Gefühle und neuer Empfindungen möglich. Die Welten der Kindheit sind in den gewohnheitsmäßigen muskulären Verhaltensmustern eingesperrt, die wir lernten, um uns der Schwerkraft anzupassen und uns gegen unsere eigenen Rhythmen zu kontrahieren.

Wenn wir jemanden ermutigen, sich langsam, bewußt und entspannt von einem Entwicklungsstadium zum nächsten zu bewegen, werden wir ein ganz spontanes Yoga des Körpers entdecken. Tony Crisp, der in seinem Ashram in Devon mit diesen Stadien der Bewegung arbeitet, glaubt, daß die traditionellen Asanas (Körperstellungen) des Yoga bloß ritualisierte und systematisierte Formen spontanen Körperausdrucks sind.[102] Von Stanley Keleman habe ich gelernt, daß ganz leichte Haltungsanpassungen des Körpers tiefgehende Änderungen der internen Rhythmen, im Muskeltonus, im Selbstbild und den Körpergefühlen auslösen können. Vorausgesetzt, die Haltungsanpassungen werden nicht wie Teile einer mechanischen Manipulation an Strukturen ausgeführt, sondern sie sind echte Kontakt-Erfahrungen, dann setzt der Helfer seine Hände wie Sensoren ein, die den vergrabenen Lebensausdruck im Klienten aufspüren.

Judy erforschte das Krabbeln in einer Gruppe, die ich übernommen hatte. Sie berührte dabei in sich eine Menge vergrabenen Zorns, der in Form von Brummen und Knurren in dieser tierischen Position, auf allen Vieren geerdet zu sein, herauskam. Als sie ihre vier Kontaktpunkte mit dem Boden spürte, brandete die aggressive Energie ihren Rücken hoch, richtete ihren Nacken auf (der unter dem Einfluß der Schwerkraft vorher heruntergegangen hatte) und schoß als aggressive Ladung in ihre Augen. Sie war eine Frau, die große Schwierigkeiten mit Blickkontakt gehabt hatte, deren Charaktertendenz es war, sich vom Boden zurückzuziehen und ihre Augen unscharf einzustellen. Die Erdungsarbeit verteilt Energie über alle Kontaktpunkte des

Organismus. Später erzählte sie, ein Großteil ihres Zorns hätte mit der Erinnerung daran zu tun gehabt, daß ihre Mutter, die es nicht habe leiden können, daß ein Kind zwischen ihren Füßen herumkrieche, sie zu früh dazu gebracht hatte, aufrecht zu stehen. Wenn ein Kind einer entscheidenden Stufe seines Erdungsprozesses beraubt wird (hier der Krabbel-Stufe), raubt man ihm das, was es braucht, um aggressive Energie für vorwärtsgerichtete Bewegungen, für ein Vorankommen im späteren Leben zu sammeln. Das eigene Krabbeln sich neu anzueignen, kann eine wichtige Voraussetzung dafür sein, die Möglichkeit zu erforschen, mit mehr Kontakt zu stehen.

Beim Hocken kommt es eventuell in bezug auf das Sitzen zu starken Emotionen wie Schuld, Ekel, Macht, Verachtung, Aggression und Selbstbehauptung. Exkretion und Lokomotion treten etwa zur gleichen Zeit auf. Wer Pobacken und Schließmuskel zusammenkneift, weil er Konflikte in diesem Bereich hat, hat sein Gehen gehemmt und steht ohne Kontakt.

Rick hatte das Internat einer englischen Privatschule besucht, die ihn überintellektualisiert und ihm eine Menge zurückgehaltener Aggression und analer Schuld eingetragen hatte. Wir arbeiteten einiges von seinem Zorn heraus, und er verband sich mit einigen der Gefühle in der Hockstellung, gemischt aus Hilflosigkeit und Macht. Dann nahm ich seine Hände und bewegte ihn sehr langsam vom Hocken zum Aufrechtstehen. Auf dem Weg dorthin suchte ich nach Reaktionen. Wenn ich eine Art mitschwingender Energie, ein besonderes Zittern oder eine Anspannung im Fluß der Bewegung entdecke, warte ich in dieser Position meist, um zu sehen, was passiert. Bei Rick tauchte auf halbem Wege zwischen Hocken und Stehen tiefe Trauer über den Tod seines Vaters auf, der starb, als Rick drei Jahre alt war. Sein langsames, unterstütztes Aufstehen brachte die organische Erinnerung daran zurück, wie sein Vater ihn unterstützt hatte, als er lernte, aufrecht zu stehen, wie er dann beim Tod seines Vaters diese Unterstützung verlor und sich in der Folge viel zu früh die Spannungen aneignen mußte, die er mit der Vorstellung verband, was es hieß, ein Mann zu sein. Statt eines reifen Stehens entwickelte er ein überaktives Ver-Stehen.

Wenn wir die Ausdrucksweise des Bewegungsflusses neu erfahren, mit dem der Körper sich gegen die Schwerkraft sammelt und sich selbst mit dem geringsten Maß von Anspannung organisiert, das funktional ist, um aufrecht zu sein, ist es so, als ob wir auch die archaischen Rhythmen wiederentdecken, die unsere Entwicklung begleiteten. Es kommt zu fischartigen, vogelartigen, reptilienartigen Bewegungen. In bezug auf den Orgasmusreflex verglich Reich den Menschen mit einer Qualle, die sich in einem fundamentalen Schlagmuster öffnet und schließt. Die Qualle ist sehr schön zentriert, aber auf dem Land kann sie nicht leben. Erheben wir uns aus dem Liegen hin zum Stehen, wiederholen wir die Bewegung des Lebens aus dem Wasser hin zum Land.

In einem Übungsbuch zur Verbesserung der Haltung und des Lebensflusses durch den Körper schreibt Millicent Linden darüber:

Das Leben kam aus dem Meer und eroberte langsam das Land, immer in aufsteigender Gestalt und der Schwerkraft trotzend. Die grundlegendsten Skelettveränderungen auf dem Weg nach oben passierten, als wir von einer vierbeinigen Fortbewegungsart zu einer zweibeinigen übergingen. Die Anpassung des menschlichen Körpers an die Erfordernisse der aufrechten Haltung ist gelungen, wenn auch nicht perfekt. Die wesentlichen Angleichungen sind bereits erreicht. Wenn die Menschheit weiterhin existiert, wird sie sich auch weiterentwickeln. Die Kräfte, die die Gegenwart schufen, führen ihre Aufgaben fort. Jede Verbesserung der Anpassung des Menschen bringt ihn in seinem dauernden Widerstand gegen die Schwerkraft höher auf der Lebensleiter und trägt dazu bei, den Menschen der Zukunft zu charakterisieren.[103]

Wir können nun vielleicht verstehen, wie es möglich ist, daß eine Gruppe von Menschen still, gebannt und in Ehrfurcht jemanden in ihrer Mitte beobachtet, der – möglicherweise in der Zeitspanne von nur einer halben Stunde – einiges von diesem evolutionären Bewegungsfluß, der den Wechsel vom Liegen zum Stehen begleitet, für sich wiederentdeckt und sich zu eigen macht. Charlotte Selver spricht in ihrer Arbeit über sinnliche Wahrnehmung vom Prozeß des »zum Stehen Kommens«.

Viele Spannungen im Körper eines Menschen werden gegen die Angst zu fallen aufgebaut. Ein Mensch, der sich nicht leicht fallen lassen kann, wird es schwer haben, sich in der Liebe fallenzulassen, ihr zu verfallen. Reich verbindet die Fallangst mit der Orgasmusangst, weil beiden eine Kontraktion gegen lustvolles Strömen zugrunde liegt.

Wie ich klinisch gezeigt habe, gründet die Orgasmusangst immer in der Fallangst; die schnelle und extreme Konvulsion im Orgasmus wird als Fallen erfahren, wenn sie nicht frei fließen darf. Im Gegensatz dazu bringt die freie, ungehemmte Konvulsion die Empfindung des Schwebens und Fliegens mit sich.[104]

Reichs Reaktion auf die Fallangst eines drei Wochen alten Kindes bestand zum Teil darin, es tatsächlich fallen zu lassen, um es an dieses Gefühl zu gewöhnen:

Ich hielt das Kind unter den Achseln, hob es hoch und senkte es wieder, erst langsam, dann immer schneller. Erst schrie es, aber bald machte es ihm Spaß. Es entwickelte sogar eine Art Spiel daraus: es machte »Geh«-Bewegungen mit beiden Beinen. Es lehnte sich gegen meine Brust und schaute hoch in mein Gesicht. Ich verstand, was es wollte: auf mich krabbeln. Auf meinem Kopf angekommen, quietschte es vor Vergnügen. In den folgenden Wochen wurde raufklettern und »runterfallen« zu unsrem Lieblingsspiel.[105]

Bei vielen Erwachsenen enthüllt sich die Fallangst an geschlossenen Knien, verspannten (sogenannten »knackigen«) Pobacken, unbeweglichen Fußgelenken und allgemeiner Rigidität. Lowen entwickelte eine ganze Reihe von Übungen, die uns helfen sollen, auf die unbewußten Methoden, wie wir uns gegen das Fallen anspannen, aufmerksam zu werden. Erfahrungen in der Gruppe, bei denen sich jemand fallen und von anderen auffangen läßt, bauen nicht nur Vertrauen auf, sondern erziehen den Körper dazu, seine eigenen Strömungen wieder zu spüren.

Dorothy, eine Frau, mit der ich einmal arbeitete, konnte sich rückwärtsfallen und auffangen lassen, aber unbewußt hielt sie ihren Atem an. Als sie sich darauf einließ, die Erfahrung zu wiederholen und beim Fallen auszuatmen, wurde aus der mechanischen Erfahrung eine lebendige, denn jetzt empfand sie starke innere Erregungsströme, die sie seit ihrer Kindheit nicht mehr gehabt hatte, ein angenehmes Strömen aus dem Zentrum ihres Körpers hinaus zu ihren Extremitäten. Die Erregungsströme sind die gleichen, wie sie Kinder auf der Schaukel oder Achterbahn haben, und eng verwandt dem Strömen freifließender Energie des im Orgasmus schmelzenden Körpers. Im Orgasmus wird der Körper wie schwerelos. Diese Erfahrung brachte Dorothy, die einen kontrollierten, trockenen, fast wüstentoten Charakter hatte, in direkte Berührung mit ihren untergründigen Quellen, mit dem Saft und der Kraft ihrer eigenen Vitalität. Sich fallen zu lassen, war der Zugang zu ihrem eigenen Prozeß.

Ganz ähnlich ist auch das Gehen ein Tor zur Erforschung des eigenen Prozesses, des eigenen Bodens, der eigenen Grundlagen. Gehen ist kontrolliertes Fallen. Jeder Schritt vorwärts bringt den Körper aus seiner stabilen aufrechten Haltung, und wir fangen an zu fallen. Jeder Schritt vorwärts hält aber auch den Fall für einen Moment auf, und der Körper beginnt wieder zu fallen, wenn sich das andere Bein bewegt, und wird erneut durch die vorwärtsschreitende Bewegung am Fallen gehindert. Einer, der vorm Fallen Angst hat und sich gegen die Schwerkraft anspannt, kann daher nicht frei gehen. Er oder sie hat die Lust verloren, einfach zu gehen. Gehen heißt immer irgendwo hinkommen.

Der simple Akt des Sitzens ist ebenfalls eine Möglichkeit, den eigenen Grund zu fühlen. Zum Beispiel: Jemand liegt auf dem Rücken, entspannt sich, nimmt Unterstützung an und atmet tief. Dann ermutigen wir ihn, sich ganz langsam aufzurichten und so entspannt wie möglich zu bleiben, während er sich in der sitzenden Position hält. Oft wird dabei die Atmung unbewußt eingeschränkt. Die Position selbst führt jedoch nicht zur Verkrampfung, denn es ist sehr gut möglich, im Sitzen so tief zu atmen wie im Stehen; es gibt also keinen augenscheinlichen Grund dafür. Daß es dennoch häufig geschieht, liegt daran, daß wir ein gerades Sitzen mehr mit der sozialen Rolle verbinden, erwachsener, weniger animalisch, kontrollierter zu sein und stärker auf die Forderungen anderer einzugehen. Stehen ist für viele Menschen gleichbedeutend mit einem Zustand angespannter

Bereitschaft, kontrolliert auf die Welt einzuwirken. Wie bekannt ist, hat sich das Stehen zu einer der Hauptstützen der bio-energetischen Methode entwickelt; es ist der wichtigste Zugang, um seinen eigenen Grund zu spüren. Lowen schreibt an einer Stelle, seines Wissens habe Reich den Begriff »Erden« (»grounding«) nie benutzt. Er habe auch nicht mit solch einem Konzept gearbeitet. Seine Patienten lagen auf einem Bett, und er machte keine Anstalten, mit ihnen die Funktionen des eigenen Stehens, des eigenen Standpunkts, des Schritts nach vorne zu erforschen. In der Bio-energetik, so Lowen weiter, meint »Erden«, daß jemand solide und mit vollem Kontakt auf dieser Erde steht. Dieses Wort beschreibe nichts Mechanisches, sondern etwas Energetisches, denn um geerdet zu sein, müsse man fühlen, wie die Füße den Boden berühren. Dies sei ohne energetische Ladung in den Füßen und ohne energetischen Austausch zwischen Füßen und Erde unmöglich.[106]

Einige der tiefsten Erfahrungen, mit denen Menschen in Kontakt kamen und die ihnen halfen, sich mit dem Prozeß ihres eigenen zurückgedrängten Lebens zu verknüpfen, erwuchsen aus neuen Arten des Stehens und Gehens. Wir müssen ihnen helfen, ihre Körperposition wiedererfahren zu können, ihren Körper neu ein- und auszurichten, so daß er wie zum ersten Mal steht, mit der ganzen Leistung und Vitalität, die zu der aufrechten Haltung gehören. Manchmal wird schon die Erfahrung, auf neue Weise zu stehen, so intensiv lebendig, daß jemand auf dem Fleck stehenbleiben kann und sein Hemd durchschwitzen. Der Körper pulsiert sanft oder vibriert manchmal kräftig, wenn die Muskeln einiges von ihrem normalen Vorrat aufgestauter Energie freisetzen und somit Energie zur Verfügung steht, um die ganze Persönlichkeit zu nähren. Ein Spaziergang wird erlebt, als geschähe er zum erstenmal, und wird zum Übungsfeld, um die Lust an neuen Schritten zu erproben, ein Testlauf, ob es gelingt, das Kommen und Gehen der Angst zuzulassen, ohne sich zu kontrahieren oder hinzufallen. Das sind Geburtsmomente menschlicher Erfahrung. So einfache Handlungen, in empfänglicher Atmosphäre und unter leichter Führung, können einen Menschen einen Lebensfluß erfahren lassen, mit dem er normalerweise nie in Kontakt ist. Sie verändern ihn. Er wirkt umgestaltet. Er beginnt sich selbst und sein Leben neu zu organisieren.

Stanley Keleman führte mich in das Konzept des »imaginären« Körpers ein. Der imaginäre Körper ist der »mögliche« Körper, der durch die Spannungen und gewohnten Verhaltensmuster, mit denen wir uns zu strukturieren lernen, am Ausdruck gehindert wird. Über diese gewöhnlichen Strukturen hinausreichende Erfahrungen lassen neues Leben herein. Der Mensch bekommt einen Geschmack vom Leben jenseits des üblichen, durch das er sich selber fesselt. Der imaginäre Körper läßt ihn ahnen, was er werden könnte, weist ihm eine Richtung, in die er sich verändern kann. Vielleicht braucht es viele solcher Erfahrungen im Zusammenhang mit der fortschreitenden Arbeit an sich selbst, bevor der imaginäre Körper zum wirklichen Körper wird, zum Körper eines Menschen, der wieder lebendig geworden ist.

Ich möchte noch einmal betonen, daß ich nicht von explosiver Entladung und auch nicht von den Qualen einer Ur-Verlassenheit spreche, sondern von der Erfahrung der Integration und der Selbstgestaltung, die aus dem Halten und dem In-eine-Empfindung-Hineinatmen entsteht. Aus dieser Erfahrung kann dann die Fähigkeit erwachsen, sich innerlich zu nähren und sein Leben zu verändern. Wir sehen diesen Vorgang immer dann, wenn jemandem der Übergang gelingt vom hysterischen Ausagieren und übermäßigen Emotionalisieren zu einem Zustand, in dem er mit der Tiefe seiner selbst erfüllt ist und der das Atmen verwandelt. Wenn das geschieht, verliert die Atmung jede Panik, jedes Kontrahiertsein, jede Gedrücktheit, jede Selbstqual. Ich höre den Ozean in ihr. Sie fließt durch den Körper wie die Gezeiten, mit der Unvermeidlichkeit der Millionen Evolutionsjahre, die es brauchte, um einen Körper zu entwickeln, der an seinem eigenen Prozeß teilnehmen kann, ohne sich gegen ihn zu stemmen oder sich vor ihm zu verschließen. Ola Raknes sagte:

Wer daran gewöhnt ist, auf die eigenen Körperempfindungen zu achten, ist sicherlich auch fähig, die Strömungen zu spüren, die durch den ganzen Körper laufen. Zusammen mit einer vollen, tiefen Atmung vermitteln diese wellenartigen Bewegungen das Gefühl, durch und durch lebendig zu sein. Die, deren Körper entspannt und deren Geist klar ist, haben diese Empfindungen als normalen und ständigen Hintergrund bei allem, was sie erfahren, und genau dies verleiht ihrem ganzen Leben Farbe, Geschmack und Frische.[107]

Ich spreche hier von einer Art Therapie, die die ursprünglichen Dimensionen menschlicher Erfahrung berührt. Die Aufgabe jeder echten Therapie und das Ziel der innersten Lehre jeder wahren Religion ist es, uns wieder mit den Tiefen unseres Selbst zu verbinden.

# 8 Anschauen und Stimmqualität
## Blickkontakt, Stimme und Sprache

Von Freud, der in den Analysesitzungen hinter seinen Patienten zu sitzen pflegte, behaupten manche, er habe zuviel direkten Blickkontakt nicht ertragen können und genau deshalb diese Position gewählt. Er konnte ohne Zweifel mit großer Aufnahmefähigkeit zuhören, schien aber gleichzeitig unfähig, seine Patienten anzuschauen und sich ihnen so, wie wir es hier meinen, gegenüberzustellen (to face them).

*Anschauen* (»facing«) hat sehr viel mit verschiedenen Formen des Blickkontakts zu tun. Reich entdeckte Muskelpanzerungen, Atemblockaden und vegetative Strömungen des Körpers, indem er seine Klienten gewissenhaft dem gegenüberstellte, was er in ihnen sah. Seine Methode war zuallererst konfrontierender Natur. Er stellte die Abwehrmechanismen ihres Charakters heraus, kopierte ihren Gesichtsausdruck, imitierte den Klang ihrer Stimme usw., bis so viel Gefühl erzeugt worden war, daß Muskeltonus, Atemrhythmus und emotionaler Fluß machtvoll davon berührt wurden. Fritz Perls entwickelte einige dieser charakteranalytischen Methoden zu Techniken seiner Gestalttherapie weiter. Eine davon ist der »heiße Stuhl«, bei der jemand seinen eigenen, besonderen Charaktereigenschaften und Körperhaltungen gegenübergestellt wird.

Reichs Arbeit ging jedoch darüber hinaus und leistete mehr, als die Abwehrmechanismen, die ein Mensch zeigte, anzugreifen und zu konfrontieren. Reich griff aus, um Kontakt mit dem vergrabenen Lebensausdruck herzustellen und ihn zu ermutigen, stärker zu funkeln als bisher. Ein Therapeut und ehemaliger Klient Reichs gibt ein anschauliches Beispiel für dessen Arbeitsweise und beschreibt seine eigene Erfahrung. Reich hatte bereits auf verschiedene Weise mit dem emotionalen Ausdruck in seinen Augen gearbeitet und Wut, Sehnsucht und Angst in verschiedenem Maß befreit. In diesen Augen gab es jedoch eine bestimmte Erregungsqualität, die Reich erhascht hatte, dann aber nicht hatte hervorlocken können.

Nach ein paar Wochen war es da. Es tauchte plötzlich während der Sitzung auf und traf den Therapeuten [Reich], und er rief aufgeregt und mit Befriedigung: »Da ist es!« Der Patient sah ihn wieder seltsam und skeptisch mit schiefem Blick und schräg gehaltenem Kopf an, als wollte er sagen: »Meine Güte! Du bist wohl wieder einmal durchgedreht?« Aber der Therapeut ließ sich nicht ablenken, deutete weiter auf die Augen des Patienten und sagte solange, daß es da sei, bis der Patient es selber zu spüren begann. Ein Schimmer hatte, zusammen mit einer leichten Veränderung der Augen- und Kopfhaltung, einen neuen Ausdruck aus den Tiefen nach oben in die Augen geleitet und war dem Therapeuten ins Auge gefallen und von seinem Wesen erfaßt worden. Es war ein koketter »Na-komm-doch«-Blick, eine Art Blinzeln, bei dem sich Augenlider, Augenbrauen und Stirn leicht hoben und die Augäpfel sich, begleitet von einem vielsagenden Nicken des Kopfes in die gleiche Richtung, zu einer Seite bewegten. Als der Therapeut fortfuhr, diesen Ausdruck nachzuahmen, und der Patient begann, einen besseren Kontakt dazu herzustellen, hatte das ganze Gesicht daran teil; zuerst errötend vor Scham, dann mit herzlichem Lachen. Der Therapeut hatte das Geheimnis des Patienten entdeckt und »verstanden«! Beider Verstand und Emotionen trafen zusammen. Worte waren unnötig. Bald brachte der Patient den Rest der versteckten Impulse heraus. Er schrie vor Freude und pfiff. Dann wurde geredet. Mit einem vielsagenden Lächeln, später unter Schluchzen und Zittern, erinnerte er sich an seinen mißglückten Flirtversuch als Jugendlicher; sein brennendes Verlangen, Mädchen dadurch anzuziehen – zurückgehalten und unterdrückt durch seine erlernte Moral und aus Angst vor Entdeckung und Strafe.[108]

Diese Arbeit am Gesichtsausdruck des Klienten öffnet weit das Tor zu dessen emotionalem Leben. Er kann sich seinen Gefühlen freier überlassen, und sein Sexual- wie sein Arbeitsleben verbessern sich beträchtlich.

Eines Tages geschah ein »Wunder«. Plötzlich wurde der Patient aufgerüttelt und öffnete die Augen weit vor Staunen. Während er den Therapeuten ansah, war dessen Gesicht plötzlich weich geworden und begann, im Licht zu strahlen. Bald wurde sich der Patient bewußt, daß es seine eigenen Augen waren, die sich für die Erregung und das Leuchten des Orgon geöffnet hatten und daß er deshalb besser »sehen« konnte. Somit war seine eigene Erregung an Orgon-Energie mit der Energieerregung anderer in Kontakt getreten... Was das für kommende Generationen bedeutet, ist enorm, denn es gibt keinen Zweifel, daß die meisten Menschen wegen ihrer Panzerung nicht wirklich »sehen«. Sie verpassen den Glanz des Lebens – d.h. sein orgonotisches Leuchten und Pulsieren, und damit auch seine Poesie, seine Musik und seine Schönheit. Der Patient konnte jedenfalls entschieden besser sehen, nachdem viel von seiner Angst und seinem Haß aus den Augen verschwunden war. Er sah die Welt anders, als einen guten und angenehmen Ort, an dem es sich leben ließ, und künftig eher als »Himmel« denn als die »Hölle«, die sie vorher war.[109]

Dieser Durchbruch war nicht das Ergebnis einer Augen-»Massage« (obwohl eine solche nützlich sein könnte) und auch nicht davon, daß der Patient einfach zu ausdrucksvollen Bewegungen der Augen ermutigt worden wäre (obwohl das sehr wichtig ist). Er war die direkte Folge eines Blickwechsels zwischen den zwei Menschen im Zimmer, seitens des Therapeuten ein Ausgreifen mit seiner eigenen Lebendigkeit, um die im Klienten vergrabene Lebendigkeit zu berühren und anzuregen. Ohne die Bereitschaft, den geheimen Ausdruck zu lesen und ihm Geburtshilfe zu leisten, ist jede therapeutische Begegnung schwerwiegend geschwächt. Diese Bereitschaft ist so, als ob man in die Glut bläst, wenn das Feuer unter der Asche fast erstickt ist, und versucht, es zu neuem Leben anzufachen.

Das Geheimnis auszuforschen, kann leicht als Forderung mißverstanden werden, daß jemand seine Seele bloßlegen solle: »Ich bestehe darauf, daß du dich mir stellst!« Das kann zu einer Situation mißraten, in der der Lehrer vom widerspenstigen Kind verlangt, ihm ins Auge zu blicken. Im allgemeinen gibt es zwei extreme Positionen, die man bezüglich eines Geheimnisses einnehmen kann. Manchmal ist der Therapeut übereifrig in seinem Bemühen, die versteckten Teile seines Klienten auszugraben, und neigt dazu, sich eine Haltung des »Erzähl mir deine Geheimnisse, dann weiß ich, daß du mir traust« anzueignen. Andererseits nimmt der Klient vielleicht die entgegengesetzte Haltung ein: »Wenn ich dir traue, werde ich dir auch meine Geheimnisse erzählen.«

Eine eindringliche Erinnerungsstütze dafür, wie wichtig es ist, sich dem Menschen, dem man helfen will, zu stellen, ihn anzuschauen (»facing«), hat Alexander Lowen mit einem Fallbeispiel über einen Mann namens George gegeben.[110] Nach zweieinhalb Jahren, in denen Lowen mit ihm bio-energetisch gearbeitet hatte, fühlte er an einem bestimmten Punkt der Therapie trotz der guten analytischen Arbeit und harter, intensiver Beschäftigung mit den Muskelverspannungen, daß er mit ihm dennoch ziemlich am Anfang stand. Eine entscheidende Einsicht hatten sie verpaßt. Lowen beschreibt, wie sie über die Angst vor dem Tod sprachen, als ihm etwas einfiel, wodurch er den Schlüssel zur Furcht und zur Persönlichkeit seines Klienten fand. Lowen sah George an, der auf der Matte lag, und sagte:

»George, ich glaube, du hast aufgegeben – schon vor ziemlich langer Zeit. Wann ist dir bewußt geworden, daß du aufgegeben hast?« – George: »Ich war noch ziemlich klein, ein kleines Baby. Ich habe es vor sehr langer Zeit gespürt.« – Lowen: »Aber warum dann die ganzen Anstrengungen danach? Du hattest doch aufgegeben, wozu also die Mühe?« – George: »Ich wollte mich der Tatsache nicht stellen, daß es da diesen Willen zu sterben gab und all diese Kämpfe, um mich davon abzuhalten, daß ich mich damit abfand, daß ich sterben wollte.«

Danach erkannte er: »Du kannst machen, was du willst. Analysieren soviel du magst. Soviel Körperarbeit machen, wie du willst. Aber es wird sich nichts grundlegend ändern, bevor nicht dieser Schlüssel herumgedreht und diese Tür geöffnet ist.«

Lowen folgert, daß diese zentrale Einsicht, die Herausarbeitung des geheimen Todeswunsches, ganz entscheidend ist:

Trotz aller harten Arbeit und aller guten Analyse glaube ich, daß es mit der Therapie nicht mehr vorwärtsgegangen wäre, wenn ich nicht den Schlüssel gedreht und die Polarität, zwischen deren Polen sein Leben pendelte, erschlossen hätte. Und daß ohne den Kontakt mit dieser Polarität nichts sonst möglich gewesen wäre.

Ich möchte ein Beispiel aus meiner eigenen Praxis geben, das illustriert, wie wichtig es ist, diese Arbeit des Anschauens mit der Person zu leisten, die da ist. Jessica war eine schöne Frau mit lebhafter Sexualität und sehr klarem Verstand. Bei unserem ersten Treffen redete sie am Anfang fünfzehn Minuten über ihren Hintergrund und über einige Probleme in ihrem sozialen Leben. Danach bat ich sie, sich hinzulegen, damit ich mich zu ihrem nonverbalen Ausdruck in Beziehung setzen und sehen konnte, wie sie atmete. Als sie sich hinlegte, waren die ausgeprägtesten Versteifungen rund um Kiefer und Nacken; sie hielt den Kopf ziemlich steif. Ihre Atmung ging recht tief, war aber kontrolliert (sie machte seit einiger Zeit Yoga). Ich legte meine Hände beidseits ihres Kopfes und ließ sie dort ruhen. Das hatte eine außerordentliche Wirkung auf sie, denn ihr Kopf wurde gewöhnlich nur von Worten berührt. Die Menschen liebten ihren Körper und sprachen zu ihrem Kopf. Ihre Atmung vertiefte sich und ein Weinen brach durch, gleichzeitig kugelte sie sich ein, preßte die Augen zu und sagte: »Ich will nicht sehen. Ich will Sie nicht anschauen.« Ich ließ sie eine Weile in der Kontraktion verharren. Sie sollte erfahren können, was sie machte. Dann sagte sie plötzlich: »Ich glaube, ich sollte mich Ihnen stellen und Sie jetzt ansehen.« Sie setzte sich auf.

Jetzt fingen wir an, zu entziffern, worum es bei diesem Nicht-Schauen ging. Als sie anfangs ihre sozialen Probleme beschrieben hatte, war der Ausdruck aufgetaucht: »Ich schalte ab, wenn ich etwas Nachteiliges nicht sehen will.« Nun verband ich diesen verbalen Ausdruck damit, was ich in bezug auf ihre Augen empfand. Ihr Blickkontakt war sehr direkt, sie blickte mich geradewegs an, und doch spürte ich, daß irgend etwas ihren Ausdruck verdunkelte. Plötzlich kam mir das Bild eines abgeblendeten Scheinwerfers: als ob sie ihre Augen wie Scheinwerfer benutzte, aber eben abgeblendet.

Die Erfahrung, mit jemandem ganz scharf umrissene Bilder zu teilen, wie er im Hier und Jetzt funktioniert, ihn mit dieser Art von Wahrheit über ihn zu konfrontieren, ihn ihr gegenüberzustellen, erzeugt große Erregung. Natürlich muß das auf nicht kritisierende Weise geschehen. In gewissem Sinne muß man sogar Liebe für die

Abwehrstrukturen des Charakters zeigen, damit man sie aufzupfen und so dem Betreffenden helfen kann zu sehen, daß er, obwohl sie für ihn einmal nötig waren, vielleicht ohne sie leben kann, wenigstens für einen Moment oder auch zwei. Durch den Austausch energetischer Erregung, die entsteht, wenn wir uns sehr auf einen bestimmten Charakterausdruck konzentrieren, geschieht etwas »Wunderbares«. Die Qualität der Lebendigkeit verändert sich und mehr Leben erscheint, so wie die Sonne für einen Augenblick hinter den Wolken hervorbricht.

Im Verlauf unserer gemeinsamen Arbeit gab es bei Jessica Momente, in denen ihr Blickkontakt sehr flüchtig war und schnell wechselte – es war, als ob sie es manchmal zuließ, für ein, zwei Sekunden auf vollen Strahl zu schalten. Immer wenn das der Fall war, geschahen zwei Dinge: Ihre Atmung vertiefte sich und floß freier, und ihre Haltung veränderte sich, wobei der Kopf sich schräg aufstellte und ihr Kinn leicht nach vorn kam. Es wurde klar, daß sie ihre Sexualität in ihren Körper hineinließ (sie tanzte sehr lebhaft), aber in ihrem Kopf verleugnete (der mußte kühl und vernünftig bleiben). Ihr Charaktermuster war also offensichtlich das einer zigeunernden Philosophin. Ihr Kopf war in der Öffentlichkeit und mußte rational und nicht leidenschaftlich bleiben; Leidenschaft hatte nur in privater Abgeschiedenheit Zutritt zu ihrem Körper. Aber in den Momenten, wenn ihre Augen voll strahlten, wurde sie zu einer einheitlichen Persönlichkeit. Ihr Gesicht zeigte, was ihr Körper fühlte, und ihre Augen glänzten mit einer vitalen Kraft, die sie normalerweise nicht in ihren Kopf hineinließ.

In dieser Sitzung gab es keine tiefen emotionalen Ausbrüche und doch ging die Arbeit sehr tief, und es war äußerst bewegend, diesen intensiven Kontakt so früh zu machen. Am Ende der Sitzung meinte sie, sie habe in dieser Stunde mehr über sich selbst gelernt als zuvor durch fünfzehn Jahre Männerbeziehungen.

Anschauen hat mit Erkennen zu tun, damit, wie wir den anderen sehen, damit, welches Leuchten sich entwickelt, wenn Menschen sich wirklich anschauen und begegnen, und mit den Formen von Erleuchtung, die aus solchen Kontakten aufblitzt. Einsicht entwickelt sich parallel mit Aussicht. Wer anderen sein innerstes Selbst zeigen kann, wird auch für sich selbst kenntlich und kann dann nach innen blicken – nicht im Sinn einer sterilen Introspektion, sondern in dem Sinn, lieben und annehmen zu lernen, wie er ist, und sich so zu erkennen. Wenn Menschen untereinander klar-sehen, wird also ein tieferes Sein ermutigt. Daß dies zusammen in der Therapie auftaucht, überrascht nicht, wenn wir uns der engen Beziehung, die zwischen beiden Funktionen in der Säuglingszeit besteht, erinnern.

Ein anderer Weg, das innere Selbst zu offenbaren, ist sprachlicher Ausdruck und Mitteilung. Die Fähigkeit zu sprechen ist eines der Hauptmerkmale des Menschseins. Sobald ein Kind lernt, daß es den Luftstrom, der aus seinem Mund kommt, so formen kann, daß es Töne bildet, die zu Symbolen seiner Umwelt werden, erweitert sich seine Ausdrucksmöglichkeit enorm und macht einen qualitativen Sprung. Von Helen Kellers Erfahrungen, die sie machte, bevor sie die Beziehung zwischen Symbol und Klang erkannte, können wir lernen, wie wichtig es ist, Erfahrungen auf bedeutungsvolle Weise durch Laute äußern zu können.

Leopold Stein glaubt, daß Sprache sich aus der Kombination von Saugbewegungen und Atemtönen entwickelt.[111] Der ausgestoßene Atem produziert, wenn er den Kehlkopf passiert, einen grundlegenden Vokalton, der durch Zunge und Mundhöhle gestaltet wird. Die schmatzenden und saugenden Bewegungen von Lippen und Zunge bilden die primitiven Konsonanten, die in der frühen Sprache zuerst als Klicklaute hörbar sind. Die Umkehrung eines Klicklauts, indem Luft ausgestoßen statt eingesaugt wird, erzeugt einen Konsonanten.

Das Verhältnis zwischen Sprechen und Denken wird durch Beobachtungen an Kindern, die ständig Denken mit Sprechen verwechseln, erhellt. Piaget schreibt, Stern habe bemerkt, daß seine vierjährige Tochter Denken und Sprechen verwechselte. Sie behauptete ausdrücklich, daß wir mit dem Mund und der Zunge denken. Diese spontane Bemerkung eines Kindes veranlaßte Piaget zu einer systematischen Untersuchung. Er fragte sechzig Kinder zwischen vier und zwölf Jahren, mit was man denkt und ob wir Gedanken sehen und berühren können. Das Ergebnis war eindeutig. Alle Kinder unter sieben antworteten wie Sterns kleines Mädchen: »Wir denken mit dem Mund.«[112]

Atemrhythmen, vom Mund geformt, symbolisieren also die komplexen Gedankenprozesse des Geistes. Francis Mott erklärt das Verhältnis so:

Die Sprache erscheint als ein Versuch, den Gestaltungsaffekt, der in den zerebrospinalen Leitungen erzeugt wird, in den Atmungsröhren zu kopieren. Die Luft in den Atmungstrakten und Rachenhöhlen wird zur Analogie der Gehirn- und Rückenmarksflüssigkeit. Die Bewegung der Luft durch die Luftröhre entspricht den Rhythmen, die sich in den zerebrospinalen Leitungen nach oben bewegen. Die Höhlen von Mund und Nase sind Entsprechungen der Gehirnkammern (Ventrikeln). Vokale und Konsonanten verhalten sich zueinander wie Kern- und Randeinheiten des zerebrospinalen Affekts... Also ist die Sprache die äußere Kopie eines inneren Prozesses. Ihr Wert liegt in der Gestaltung. Sie ist der Versuch, durch einen Strom vibrierender Luft auszudrücken, was in den vibrierenden zerebrospinalen Flüssigkeiten vor sich geht. Die Ursprünge der Stimme scheinen mir im Rückenmarkskanal zu liegen, worin die Gedankenwellen ihre Muster bilden, die die Klangwellen der Stimme zu imitieren versuchen.[113]

Wir können uns die Aufgaben und Blockaden des Sprachkontaktes unter drei Aspekten anschauen:

1. Wie wird Sprechen gelernt und wie kommt es zu Blockaden der Sprachentwicklung?
2. Wie entsteht die Stimme und welche Spannungen behindern sie?
3. Welche Sprachstile gibt es?

Mit Blick auf den ersten Punkt – Entwicklungsschritte im Prozeß des Sprechenlernens – ist festzuhalten, daß Sprechen ein sozialer Akt ist. Indem das Kind den Sprechklängen der Eltern zuhört und sie wiederholt, lernt es, daß das Gebrabbel ein Kommunikationsmittel ist. Zu sprechen bedeutet für es, mit Tönen zu spielen und zu entdecken, daß sie Werkzeuge sind, die ihm dienen können. Das Kind lernt schnell, daß das Geräusch »Milch« seine Mutter gewöhnlich dazu überreden wird, ein erfrischendes Getränk herbeizuschaffen. Indem es lernt, mit anderen spielerisch durch Klänge zu kommunizieren, lernt es auch, mit sich selbst zu sprechen, zuerst laut und später innerlich. Dialoge werden zu Selbstgesprächen, und Selbstgespräche fließen in weitere Dialoge ein. Stilles Denken wird von Mikrobewegungen des Kehlkopfs begleitet, wie Untersuchungen gezeigt haben, so daß Denken hauptsächlich subvokales Sprechen ist.

Doch einige Kinder sind stumm. Bei manchen Formen des Autismus bleiben sie ohne nachweisbaren Gehirnschaden während der Sprachentwicklungsphase still und lernen vielleicht nie mehr sprechen, weil es scheinbar sehr schwer ist, nach dieser entscheidenden Periode die entsprechenden Fähigkeiten zu erwerben. Manchmal gelingt es, solchen Kindern rudimentäre Sprachformen durch Verhaltenskonditionierung beizubringen: als Reaktion auf Belohnung oder Strafe beginnen sie Wortteile hervorzustoßen. Dies kann jedoch nicht die Tatsache verschleiern, daß der spontane Wunsch zu sprechen immer noch da ist. Als Teil seines generellen Rückzugs vom Kontakt lehnt es das autistische Kind ab zu sprechen. Genauso vermeidet es, Menschen mit den Augen zu begegnen und schließt sich in seiner Privatwelt ein.

Es gab eine Diskussion darum, ob Autismus eine Form von Kindheitsschizophrenie sei oder nicht. Schizophrene Kinder zeigen des öfteren eine verwirrte und fragmentierte Sprache, aber nicht die totale Sperre des stummen Autisten. Das heißt, das schizophrene Kind versucht sich an der sozialen Funktion der Sprache, und indem es das tut, öffnet es sich für geistige Einflüsse. Laing hat genau dokumentiert, wie Wörter in den Herkunftsfamilien von Schizophrenen als subtile Mittel benutzt wurden, um die Identität des Kindes zu kontrollieren.[114]

Frieda Fromm-Reichmann beschreibt einen erwachsenen Schizophrenen, der seit Jahren stumm war.[115] Sein Psychiater besuchte ihn jede Woche im Krankenhaus, und jede Woche verweigerte der Patient jegliche Kommunikation. Am Ende des sechsten Monats begrüßte er den Therapeuten jedoch, indem er sagte: »Ich sehe, Sie haben heute eine neue Krawatte um, Doktor.« Von nun an konnte sich der sprachliche Austausch entwickeln. In diesem Fall war die Sprache intakt und nur die Kontaktfunktion war gestört gewesen.

Barbara Roberts schildert in einem Aufsatz in der Zeitschrift *Energy and Character* ihre Arbeit mit autistischen Kindern.[116] Eines von ihnen, ein elfjähriges Mädchen, war völlig stumm. Doch als die Therapeutin ihre Hand auf seine legte, war sie bereit, sprachlich durch Schreiben zu kommunizieren.

Jan Foudraine arbeitete mit dauerhaft stationär versorgten Schizophrenen, von denen einige keine verständliche Sprache hatten. Er fand heraus, daß es möglich war, einen bedeutungsvollen Dialog herzustellen, wenn er von ihnen nicht von Anfang an Sinnhaftigkeit forderte, sondern sich darauf einließ, voll Kontaktbereitschaft auf sie zuzugehen, ohne ihre unverständlichen Laute und Wortfragmente als Geschwafel zu behandeln.

Der Psychiater ist genötigt, von seinem Versuch abzulassen, den Klienten dazu zu bringen, sich dem allgemein anerkannten Gebrauch von Sprache anzupassen. Der Psychiater ist aufgefordert, sich auf die Stufe seines Klienten herabzubegeben und auf eine Kommunikationsebene »unterhalb« sprachlichen Ausdrucks einzugehen... Ein junger Mann, der ziemlich unverständlich redete, überraschte mich einmal, indem er etwas sagte, was ich verstehen zu können glaubte. Nachdem ich meine Idee direkt in Worte umgesetzt hatte, sagte er: »Einen Vogel erkennt man an seinem Gesang, einen Menschen an seinem Reden.« Danach nahm er seine unverständliche Sprache in einer etwas weniger unverständlichen Weise wieder auf.[117]

Foudraines Buch ist voller Beispiele dafür, wie wir Unverständlichkeit als Kommunikationsbrücke benützen können. Sprechmöglichkeiten tauchen dann auf, wenn der nichtkommunizierende Teil bereit ist, von seiner Seite aus den Kontakt zu wagen.

Vor einiger Zeit strahlte die BBC die Geschichte eines Mannes namens Joey aus, der seit seiner Geburt als Spastiker im Krankenhaus war. Aufgrund einer Verletzung bei der Geburt, die die motorischen Nerven geschädigt hatte, die die Sprechorgane kontrollieren, hatte er nie irgendwelche verständlichen Laute von sich gegeben. Zufälligerweise konnte ein anderer Patient diese ansonsten bedeutungslosen

Laute verstehen. Allerdings war dieser zweite Patient zu verwirrt, um schreiben zu können. Indem er sich als Dolmetscher für Joey einsetzte, wurde es einem Dritten, der schreiben, aber nicht die unartikulierten Töne verstehen konnte, möglich, aufzuschreiben, was Joey sagte. So konnte Joey in vollkommen zusammenhängender Prosa seine Lebensgeschichte darlegen. Auch wenn das Gehirn geschädigt ist, kann also die Funktionseinheit für Sprache ohne Schaden zu nehmen überlebt haben und nur darauf warten, daß jemand kommt, der eine Brücke bauen kann, über die Kommunikation möglich ist.

Beim zweiten Punkt – Wie entsteht die Stimme? – entdecken wir, daß die Art, wie wir die Kommunikationslaute herstellen, ebenfalls eine Funktion des Prozesses ist, durch den wir unsere Kontaktfähigkeit entwickeln. Zum artikulierten und ausdrucksvollen Sprechen braucht es eine rhythmische Zusammenarbeit zwischen den Sprechorganen und der Atmung. Der Luftstrom schwingt in der Brust, der Kehle und den Kopfhöhlen wider. Wird irgend etwas davon blockiert, ist der glatte Stimmfluß unterbrochen und irgendeine Form einer stimmlichen Hemmung ist die Folge.

Die offensichtlichste Störung ist das Stottern. Stein unterscheidet zwei Primärformen des Stotterns, die er als »klonisch« und »tonisch« bezeichnet.[118] Beim tonischen Stottern krampfen die Sprechorgane oder werden starr und weigern sich, einen bestimmten Ton zu äußern, an dem der Betreffende hängenbleibt. Beim klonischen Stottern werden bestimmte Laute endlos w-w-w-wiederholt. Die zweite Form ist sozial unangenehmer als die erste. Deshalb wird klonisches Stammeln später oft durch tonisches ersetzt. Der Stotterer lernt dann, die Wörter, an denen er hängenbleibt, zu ersetzen, um so die besonderen Spannungsbereiche zu vertuschen.

Stein behandelt dies, indem er den tonischen Stammler ermutigt, wieder zum klonischen zu werden und dann bewußt mit den wiederholten Lauten zu spielen. Er bezieht sich auf einen Prozeß, den Glynn Seaborn Jones »Voluntarisation« nennt. Im wesentlichen geht der Patient dabei in seiner Entwicklungsgeschichte zurück und lernt wieder zu brabbeln. So bekommt er eine zweite Chance, die Bewegungen von Saugen und Atmen zu integrieren.

John Pierrakos beschreibt in einer speziellen Untersuchung Störungen bei der Stimmerzeugung. Die hauptsächlichen, die er nennt, sind:

1. Die flache Stimme zeigt an, daß der Gefühlsausdruck unterdrückt wird und auf einen engen Spielraum begrenzt ist. Man hat den Eindruck fehlender Tiefe. Der Rhythmus ist monoton, die Resonanz gering. Der orale Charakter gehört zu dieser Kategorie. Es wird viel »geschwätzt«, um Zuwendung zu erringen. Eine seiner Patientinnen redete zu Beginn der Therapie ununterbrochen mit flacher, monotoner Stimme. Später gab sie zu, dies sei ein Trick, um Zuwendung zu erringen und es zu vermeiden, sich tiefer auf ihre Leere einzulassen.

2. Eine Stimme, die auf eine Tonlage mit wenig Spielraum begrenzt ist. Sie ist aus Angst vor der Begegnung mit tieferen sexuellen Gefühlen vorwiegend hoch. Das trifft besonders auf hysterische Strukturen zu, d.h. bei einem reichhaltigen Energievorrat und blockierten Emotionen. Die Stimme des Passiv-Weiblichen ist sanft, hoch, fast weiblich, als ob er die Emotionen von Brust und Bauch fernhielte. Sie bedeutet:»Ich gebe nach, ich beachte dich, verletz mich nicht.«

3. Die mechanische Stimme ist ohne Resonanz, monoton, trocken und kalt. Schizoide sprechen so. Ihre Atmung ist gespalten, und Zwerchfell und Unterleib sind schwer kontrahiert. Der Spielraum der Stimme ist äußerst begrenzt.

4. Mit der affektierten Stimme bemüht sich der- oder diejenige, die Stimme künstlich zu modulieren, um einen Mangel an Gefühl zu überdecken. Sie ist künstlich. Viele Menschen nehmen bewußt verschiedene Rollen an, um ihre wahren Empfindungen nicht ausdrücken zu müssen... Dieser Kategorie könnte der masochistische Charakter zugeordnet werden, der seine Stimme einsetzt, um ständiges Klagen und Jammern zu äußern und dadurch eine Reaktion zu provozieren und die Befreiung seiner verschlossenen Emotionen zu erreichen.[119]

Die dritte Kategorie dieser Entwicklungsschritte in der Kontaktaufnahme ist die Form, die die Kommunikation schließlich annimmt, der Stil der Sprache.

Das Gespräch zwischen Therapeut und Patient ist eine traditionelle Form des Austauschs. Reden kann jedoch oft eine Möglichkeit sein, es zu vermeiden, sich dem anderen zu stellen und ihn mit der Wahrheit über sich selbst zu konfrontieren. Laing dokumentiert ausführlichst die Arten, wie sich Neurose als spezielle Form menschlicher Fesselung ausdrückt, der Fesselung durch Worte.[120] Eine Trennung ist etwas, was absondert und Menschen auseinanderreißt. Laing sagt nun, Sprache, wie sie im normalen zwischenmenschlichen Austausch gebraucht werde, habe eine blockierende Funktion. Sie trenne uns voneinander und spiegele die Verzerrungen des Kontaktes zwischen den Menschen wider. Dieser Prozeß verstärke sich selbst in einer positiven Rückkoppelung immer mehr. Die Sprach-»Verknotungen« erschwerten den Kontakt zusehends, und der erschwerte Kontakt verstärke die Doppelbotschaften (Double-binds) der Sprache. So gesehen ist Neurose eine sich nach innen drehende und verengende Spirale der Fragmentierung, der Zerstückelung. Der blockierte Körperstrom und der verknotete Wortstrom potenzieren sich und spiegeln einander wider.

Sprache enthält aber auch eine kreative Funktion, wie O'Connell erkennt, wenn er schreibt: »…da Sprache eine Form von Hypnose sein kann, wenn ihre Grenzen nicht anerkannt werden, kann der präzise Gebrauch von Sprache paradoxerweise ein Weg zur Befreiung sein.«[121]

Wir benutzen Sprache in diesem Sinne präzise, wenn sie Empfindungen in den Mittelpunkt zu rücken vermag. Was ist das Gegenteil einer Trennung oder Spaltung in der Sprache? Es ist eine Verbindung, die entsteht, wenn plötzlich ehemals getrennte Erfahrungsfragmente zusammenfließen. Wir nehmen Kontakt auf, indem wir einander ins Gesicht blicken, einander zuhören, einander berühren, wenn das Herz dabei ist, und indem wir auf eine bestimmte Art und Weise, die nicht zu definieren ist, beieinander sind. Wenn für uns »eine der grundlegenden Absichten von Therapie die Rückkehr zum Kontakt mit anderen«[122] beinhaltet, ist sie weniger eine Behandlung als vielmehr eine besondere Form des Dialogs. Zuerst und vor allem hat ein Mensch das Bedürfnis, darin erkannt zu werden, wer er ist und wo er steht. Das führt uns zurück zur Notwendigkeit des Anschauens.

Die therapeutische Begegnung bietet die Gelegenheit, herauszufinden, ob die Erfahrung unserer selbst von jemand anderem verstanden werden kann und ob sie irgendwie mit dessen Erfahrung von uns übereinstimmt. Die schwersten Formen geistiger Krankheit sind mißlungene Kommunikation. Gleichzeitig ist Kommunikation die stärkste Form der Veränderung. Die Gestalttherapeuten kennen das sogenannte »Paradox der Veränderung«. Es kommt dem nahe, was Krishnamurti immer über die Verwirrung zwischen dem, »was ist«, und dem, »was sein sollte«,[123] gelehrt hat. Je härter wir daran arbeiten, ein neurotisches Problem zu »lösen«, desto zählebiger behauptet es sich.

Die Veränderung kommt dann, wenn jemand wird, was er ist und nicht, wenn er versucht zu werden, was er nicht ist... Die Erfahrung zeigt: Identifiziert sich der Patient mit fremdgewordenen Fragmenten, kommt es zur Integration. Somit kann man dann etwas anderes werden, wenn man voll und ganz lebt, was man ist. Der Therapeut selbst sucht nicht die Veränderung, sondern versucht nur, er selbst zu sein. Die Anstrengungen des Patienten, den Therapeuten einem seiner Sterotype – etwa Helfer oder Führer – anzupassen, erzeugen Konflikte zwischen ihnen. Das Ziel ist erreicht, sobald jeder er selbst bleiben darf, ohne den engen Kontakt zum anderen zu verlieren. Der Therapeut wird, indem er versucht, im Zusammensein mit einem anderen er selbst zu bleiben, ebenfalls zur Veränderung veranlaßt. Diese Art gegenseitiger Beeinflussung birgt in sich die Möglichkeit, daß der Therapeut am besten arbeitet, wenn er sich am meisten verändert, denn wenn er für die Veränderung offen ist, wird er wahrscheinlich die größte Wirkung auf seinen Patienten ausüben.[124]

Der therapeutische Kontakt muß also das ersetzen, was die ersten Beziehungen nicht leisteten: Innen und Außen zusammenzuführen. Der Klient scheint »seine Wahrnehmungen mit der Haltung eines anderen vereinigen zu müssen, bevor er sich selbst voll wahrnehmen kann; das Selbst kann nicht entstehen, ohne den anderen als Hebel einzusetzen... nicht, daß zwei Köpfe besser wären als einer, aber zwei Köpfe werden gebraucht, damit einer werden kann.«[125] In dieser Art Beziehung sind Empfindungen mehr als die Entladung von Energie. Sie werden wieder zu Kommunikation. Wenn abgetötete Empfindungen wieder ins Leben zurückkehren, kommt es zu plötzlichen Einsichten. Sie enthalten eine besondere, unverkennbare La-

dung; wenn Bilder verknüpft werden, kommt es zu einem Beben der
Authentizität, zu einem Blitz des Erkennens, und die dabei erzeugte
Emotion kann vollkommen geteilt wie auch vollkommen integriert
werden, denn »Erfahrung lebendig ins Herz bringen zu können, ist
eine außerordentliche Leistung«.[126] Das verknüpfte Bild ist eine
Paarung aus den Worten, die jemand äußert, und dem Energiefluß in
seinen Zellen. Es ist die Umkehrung des »Knotens«. Wenn der
Knoten ein blockierter Wortstrom ist, der einen kontaktlosen Körper
noch verstärkt, so erscheint das verknüpfte Bild der Einsicht, wenn
Wörter und Sätze aus Empfindungen heraus gebildet werden, denen
man sich zum ersten Mal voll stellen kann.

Winnicott betont, wie wichtig der Dialog zwischen Menschen als
Voraussetzung für die Entwicklung irgendeines bedeutungsvollen
Selbstgesprächs ist. Er beschreibt, wie er mit einem Patienten erör-
terte, daß das Selbstgespräch sich auf nichts zurückbeziehe, es sei
denn, es wäre die Weiterführung eines Gespräches mit einem anderen.[127]

Ich arbeitete einmal mit einem Mann namens Paul in der Therapie,
dem es schwerfiel, Herz und Kopf zu verbinden. Wir arbeiteten mit
dem Atem, und er kam mit tiefsitzendem Kummer und Schluchzen
in Berührung. Das Schluchzen dauerte sehr lange; er war tief darin
versunken. Nach einiger Zeit bekam ich den Eindruck, darin liege
eine unendliche Dimension, es schien, als könnte er für Stunden darin
gefangen bleiben. Es kommt in der Therapie oft vor, daß die Menschen nur nach der emotionalen Befreiung streben, und solange die
Emotionen fließen, meinen sie, alles wäre in Ordnung. Sich abzurea-
gieren, ist jedoch nicht notwendigerweise genug. Notwendig ist es,
ein Gefühl für die ganze emotionale Qualität eines jeden Ausdrucks
zu bewahren und nach den Stellen zu suchen, an denen der Kontakt
vielleicht unterbrochen ist oder zurückgehalten wird. Bei Paul spürte
ich, daß er sich auf einer bestimmten Ebene von seiner eigenen Trauer
abschnitt und deshalb in ihr steckenblieb und in ihrer Endlosigkeit
zu ertrinken drohte. Ich bat ihn, mir mitzuteilen, worum es bei seiner
Trauer ginge. Jetzt konnte er die Brücke zwischen der Welt des
verletzten Kindes und der Welt des Erwachsenen, der er war, wieder

aufbauen, und er erzählte vom Anlaß seiner Trauer, bei der es um aktuelle Dinge ging, die mit seiner derzeitigen Freundin zu tun hatten. Tiefe, Art und Ausmaß des Schmerzes in seinem Weinen entstammten alle seiner Kindheit, aber die Auslösesituation lag in der Gegenwart des Erwachsenen. Wenn ich ihm gestattet hätte, nur zu regredieren, hätte er leicht den Kindheitsschmerz dazu benutzen können, es zu vermeiden, sich der aktuellen Verletzung zu stellen. Aber sobald er den Grund mitteilen und der Trauer neben dem Herausschluchzen auch noch eine Stimme verleihen konnte, gab er seinen Gefühlen wieder eine menschliche Dimension und erlaubte der Wunde in seinem Herzen, sich mit den Erinnerungen in seinem Kopf zu verbinden.

Sind Menschen innerlich bewegt, so schreien sie nicht einfach heraus, sondern formen die Laute zu Worten, die Schreie erhalten Bedeutung. Das englische Wort »memory« (Erinnerung) hat eine griechische Wurzel, die bedeutet, »sich um etwas sorgen, um etwas kümmern, etwas pflegen«. Erinnerung wird – im Unterschied zu einer rein verstandesmäßigen Erinnerungsspur – lebendig, wenn wir uns um unsere Erfahrungen kümmern, wenn wir uns Zeit nehmen zu verdauen, was mit uns geschah, wenn wir den Geschmack unseres eigenen Lebensweges wieder in unserem Körper spüren. Die Biologen stehen vor der Entdeckung, daß Erinnerung in jeder Zelle auf irgendeine Weise Spuren hinterläßt. Nur der abgespaltene Intellekt trennt die Vergangenheit von der Gegenwart und stellt zwei verschiedene Zeiteinheiten auf. Träume enthüllen, daß es keinen echten Unterschied gibt und daß alle Erfahrungen noch in uns weiterwirken können, wenn wir sie lassen. In der Therapie geht es nicht darum, die Vergangenheit wie totes Holz wegzuschneiden, sondern sie aufzuarbeiten und neu zu erzeugen, damit der Körper sich mit der Bedeutung dessen, was er tatsächlich gelebt hat, aufladen kann.

Reich bezeichnete den Charakter als gefrorene Geschichte. Wird der Charakter weicher, schmilzt die Geschichte und verflüssigt sich wieder. Die Vergangenheit hört auf, ein ausgefahrenes Geleise zu sein, auf dem die Menschen fahren müssen. Erfahrung ist, was wir in uns willkommen heißen; der Rest ist bloßes Ereignis. Je mehr jemand von sich weghalten muß, desto schwerer hat er es, seine eigene Stimme zu hören. Wenn jede Empfindung bedeutungsvoll ist und jede Bedeutung voll empfunden wird, dann zerbricht die neurotische Kette, die den Körper vom Geist trennt und das Innere im Äußeren verschließt. John Pierrakos schrieb:

Die Stimme drückt Bewegungen aus, die im Kern des Organismus vibrieren, oder blockiert sie. Ein Mensch wird durch seine innere Einstellung bewegt. Die pulsatorischen Bewegungen des Lebens – eine Ausdrucksform davon ist das Energiefeld – verbinden sich mit den physikalischen Bewegungen des Körpers zu einheitlichem Wirken. Wenn beide frei sind, schwingt der Organismus davon wider und wird zum Leben entfacht. Der Körper wird dann als angenehm und lustvoll erfahren, seine Bewegungen sind harmonisch, seine Stimme melodiös und frei, sich innerhalb eines weiten Klangspektrums zu bewegen. Man kann die Fähigkeit, die ganze Bandbreite der eigenen Gefühle stimmlich und sprachlich auszudrücken, als Maßstab für die Gesundheit nehmen. Seinen Gefühlen Stimme zu geben, aufzustehen und zu sprechen, ist das Geburtsrecht des Menschen. Die Gefühle herunterzuschlucken und still zu sein, heißt sich innerlich zurückzuhalten und seine Seele zu verkrampfen. Dieser Vorgang ist gleichbedeutend mit einem chronischen Leidensweg; es ist wie aufgeben und langsam sterben.[128]

Therapie ist eine Reise, um die zerbrochenen Bilder zusammenzufügen, und das, was gespalten wurde, zu verbinden, um den Strom im Körper mit dem Strom der Worte zu vereinen. »Therapeutische Arbeit ist nicht so sehr das, was ein Therapeut mit einem Klienten tut, als vielmehr eine Untersuchung der Möglichkeiten, die es gibt, mit dem jeweiligen Menschen zusammenzusein, damit dieser letztlich mit anderen zusammensein kann.«[129]

Wenn Persönlichkeit etwas mit Klang und Ton zu tun hat (per sona: die Theatermaske der Griechen = durch-tönen; – *Anm. z. dt. Ausg.*), dann ist diese Art des Austauschs weniger ein Dialog im konventionellen Sinne, sondern mehr ein »Hinaustönen, Hinausklingen« (»sounding out«) von Erfahrung, eine Sensibilität für den Widerhall, ein Sich-ihren-Bedeutungen-Stellen.

Ich glaube, nur mit diesen Hilfsmitteln kann jemandem geholfen werden, die Fähigkeit zu entwickeln, die mächtigen Energien starker

Gefühle zu halten und zurückzuhalten. Die eigene Wahrheit auf diese Weise, durch ehrliche Begegnung mit einem anderen Menschen, stimmlich auszusenden, ist essentiell für jeden, der sich in seiner Lebenszeit und in seinem Körper-Raum erden will. Geschieht dies, wird eine Art organischer Intelligenz geboren, die nichts mit Vernünfteleien oder der Manipulation von Begriffen zu tun hat; zu ihr kommt es, wenn der Mensch nicht mehr von seinen Erfahrungen getrennt ist.

# 9 Borderline-Patienten und Grenzen

## *Am Rand der Psychose*

Der Vegetotherapie und der Bio-energetik liegt die Ansicht zugrunde, daß die Ent-Ladung von Gefühl und die Mobilisierung von Energie grundlegende Mittel sind, um die neurotischen Charaktermuster und Muskelpanzerungen weicher zu machen und aufzulösen. Reichs Entdeckung der *physiologischen* Basis der Freudschen »Stauungs-Neurose« in aufgestauter biologischer Energie, die von repressiven Abwehrmechanismen gefangengehalten wird, öffnete das Tor zu einem tieferen Verständnis, wie eingeschlossene Emotionen befreit werden können. Es gibt eine direkte Linie vom ursprünglichen kathartischen Ansatz Josef Breuers, der mit Hysterischen arbeitete, über die Arbeit von Reich hin zur »Ur-Schrei«-Therapie, die Arthur Janov entwickelte.

Viele dieser kathartischen und Emotionen freisetzenden Techniken haben ihren Weg in die Praxis der Humanistischen Psychologie gefunden und in die modernen Arten von Gruppentherapie, die im Rahmen einer breiten, auf persönliches Wachstum ausgerichteten Bewegung populär wurden. Allmählich erkannte man jedoch, daß die machtvollen Methoden, Zorn, Furcht, Trauer oder Erregung wachzurufen, zwar helfen können, die feste Panzerung einer rigide organisierten Zwangsneurose zu zerbrechen, bei Borderline-Persönlichkeiten, Menschen am Rande der Psychose, aber auch große Risiken bergen. Die bei den rigiden Neurosen so hilfreiche Ermutigung »loszulassen«, sich dem Unwillkürlichen zu unterwerfen und die Ich-Kontrolle aufzugeben, erwies sich bei diesem Persönlichkeitstyp als zumindest fraglich und in einigen Fällen sogar äußerst schädlich und zerstörerisch, da sie zur Ich-Fragmentierung führte und psychotische Zusammenbrüche auslöste.

Nic Waal, eine von Reichs führenden Mitarbeiterinnen in Norwegen, schrieb mir vor vielen Jahren,[130] wenn man mit Prä-Psychotikern arbeite und das Risiko eines psychotischen Zusammenbruchs vermeiden wolle, sei es nötig, das Ich zu stärken, bevor man in tiefe Vegetotherapie einsteige.

Arthur Janov unterschied drei »Richtlinien« oder Ebenen bei der Arbeit mit Menschen. Erstens die der reinen viszeralen Empfindungen oder primitiven »Bauch«-Gefühle. Zweitens die der ausdrucksstarken Emotionen. Und drittens die der Ich-Integration durch Einsicht und worthafte Sprache. Janov meint, in der Arbeit mit Psychotikern müsse erst die dritte Ebene gestärkt werden. Dies entspricht Waals Ich-Aufbau.

Der Begriff »Erden« (»grounding«) wurde von Stanley Keleman[131] eingeführt, um das Verwurzeltsein im organischen Prozeß zu beschreiben. Alexander Lowen gebrauchte ihn sowohl als Bezeichnung für den physischen Vorgang, durch den Muskeltonus aufladende Übungen[132] in engere Verbindung zu den eigenen Muskeln zu kommen, als auch dafür, starke Emotionen durch expressive Übungen, wie das Treten und Schlagen der Matte, freizusetzen.

Die expressive Aktion unterscheidet sich von der impulsiven durch die Gleichzeitigkeit von starken Gefühlen und einem gewissen Maß an bewußter Kontrolle. Beim »Ausflippen« lassen wir letztlich jede Ich-Steuerung los und überlassen uns einem eruptiven Fluß von Gefühlen. Geschieht das in der therapeutischen Situation, wird die Ich-Kontrolle an den Therapeuten oder Gruppenleiter abgegeben und nach durchlebter Erfahrung wieder zurückgenommen. Wir können uns das Spektrum der Kontrollmöglichkeiten zwischen den beiden folgenden Formen vorstellen: Im Falle des zwanghaft überkontrollierten Menschen helfen wir ihm, das zu entwickeln, was ihm fehlt – den spontanen Fluß unwillkürlicher Gefühle und Handlungen; im Falle des impulsiv Unterkontrollierten müssen wir helfen, die Ich-Kontrolle zu entwickeln.

Die Transaktionsanalyse bezeichnet dies als Gleichgewicht zwischen Erwachsenem und Kind. Der amerikanische Orgonom Bernard Rosenblum sagte einmal zu mir, er sehe immer wieder zweierlei Typen von Leuten in der Therapie: Erwachsene, für die es wichtig sei, ihr Kind zu finden, und Kinder, die ihren Erwachsenen entdecken müssen.

Die beiden Verwendungen des Begriffs »Erdung« – als Bezeichnung für die Entladung von Erregung in ein Gefühl, wodurch die emotionale Energie geerdet wird, etwa so wie ein Blitz die atmosphärische Ladung erdet; und Erdung im Sinne eines gestärkten Realitätsgefühls – spiegeln diese Polarität von Kind und Erwachsenem. Das Es erdet sich in der Lust und dem Wogen starken emotionalen Lebens. Das Ich erdet sich in der Realität, was die Fähigkeit beinhaltet, Gefühle aufzunehmen und zu halten und, falls nötig, direkten Lustgewinn aufzuschieben, um dafür später desto mehr zu erlangen. Alexander Lowen stellte diese Prinzipien von »Lust« und »Wirklichkeit« in seinem ersten Buch auf, wo er auch die »Halte«-Funktion des Ich beschrieb, Gefühle aufnehmen und fokussieren zu können.[133]

Vorausgesetzt, der Prozeß der Ich-Stärkung geschieht ständig Hand in Hand mit emotionaler Arbeit, kann man auch mit Prä-Psychotikern und Menschen in aktuellen psychotischen Zuständen Ausdrucksarbeit und Vegetotherapie machen. Um dies zu verdeutlichen, möchte ich verschiedene Beispiele geben, die sich auf den Ausdruck einiger grundlegender Emotionen beziehen.

In seiner brillanten Fallgeschichte einer Schizophrenen beschrieb Reich viele emotionale Durchbrüche, darunter auch Ausbrüche mörderischer Wut. Es war ihm jedoch klar, daß solche Durchbrüche einen absolut unbehinderten Kontakt zwischen Patient und Therapeut erfordern.

Der Durchbruch von tiefen Emotionen, insbesondere von Haß, durch den Panzer ist ein Vorgang, der zur Heilung absolut notwendig ist. Wir wissen dann, daß wir eine künstliche Situation geschaffen haben, in der jedoch echte emotionelle Kräfte wirken. Wir wissen, daß die Emotionen potentiell gefährlich sind; doch der Prozeß des Durchbruchs wurde absichtsvoll herbeigeführt. In der Regel haben wir den Patienten gut unter Kontrolle und den emotionellen Durchbruch seit Tagen oder Wochen mit großer Sorgfalt vorbereitet.

An anderer Stelle im gleichen Aufsatz[134] erklärt er das genauer:

…ich [ließ] sie auf die Couch einschlagen, damit … ihre Wut besser hervortreten könne. Dieses Verfahren ist dann gefährlich, wenn der Patient, insbesondere der schizophrene, nicht vollkommenen Kontakt mit dem Arzt hat. Zur Sicherung dieses Kontaktes muß man dem Patienten erklären, daß er die Handlungen, in denen er seine Wut zuläßt, sofort abzubrechen hat, wenn der Arzt es verlangt. Aufgabe des Arztes ist es freilich, denjenigen Zeitpunkt im Verlauf der emotionellen Abfuhr zu erkennen, an dem der Patient Gefahr läuft, außer Kontrolle zu geraten, eine Aufgabe, der nur sehr fähige Orgontherapeuten gewachsen sind. Ich möchte deshalb alle Ärzte, die nicht in der Technik der medizinischen Orgontherapie ausgebildet sind, ebenso wie alle ausgebildeten Orgontherapeuten, die noch nicht die erforderliche Erfahrung haben, vor der Behandlung Schizophrener warnen. Bei diesen Fällen kann man nicht erfolgreich sein, ohne die Wut abzubauen, und die Wut kann man nicht abbauen, ohne zuvor in weniger emotionellen Situationen reichlich Erfahrung gesammelt zu haben.

Alexander Lowen hat erörtert, welchen therapeutischen Nutzen es für die Förderung der Ich-Funktionen beim Schizophrenen hat, Wut freizusetzen:

Manche Manifestationen dieser [schizophrenen] Krankheit müssen als Versuche verstanden werden, die Ich-Funktion wiederherzustellen. Man kann die destruktiven Ausbrüche so auslegen. Sie stellen eine Freisetzung aggressiver Impulse dar, die zwar für die Umwelt irrational und gefährlich sind, aber beim Schizophrenen meist Ichstärke und Integration fördern. Ich habe schon immer geglaubt man könnte viel erreichen, wenn man dem Schizophrenen erlauben könnte, in einer sorgfältig überwachten Umgebung ein paar alte Möbel zu zertrümmern. Viele Schizophrene berichten, daß sie sich nach einem solchen Ausbruch viel besser fühlen. Natürlich müssen solche Maßnahmen Teil eines umfassenderen Therapieprogramms sein.[135]

John Rosen begegnete dem Problem, sich der psychotischen Aggression seiner Patienten zu stellen, indem er mit ihnen rang. Er schreibt darüber in seinem Buch *Direct Analysis*.[136] Der Arzt und Orgon-Therapeut James Willie benützte lebensgroße männliche Puppen als Ziele, auf die bei der Arbeit mit Schizophrenen die freigesetzte Aggression gelenkt werden konnte.[137]

Ich arbeitete vor kurzem mit einem Mann, den ich Malcolm nennen möchte, in einer Bio-energetik-Gruppe. Er befand sich in einem prä-psychotischen Zustand. Er schilderte die Sackgasse, in der er sich befand: Er war gefangen zwischen dem Gefühl, innerlich bis zur vollständigen Vernichtung zu implodieren, und der Empfindung, im Innern in Stücke gerissen zu werden und nach außen in destruktiven Ausbrüchen zu explodieren, besonders dann, wenn er in Primärtherapiegruppen die Kontrolle verloren hatte und von den anderen gewaltsam gezügelt werden mußte. Zweimal war seinem Kontrollverlust eine mehrwöchige Einweisung in die Klinik gefolgt. Er stellte mich also vor die Aufgabe, wie es möglich war, einen Raum zwischen Implosion und Explosion zu schaffen, in welchem er seine Wut konzentrieren und lenken konnte.

Bei der Arbeit mit Malcolm entschied ich mich dafür, mit dem Prinzip des freien Entschlusses zu arbeiten, d.h. gleich zu Anfang einen Vertrag mit ihm zu schließen, um den allmählichen Aufbau seiner Ich-Kontrolle über die Freisetzung seiner Wut zu fördern. Schritt für Schritt führte ich ihn zu kontrollierten Ausdrucksformen starken Ärgers, den er durch Schlagen herausließ. Statt sich aufzuspalten zwischen dem Versuch, seine Aggressionen zurückzuhalten und seine Wut nicht zeigen zu können (Implosion), beziehungsweise einem Zornesausbruch und der Unmöglichkeit, seine Destruktivität zu kontrollieren, begann er seine Fähigkeit, Ärger zu spüren, mit der Fähigkeit, zu entscheiden, wieviel er davon angemessenerweise ausdrücken wollte, zu verbinden. So lernte er im Laufe einiger therapeutischer Erfahrungen in der Gruppe, seine eigene Kraft anzuerkennen, sie sich nutzbar zu machen und sie zu kanalisieren, anstatt sie zu verleugnen oder sich von ihr sprengen zu lassen.

Schrecken ist eine fundamentale, in der Schizophrenie tief unterdrückte Empfindung. Das Verhindern des Blickkontakts dient dazu, die Wahrnehmung innerer Erregung zu verhindern. In der Reichianischen Therapie wird das Ausdrücken der Angst oft dadurch gefördert, daß die Augen weit aufgerissen werden, und oft wird durch Schreien die Angst freigegeben. Bei der Arbeit mit Schizophrenen kann der Prozeß des freiwilligen Entschlusses dazu eingesetzt werden, einen Menschen schrittweise an immer tiefere Schichten des Kontakts mit der eigenen Angst zu gewöhnen, so daß er sie auf einem Erregungsniveau herausläßt, welches er ertragen kann, ohne von ihr überflutet zu werden. Von Angst überflutet zu werden, ist für den Schizophrenen unerträglich und führt zu einer Vertiefung der Spaltung, um sich vor der Konfrontation mit dem inneren Schrecken zu verschließen.

»Das Biosystem«, schrieb Reich, »hat eine sehr niedrige Toleranzschwelle für plötzliche Erhöhungen des emotionellen, d.h. biophysikalischen Funktionsniveaus. Deshalb ist auch bei einer plötzlichen Erhöhung des Energieniveaus die Wahrscheinlichkeit groß, daß Orientierungsverlust, Halluzinationen, Sprachverfall und Mordimpulse auftreten.«[138]

Reich beschreibt am Beispiel der Behandlung einer Schizophrenen, wie er mit ihrem Gesichtsausdruck arbeitete, um schrittweise das darunter liegende Leben zu mobilisieren:

Ich ließ sie die Haut der Stirn bewegen, die Augen in alle Richtungen drehen, Wut, Angst, Neugier und Wachsamkeit ausdrücken. Das ist keine Manipulation und hat mit Manipulation welcher Art auch immer nicht das geringste zu tun. Wir »manipulieren« nicht auf mechanische Weise, sondern wir induzieren im Patienten Emotionen, indem wir ihn willentlich diesen oder jenen emotionellen Ausdruck imitieren lassen.
Sie sträubte sich heftig dagegen, den Ausdruck von Angst in ihren Augen zu erzeugen. Solcher Widerstand ist bei Schizophrenen in der Regel sehr viel stärker als bei Neurotikern. Aufgrund mehrerer Fälle von Schizophrenie zu urteilen, hat dies folgenden Grund: Das Heben der Lider, das weite Öffnen der Augen und das Zeigen von Angst lösen ein Gefühl großen Schreckens und nahenden Unheils aus. In manchen Fällen folgt denn auch eine panische Reaktion. Einige dieser Patienten haben das Gefühl, zu sterben, »fortzugehen« und nicht mehr »wiederkommen« zu können. Hier bedarf es besonders großer Sorgfalt.[139]

In der Arbeit mit seinen schizophrenen Patienten ermutigte Reich dazu, das spontane »Sich-gehen-lassen« freiwillig und vorsätzlich auszuüben. So half er ihnen, sich nicht durch ihre eigenen, nicht wahrgenommenen Reaktionen selbst zu terrorisieren. Er lehrte sie, wie sie »weggingen«, aber auch, wie sie zurückkommen könnten. Durch die Bewegung von Weggehen und Zurückkommen innerhalb der Grenzen, die die jeweilige Person ertragen konnte, ohne sich zu spalten, lehrte er sie Selbststeuerung. Stanley Keleman nannte dieses Prinzip »das Akkordeon spielen«.

Ein anderes, von Reich in seiner ganzen Arbeit stets angewandtes Prinzip (vermutlich aber vor allem bei Schizophrenen) bestand darin, mit dem Organismus so weit zu gehen, wie der bereitwillig mitgeht – und dann noch ein klein wenig weiter. Über die Patientin mit dem Augen-Block schreibt er weiter: »Ich arbeitete am Ausdruck ihrer Stirn mit großer Vorsicht und unterbrach stets sofort, wenn die Angst zu groß wurde. Nach einiger Zeit konnte sie dann ihre Stirn mit weniger Mühe bewegen. Sie fühlte sich freier…«[140]

Im Falle eines anderen Patienten, mitgeteilt im gleichen Aufsatz, zeigt er, wie die Arbeit mit dem Blickkontakt direkt zur Angst überleitet:

Ein Mann mit klaren psychotischen Mechanismen reagierte in der Regel mit starker Angst, wenn er seine Augen nach oben verdrehte. Er hatte dann das Gefühl, als würde er zu Tode gewürgt. Eines Tages, als ich ihn wieder die Augen nach oben drehen ließ, war seine Reaktion besonders heftig. Er bekam einen Angstanfall, starrte mit weit aufgerissenen Augen in eine Ecke des Raumes und schrie, voller Schrecken in die Ecke deutend: »Sehen Sie, dort, da ist es, es kommt aus der Wand, es starrt mich an.« Dann sprang er mit einem Satz auf und stürzte sich in eben jene Ecke, aus der er das Starren wahrgenommen hatte. Nachdem ich ihn mehrere Male zu dieser Reaktion gebracht hatte, verlor diese an Intensität und blieb schließlich ganz aus.[141]

Auch hier ist, wie bei den Wutausbrüchen, die wichtigste Sicherung die Anwesenheit des Therapeuten. Er kann seinen Eindruck von den Möglichkeiten desjenigen, dem er Kontakt zu halten hilft, sowie die aktuelle Wirklichkeit des Raums und das therapeutische Umfeld mit dem auftauchenden kindlichen Schrecken im Gleichgewicht halten. Der Erwachsene lernt, das unterdrückte Kind zuzulassen, und das erschreckte und zum Opfer gemachte Kind lernt, daß es einen Erwachsenen in sich hat (außerhalb seiner selbst repräsentiert durch den Therapeuten), der den Kontakt und die Selbst-Wahrnehmung aufrechthält und verfügbar ist, um die früher weggeschlossenen Erfahrungen integrieren zu helfen.[142]

Wenn das Leben im Panzer wie das verlorene Paradies erscheint, versuchen viele Menschen, auf mannigfachen Wegen diese Erfahrung wiederzufinden. Manchen mag der psychedelische Rausch als Hoffnung erscheinen, das Paradies wiederzufinden. Das Streben nach Lust und Vergnügen treibt viele an, die auf einen psychedelischen Trip gehen. Der schizophrene Trip allerdings hat wenig mit Vergnügen zu tun. Tatsächlich liegt eine spezifische Lustangst vor, die ein Teil der allgemeinen Intoleranz gegenüber plötzlich gesteigerter Erregung ist. Der Psychoanalytiker Rado meint:

Schizophrene Störungen lassen sich so verstehen, daß sich darin zeigt, was mit der zentralen Integrationsfähigkeit einer Person geschieht, deren Mittel, Lust zu empfinden, von vornherein unzureichend sind... Das Fehlen ausreichender Lust verlangsamt und behindert die psychodynamische Integration genauso wie das Fehlen eines essentiellen Enzyms die biochemische Integration verlangsamt und behindert.[143]

Das Verständnis der energetischen Dynamiken der Lustfunktion war der Eckstein von Reichs ganzem Bestreben. Seine *Charakteranalyse* baut auf den Erkenntnissen der Orgasmus-Theorie auf. Die Vegetotherapie wuchs aus der Entdeckung der Strömungsempfindungen, die die Menschen erfuhren, wenn sie bei hohem Ladungsniveau ihre körperlichen Spannungen losließen. Daß dieses Verständnis Reichs Sichtweise der Lustfunktion bei der Schizophrenie besondere Bedeutung verleiht, überrascht daher kaum.

Schizophrene klagen oft darüber, von überirdischen Kräften oder elektrischen Strömen oder wie ferngelenkt von irgendeiner Art elektrischer Maschinerie besessen zu sein. Victor Tausk arbeitete bereits 1919 in einem klassischen Aufsatz fünf Hauptmerkmale dessen, was er die »Beeinflussungsmaschine« nannte, heraus:

1. Sie läßt den Patienten Bilder sehen. In diesem Fall ist die Maschine üblicherweise eine Laterna magica oder ein Cinematograph.
2. Sie erzeugt und löscht Gedanken und Gefühle mit Hilfe von Wellen oder

Strahlen geheimnisvoller Kräfte, die der Patient mit seinem physikalischen Wissen nicht erklären kann… Ihr Zweck besteht darin, Gedanken und Gefühle durch einen oder mehrere Peiniger »abzusaugen«.

3. Sie produziert im Körper motorische Phänomene, Erektionen und Samenergüsse, die den Patienten seiner männlichen Potenz berauben und ihn schwächen sollen. Sie erreicht dies entweder durch Einflüsterung oder durch Luftströme, Elektrizität, Magnetismus oder Röntgenstrahlen.

4. Sie ruft Empfindungen wach, die zum Teil nicht beschrieben werden können, weil sie dem Patienten selbst fremd sind, und zum Teil als elektrisch, magnetisch oder als Luftströmungen gespürt werden.

5. Sie ist ebenso für andere Erscheinungen im und am Körper des Patienten verantwortlich, z.b. für Hautausschläge, Abszesse und andere pathologische Vorgänge.[144]

Reichs schizophrene Patientin verfügte über lebhafte Erfahrungen mit »Kräften«, die sie als Energie spürte, die von den Wänden des Raumes ausstrahlte. Diese Kräfte werden oft zum von Gott kommenden Erregungsgefühl des Lebens mystifiziert oder zu dem Gefühl, vom Teufel verfolgt zu werden. Reich betont, daß das »gemeinsame Funktionsprinzip von Gott und Teufel …das elementare biophysikalische Funktionieren des Organismus [ist], der ›biologische Kern‹, dessen bedeutsamste Manifestation die plasmatische Strömung ist, und deren subjektive Wahrnehmung als die schmelzende Empfindung von Liebe, als Angst oder Haß.«[145]

Der Schizophrene braucht dringend die integrierende Kraft der eigenen, seinen Körper durchströmenden Lustgefühle und erschreckt gleichzeitig zutiefst davor, von dem unwillkürlichen Fluß des Lebens überwältigt zu werden. Als Reich allmählich das Atemniveau seiner Patientin erhöhte, merkte er, daß sie sich der Erfahrung ihrer eigenen inneren, körperlichen Erregung näherte. Die Flucht vor körperlicher Erregung und in zerebrale Übererregung hinein unterstützt die schizophrene Existenz.

…sie [war] den natürlichen Kräften, den »schmelzenden« Empfindungen in ihr selbst, nähergebracht. Wenn dies richtig war, dann hatte die wahrhafte Vorstellung von »Kräften« aus dem »Jenseits« an Energie verloren und war dadurch geschwächt. Indem sie den wirklichen Kräften des Lebens, den

orgonotischen Empfindungen in sich selbst, näherkam, kam sie der Realität
überhaupt näher.[146]

Aus diesen Erkenntnissen heraus formulierte Reich drei Faktoren,
die entscheidend den Fortgang ihrer Therapie beeinflussen würden:

1. Je mehr und je besser sie in Kontakt zu ihren plasmatischen, bioenergetischen Strömungsempfindungen kommen würde, desto geringer würde
   die Angst vor den »Kräften« werden. Dies würde auch meine Behauptung
   bestätigen, daß in der Schizophrenie die »Kräfte« verzerrte Wahrnehmungen elementarer orgonotischer Organempfindungen sind.
2. Dieser Kontakt mit ihren Körperempfindungen würde dazu beitragen, ihr
   einen gewissen Grad orgastischer Befriedigung zu sichern, was wiederum
   die Energiestauung beseitigen würde, die im Kern ihrer Wahnvorstellungen wirksam war.
3. Die unverzerrte Erfahrung ihrer Körperempfindungen würde sie in die
   Lage versetzen, das wahre Wesen der »Kräfte« zu erkennen, und würde
   somit den Wahn langsam abbauen.[147]

Wir haben bereits gesehen, daß es – sowohl bei Wut als auch bei
Angst – eine wirksame Möglichkeit sein kann, jemanden, der vor
seinen Gefühlen in den Kopf geflohen ist, dadurch zu erden, daß er
den Affektfluß erfährt. Allerdings muß das Ich daran beteiligt sein.
Diese Arbeit erfordert beträchtliche Behutsamkeit und großen Respekt für das Tempo und das energetische Niveau des Klienten, denn
es besteht die Gefahr, daß ein Klient mit einer vertieften Spaltung
auf das gesteigerte Erregungsniveau reagiert. Reich machte sich keine
Illusionen, daß der Prozeß, seiner Patientin zur Annahme eines
Luststroms zu verhelfen, leicht voranschreiten werde:

Zuvor jedoch [bevor besserer Kontakt zu erreichen war] würde die Patientin
eine Reihe gefährlicher Situationen zu durchlaufen haben. Mit jedem Durchbruch starker orgonotischer Strömungen in ihrem Körper würden Wahnvorstellungen und katatonische Reaktionen zu erwarten sein. Diese Empfindungen würde sie nur mit großem Schrecken erleben. Sie würde sie mit
körperlichen Versteifungen abblocken, und die abgeblockten plasmatischen
Strömungen würden sich in destruktive Impulse umwandeln. Deshalb würde
es erforderlich werden, diese »sekundären« Impulse, die durch das Ab-

149

blocken der ursprünglichen Emotionen entstehen, sehr vorsichtig zu handhaben und nur langsam und schrittweise »herauszulassen«. Diese Gefahr würde besonders groß werden, wenn die ersten spontanen orgastischen Kontraktionen ihres Organismus aufträten.[148]

Lust muß in der Tat genau auf die energetischen Möglichkeiten des Organismus abgestimmt werden. Das ist so ähnlich wie bei der Behandlung von Erfrierungen. Das erfrorene Gewebe braucht Wärme, aber zuviel und zu schnell angebrachte Wärme zerstört es und führt zu einer nachteiligen Reaktion. Lowen sagt:»Diese Wärme ist zwar vielversprechend, aber sie birgt auch Gefahren. Das Tauwetter kann eine Flut hervorrufen, die die Ufer überfluten würde.«[149]
Ich arbeitete einmal in einer Gruppe mit einer Frau, die ich Rachel nennen will. Rachel hatte kurz zuvor eine starke psychotische Reaktion, die mit Depersonalisation, Unwirklichkeitsempfindungen, Flucht und Selbstmordgefühlen einher ging. Es stellte sich heraus, daß ihre Krise dadurch ausgelöst worden war, daß jemand, der ihr Gutes tun wollte, sie in therapeutischer Absicht massiert hatte. Die Massage bewirkte ein zu plötzliches Auftauen, öffnete ihre Grenzen, schwächte ihr ohnehin schwaches Ichgefühl und stürzte sie in eine Identitätskrise. Unter solchen Umständen kann sogar eine sehr leichte Massage eine heftige Provokation sein. Bei der Arbeit mit dieser Frau, kurz nach ihrer psychotischen Reaktion, bat ich sie, mir zu zeigen, welche Art Körperarbeit ihr guttun und gleichzeitig ihren Sinn für die eigenen Grenzen bestätigen könne. Ich erfuhr, daß feste Berührung, die sie die Grenzen ihres Körpers klar erfahren ließ, für sie zu dieser Zeit die angemessene Erfahrung darstellte. Wir arbeiteten mit aktiven Bewegungen, die ihr ein Gefühl ihrer selbst als Handelnde und nicht nur als passive Empfängerin gaben, am Fluß der Lust. In der Arbeit mit ihr erwiesen sich viele aus dem Kontakttanz[150] oder der Kontaktimprovisation abgeleitete Konzepte als sehr nützlich. Albert Pesso hat ein ganzes Buch der Frage gewidmet, wie sich verschiedene Qualitäten der Ich-Beteiligung oder Ich-Unterwerfung in verschiedenen Arten der Bewegung ausdrücken.[151]
Rachel war in einen geradezu psychotischen Raum hineingetrieben worden, indem sie sich völlig unerwartet ohne Grenzen wiederfand.

Ganz anders der fesselnde Bericht von Morton Herskowitz darüber, wie er jemanden aus dem katatonen Zustand der Stummheit durch unterstützenden Körperkontakt herausholte. Es kommt ganz auf die Gegenwart des Helfers und seine Einschätzung des persönlichen Raumes, der Grenzen und der inneren Realität des anderen an. Herskowitz begegnete dem Mann, der Mitte Dreißig war, in der Notaufnahme eines Krankenhauses:

Der Patient saß auf dem Untersuchungstisch und starrte ins Leere. Sein Gesicht war bleich, am ausgeprägtesten war die Blässe in der Stirnregion. Seine Lippen waren leicht zusammengepreßt, so daß ein schwacher, blasser Ring entstand. Er hatte einen asthenischen Körperbau, und er hielt sich reglos, aber nicht rigide. Die Extremitäten waren warm, eine Atembewegung der Brust war kaum zu sehen…

Im Bestreben Blickkontakt herzustellen, setzte sich der Therapeut ihm gegenüber und nahm seine Hände und streichelte sie sanft. Nach zehn oder fünfzehn Minuten begann der Patient seine Hand verständnislos zu betrachten, wobei er mitunter mit einer Hand die Umrisse der Finger der anderen entlangfuhr. Der Therapeut wiederholte immer wieder: »Das ist Ihre Hand, Joe. Das ist Ihre Hand.«… Der sanfte und nicht fordernde Kontakt erweicht den Patienten ein wenig, und er schluchzt einige Male, ohne zu weinen, und atmet ein wenig freier.

Dem Versuch, seine Lippen leicht mit einem Finger zu berühren, begegnete der Patient mit körperlichem Rückzug. Es war klar, daß ein neues Gleichgewicht mit erhöhter Reaktionsfähigkeit und gesteigerter Furcht entstanden war.

Nach einer Weile zog der Patient sich nicht mehr zurück, wenn der Therapeut seine Stirn und die Augenpartie mehrere Minuten lang streichelte. Er fing an, sich mit einem auf dem Untersuchungstisch liegenden Kissen zu beschäftigen, berührte den Kissenbezug, dann das Kissen darin, offensichtlich nicht fähig, den Zusammenhang zwischen beiden zu begreifen. Der Therapeut zog das Kissen heraus und steckte es dann wieder in seinen Bezug. Das wiederholte er einige Male und gab dazu eine Erklärung. Dies beruhigte anscheinend die Angst, und der Patient konnte nun dazu bewegt werden, sich hinzulegen und seinen Kopf auf das Kissen zu betten.

Der Therapeut legte seine Wange an die des Patienten und umarmte ihn. So schlief der Patient in fünf oder zehn Minuten ein. Er erwachte ruckartig und fragte: »Wo bin ich?«

Gefragt, ob er etwas zu trinken haben wolle, bat er um ein Glas Milch. Nachdem er ausgetrunken hatte, wurde er der Obhut seines Hausarztes übergeben.[152]

Wir haben hier ein Beispiel in Reinform für emotionale Erste Hilfe. Eva Reich[153] hat einige Möglichkeiten kurzfristiger Hilfe in der Allgemeinpraxis beschrieben. Herskowitz' Arbeit mit dem katatonen Mann ist ein hervorragendes Beispiel dafür, worum es ihr geht. In der Erörterung seiner Arbeit mit diesem Mann stellt Herskowitz einige wichtige Punkte heraus:[154]

1. Er setzt die Wahrnehmungsblockade zum Verlust der Ich-Grenzen und die Zerstreuung des Energiefeldes in Bezug.
2. Er arbeitet am Augensegment, indem er »versuchte, eine direkte Begegnung der Blicke zu erreichen in der Hoffnung, eine Reaktion in den Augen des Patienten hervorrufen zu können; indem er die Stirn des Patienten streichelte; indem er einfache Erklärungen für einfache Vorgänge gab und indem er einfache Zusammenhänge untersuchte in dem Versuch, das Gehirn dazu zu stimulieren, etwas zu erkennen, was ihm bereits bekannt war, als es noch als Denkorgan funktionierte«.
3. Er benutzt nicht-fordernden Körperkontakt, um die katatone Abwehr allmählich aufzulösen:»der Versuch, die Energie des Patienten in Bewegung zu setzen, schloß das Prinzip der Überlagerung von Energiefeldern mit ein« – in diesem Fall durch die direkte Erregung des Energiesystems des Patienten durch das des Therapeuten.
4. Er verstärkt diesen Kontakt in einem Maße, das der Patient akzeptieren kann:»an diesem Punkt befähigte der streichelnde und sprachliche Kontakt seitens des Therapeuten den Patienten dazu, schrittweise stärkere Energiebewegungen und gesteigerten Kontakt zuzulassen. Der letzte sanfte Kontakt und das Umarmen erlaubte die Expansion des Energiesystems des Patienten bis zum Punkt des Einschlafens und führte zur Entspannung der akuten Panzerung«.

Der fürsorgliche Kontakt, den Herskowitz herstellte, könnte den Verdacht nahelegen, daß er das Eintauchen in die Regression ermutigt. In mancher Hinsicht behandelt er diesen dreißig Jahre alten Mann, als sei er ein bedürftiges Kind. In anderer Beziehung behandelt er ihn durch Blickkontakt, Stimmkontakt und eine erwachsene Kommunikationsweise als Gleichen. Der Effekt seiner Arbeit ist – ob sie so beabsichtigt war oder nicht –, den Erwachsenen und das Kind in diesem Mann etwas näher zusammenzubringen. Ich werde auf die ganze Frage der Vor- und Nachteile von Regression gleich noch ausführlicher eingehen.

Fritz Perls[155] beschrieb, wie die Fähigkeit, sich aus einer engen Beziehung zurückzuziehen, fast schon eine Voraussetzung für die Fähigkeit ist, sich auf sie einzulassen. Es gibt eine Pulsation zwischen Kontakt und Rückzug, genauso wie zwischen Wachen und Schlafen. Der Schizophrene neigt zu den Extremen: Entweder ist er in völliger Hilflosigkeit abhängig von einer symbiotischen Beziehung, ohne die er keine eigene Wirklichkeit und keine Lebensenergie spürt, oder er erstarrt in einer emotionalen Wüste in dem verzweifelten Versuch, an einer zweifelhaften Unabhängigkeit festzuhalten.

Cornelius und Marianne Bakker haben ein faszinierendes Buch[156] über die menschliche Territorialität, die Raumansprüche des Menschen, verfaßt. Darin geht es darum, wie wir unsere Grenzen setzen. Territorium bedeutet für sie »den Bereich im Leben eines Individuums, den es als seinen eigenen erfährt, in dem es die Kontrolle ausübt, die Initiative ergreift, die Sachkenntnis hat oder die Verantwortung übernimmt. Es ist jenes Gebiet, auf dem ein Mensch Unabhängigkeit empfindet und in dem er sich frei fühlt, so zu handeln, wie er selbst will«. Zu den Bereichen, in denen sich jemand sicher fühlen muß, um ein starkes Identitätsgefühl zu haben, zählt auch seine ganz persönliche Sphäre:

Jeder Mensch behauptet eine bestimmte Distanz zwischen sich und den anderen, je nach Art der Beziehung und der Situation. Jeden einzelnen umgibt eine unsichtbare Barriere, auf deren Durchbrechen er mit unbestimmten Empfindungen des Unwohlseins und dem automatischen Versuch reagiert, die frühere Distanz wiederherzustellen.

Und weiter:

Schizophrene brauchen für ihr Wohlbefinden eine größere Distanz als Nicht-Schizophrene. Es ist wichtig, sich daran zu erinnern, daß ein Tier, dem man näherkommt, als seine »Kampf-Distanz« erlaubt, oft mit Angriff reagiert, wenn es keine Möglichkeit hat, sich zurückzuziehen. Zu der gleichen Reaktion kommt es bei Menschen, die sich extrem bedroht fühlen und keinen Ausweg sehen. Nähert man sich jemandem von diesem Typus, ist es daher entscheidend, ihm genügend Raum für den Rückzug zu lassen. Es ist für jeden, der mit psychiatrischen Patienten zu tun hat, nützlich, sich der räumlichen Aspekte der menschlichen Territorialität bewußt zu sein. Man kann beträchtlichen Ärger vermeiden, wenn man das für jeden einzelnen Patienten erträgliche Maß an Nähe sorgfältig einschätzt und ihm immer einen Fluchtweg offen läßt.[157]

Der Verhaltensforscher Nikolaas Tinbergen[158] wußte um dieses Prinzip. Sein Lebenswerk, die Verhaltenssignale wilder Tiere zu verstehen, hatte ihn auch den Respekt für die Bedeutung menschlicher Körpersignale gelehrt. Er nahm mit autistischen Kindern folgendermaßen Kontakt auf: Er trat in ein Zimmer, in dem sich lauter autistische Kinder befanden. Ihr Vermeiden von Blickkontakt verstand er als Zeichen, daß sie es vermieden, sich ihm zu nähern. Er respektierte dieses Signal, und als nächstes beschäftigte er sich – ohne irgendeinen Versuch, Kontakt aufzunehmen – mit irgend etwas in der Mitte des Raums. Nach einer Weile lasen die Kinder seine Körpersignale als die eines seltsamen Erwachsenen, der nicht von ihnen verlangte, daß sie auf ihn eingingen. (Im Gegensatz dazu werden in der behavioristischen Behandlung des Autismus Kinder dafür bestraft, daß sie Kontakt vermeiden, und belohnt, wenn sie auf Kontakthandlungen eingehen.) Tinbergen zeigt uns, daß es möglich ist, bei einem völlig zurückgezogenen Kind Widerhall zu finden, ohne seine Annäherungsschwelle so schnell zu überschreiten, daß es deshalb wegrennt. Die zurückgezogenen Kinder begannen, auf den sich nicht nähernden Tinbergen zuzugehen. Zuerst stießen sie ihn leicht an, berührten etwa sein Knie, alles immer noch, ohne ihn anzuschauen. Er tat das gleiche und berührte sie ein wenig als Antwort. Schließlich blickten sie ihn kurz an, wendeten sich aber sofort wieder ab. Tinbergen machte es genauso. Als die Kinder entdeckten, daß sie einen Erwachsenen im Zimmer hatten, der nicht auf sie eindrang, kamen sie immer mehr aus ihren verbarrikadierten autistischen Verhaltensmustern heraus.

Jan Foudraine, dessen Werk ich später ausführlicher erörtern will, erfuhr das gleiche bei seiner Arbeit mit chronisch Schizophrenen. Über seinen Patienten Walter schreibt er:

Es wurde mir klar, daß ich ihm in der ganzen Breite und Tiefe unseres Kontaktes viel zu nahe gekommen war. Ich sehe mit eigenen Augen, was der »Schrecken der Nähe«, diese mit sich vertiefendem Kontakt verbundene Panik, wirklich bedeutet. Walter spürt, wie er sich wieder einmal auflöst und symbiotisch mit mir verschmilzt. Im Verlauf einer dramatischen Sitzung erkläre ich ihm, ich verstünde nun endlich seine Furcht vor dem Verschmelzen und der Auflösung. Ich nehme mich selbst beim Wort, schiebe meinen Stuhl soweit wie möglich von ihm weg in die entfernteste Ecke des Zimmers, und es scheint mir, daß er sich augenblicklich beruhigt. Er nickt zustimmend. »Ja, so ist es viel besser, wir müssen unsere Distanz wahren. Deine Augen sind blau und meine sind braun.«[159]

Andererseits scheint Burton Schaffners Arbeit mit autistischen Kindern erfolgreich zu sein, weil er einige Grenzen auflöst. Gestützt auf Erfahrungen mit Rhesus-Affen (die denen von Harlow und Harlow entsprechen), fand er heraus, daß es, wenn autistische Kinder auf einen Drehstuhl gesetzt und etwa eine Minute lang herumgewirbelt werden, sofort danach zu Blickkontakt, Mensch-zu-Mensch-Kontakt kam, und leidenschaftliche Gesten verlangten nach einer Wiederholung der Erfahrung. Seiner Theorie zufolge stimuliert diese Drehbewegung das Innenohr, eines der ersten aktiven Sinnesorgane. Wahrscheinlich würden viele andere durch diese Erfahrung verwirrt oder schwindlig.

Die letzte Form eines privaten Raums und einer persönlichen inneren Sphäre ist, so die Bakkers, das Reich der Gedanken und der Fantasie. In ihrem Buch gehen sie auf das Bedürfnis ein, sich von allzu fordernden Menschen nicht überwältigt zu fühlen:

Damit ein Gefühl der Unversehrtheit gewahrt werden kann, dürfen intime Gedanken nur freiwillig mitgeteilt werden. Interessanterweise ist das schlimmste Symptom bei der schwersten psychiatrischen Störung, der Schizophrenie, das Gefühl des Patienten, jegliche Privatsphäre verloren zu haben. Er klagt, sein Denken würde von anderen kontrolliert, und jeder seiner Gedanken werde sofort von den Leuten um ihn her erfaßt. Er fühlt sich wie ein offenes Buch, aber nicht, weil er es so wollte, sondern weil mächtige Kräfte sein Innerstes durchdrungen haben.[160]

Einen anderen bedeutenden Aspekt menschlicher Territorialität nennen die Bakkers das »Aktionsterritorium«. Sie umschreiben es als den »Bereich, in dem jemand es als sein Vorrecht betrachtet, zu handeln, Kontrolle auszuüben, Entscheidungen zu fällen, seine Sachkenntnisse anzuwenden und Verantwortung zu übernehmen, anders gesagt: ein Aktionsbereich, den eine Person für sich in Anspruch nimmt«. Als Beispiel dafür, wie der Verlust des Aktionsterritoriums eine Psychose auslösen kann, führen sie die Geschichte einer jungen Frau an, die in einer sehr kritischen Familie lebte und beständig unterbewertet wurde:

Sie schien in dieser Familie keinen psychologischen Raum oder ein Aktionsterritorium welcher Art auch immer zu haben, abgesehen von einer winzigen Nische, die sie sich mit der Zeit geschaffen hatte. Jeden Abend spülte sie nach dem Essen das Geschirr ab und putzte die Küche... Ihre Mutter schätzte ihre Hilfe und erkannte vage, daß dies irgendwie Bedeutung für ihre Tochter hatte.[161]

Aus einer angespannten Familiensituation heraus, oder vielleicht auch nur aus Zufall, läßt sie eines Abends einen Teller fallen, der auf zwei Kristallgläser trifft und sie zerschlägt. Ihre Mutter wird wütend und schreit sie an: »Du dummes Ding kannst noch nicht mal Geschirr spülen, ohne alles zu zerbrechen. Das mache ich in Zukunft lieber selber.« Das Mädchen gerät in Wut, zerschmeißt bewußt noch ein paar Teller, rennt aus der Küche in ihr Zimmer und wechselt plötzlich vom Ausagieren in die Innenwelt, von einer ausflippenden Reaktion zu einer einschnappenden. Als die Eltern den Raum betraten

sprach sie vollkommen zusammenhanglos. Sie versuchten sie zu beruhigen... aber kein Trösten zeigte irgendeine Wirkung. Schließlich riefen sie den Arzt, und das Mädchen wurde ins Krankenhaus eingewiesen, wo sie in den ersten Tagen nur unverständliche Sätze äußerte, immer und immer wieder wiederholte, daß sie tot sei, und alle um sie herum seien auch tot – ein Satz, den niemand so recht verstand.

Die Bakkers erläutern dann die Bedeutung dieses Beispiels für das Aktionsterritorium: »Hat jemand nur ein außerordentlich kleines Territorium, kann er diesbezüglich kein Risiko eingehen, denn wenn er es verliert, bleibt ihm vielleicht nichts mehr, und kein Territorium zu haben, ist gleichbedeutend damit, nicht am Leben zu sein.« Sie gehen sogar noch weiter und stellen die Behauptung auf, das Gefühl persönlicher Identität gründe sich auf das Vorhandensein eines individuellen Territoriums sowohl im Innern (die persönliche Sphäre) als auch außen (das Aktionsterritorium).

Wachstum ist eine Expansion des Körpers; psychologisches Wachstum ist eine Expansion des Territoriums, eine Bereicherung des inneren Lebens, die Aneignung neuer und persönlich bedeutungsvoller Fähigkeiten und die Bereitschaft, den eigenen Lebensraum mit anderen zu teilen. »Liebe, Arbeit und Wissen sind die Quellen des Lebens.« Dieses Motto hatte Reich sich gewählt. Indem wir nach unserer Liebe, Arbeit und Wissen streben, sind wir in der eigentlichen Bedeutung des Wortes aggressiv, wie Reich diesen Begriff benutzte: sich expansiv vorwärts zu bewegen. Die Bakkers definieren Aggression ganz ähnlich:

Keineswegs bedeutet Aggression Zerstörungswut… Sie ist ein Phänomen, das am Grunde des Lebens selbst liegt. Leben ist dynamisch, es bewegt sich, wächst und dehnt sich über enge Grenzen hinweg aus. Aggression bezieht sich auf nichts, was von sich aus gut oder schlecht wäre. Sie ist einfach ein integraler Bestandteil der lebendigen menschlichen Gemeinschaft.[162]

Wenn Aggression der Versuch ist, die persönlichen Grenzen nach außen zu verschieben, dann, so die Bakkers, ist Regression ein Akt, durch den Grenzen nach innen zurückgenommen werden, mit der Folge eines territorialen Verlusts. Regressive Situationen im territorialen Sinn des Wortes liegen zum Beispiel bei Menschen vor, die Individualität aufgeben, den Verstand verlieren, deren Körper ihnen fremd wird, in deren persönlichen Bereich andere eindringen oder deren Gedanken gelesen werden. Die Bakkers betonen, daß dieser Gebrauch des Wortes Regression sich in vieler Hinsicht vom psychiatrischen Sprachgebrauch unterscheidet. Paradoxerweise sind territoriale Regression und der Verlust von Grenzen Hauptmerkmale der Schizophrenie, Regression aber wird manchmal in der Psychiatrie als Therapieform empfohlen. Ich will versuchen, diesen scheinbaren Widerspruch aufzuklären.

In einem früheren Kapitel habe ich zwischen taktischer und strategischer Regression unterschieden. In der taktischen Regression vereinbart ein Klient mit einem Therapeuten oder einer Gruppe, seine normalen Versuche, in der Erwachsenenwelt zurechtzukommen, abzulegen und sich auf eine viel frühere Entwicklungsstufe zurückzubegeben, um so die Erfahrung eines neuen Verhältnisses zu den Eltern zu machen. Ziel der taktischen Regression ist es, erwachsen zu werden, indem zuerst und vor allem die unbefriedigende Lebensweise eines Pseudo-Erwachsenseins aufgegeben wird. Jacqui Lee Schiff, die für Gruppen solche Wachstumsprogramme für psychotische Jugendliche entworfen hat, sagt:

Die psychotische Regression geht gewöhnlich in ein Alter bis vor den Beginn der Krankheit zurück, noch vor das erste Lebensjahr. Die Person wird dann mit einer durchschnittlichen Geschwindigkeit von einem Entwicklungsjahr alle drei bis sechs Wochen die entwicklungsmäßige Abfolge des Reifungsprozesses durchlaufen.[163]

Das bekannteste und am besten dokumentierte Beispiel therapeutischer Regression ist das von Mary Barnes, die mehrere Jahre in Kingsley Hall lebte, einer Gemeinschaft, die R.D. Laing gegründet hatte. Hier durchlebte sie verschiedene Stufen kindlicher Störungen und lernte schließlich, wie sie wieder zu einer vollständigeren und nicht-psychotischen Persönlichkeit wachsen konnte.

Es ist schwer zu unterscheiden, inwieweit das Wiedererleben von Kindheitstraumata selbst den therapeutischen Faktor ausmacht und inwieweit die mit den Ersatzeltern eingegangenen tiefen und intensiven Beziehungen das eigentlich entscheidende heilende Element sind. Der Therapeut Joe Berke, der Mary Barnes auf ihrer langen Reise begleitete und Mitverfasser des Buches über diese Erfahrung ist,[164] beschrieb die Funktion der Regression als die einer positiven Desintegration (im Unterschied zu einem nicht begleiteten schizophrenen Zusammenbruch, der gewöhnlich zu einer negativen Desintegration führt).

Viel von dem, was von einem Psychiater als »Regression« bezeichnet werden könnte, ist der natürliche Versuch eines Menschen, sich selbst zu heilen. Unsere Arbeit – das, was wir für die eigentliche Tätigkeit eines Therapeuten halten – besteht darin, die Betreffenden auf dem Weg ihrer desintegrativen Erfahrung zu begleiten – ihnen die grundlegenden Sachen wie Essen, einen warmen Platz und eine gute Atmosphäre zur Verfügung zu stellen – und den Zusammenbruch, aber auch die Heilung, ohne störende Einmischung geschehen zu lassen. Dann wird die Reise zurück, die integrative Phase, zu einer sehr heilsamen Erfahrung.[165]

Strategische Regression, wie ich es nenne, ist etwas anderes. Das Ziel ist hierbei nicht, erwachsen zu werden, sondern vorzugsweise, zu einem Zustand zurückzugehen, der dem in der Gebärmutter gleicht. Das kann auf wenigstens drei Arten geschehen:
Im ersten Fall regrediert ein Patient ohne Vertrag, ohne daß eine Abmachung darüber bestünde. Jacqui Schiff verlangt, daß alle regressiven Patienten wiederholt und dringlich darauf hingewiesen werden sollten, das nicht zu tun. Sie hält diese Art der Regression für ziemlich unproduktiv und betont: »Es ist wichtig für [den Therapeuten], klare Vorsichtsmaßnahmen gegen ein Regredieren ohne Vertrag zu treffen und eine Struktur herzustellen, die ausreicht, um dafür Sorge zu tragen.«[166]
Jedoch auch in der geleiteten Regression kommt es mitunter vor, daß Leute versuchen, den Vertrag zu übertreten. Bei Mary Barnes gab es eine kritische Zeit, als sie von ihrer Gruppe verlangen wollte, künstlich ernährt zu werden. Sie weigerte sich, Essen über den Mund aufzunehmen und meinte, die Erfahrung, mit Tropf und Schlauch ernährt zu werden, komme der Nabelschnursituation im Mutterleib näher. Der Therapeut traf in dieser Situation eine ganz klare Entscheidung: Künstliche Ernährung war nicht möglich (und nicht wünschenswert?), und Mary mußte einwilligen, normal zu essen; das war Bedingung, damit sie ihr weiterhelfen konnten. Wenn es jetzt so erscheint, als kontrolliere der Therapeut die Patientin, brauchen wir

uns nur kurz zu überlegen, welche ungeahnten Möglichkeiten unkontrollierte Regression bietet, die Therapeuten zu manipulieren. Die Bakkers unterstreichen, daß es beträchtliche Überschneidungen zwischen der psychiatrischen und der territorialen Bedeutung des Wortes »Regression« gibt, und fügen hinzu:

Ein vermindertes soziales Funktionieren und die Rückkehr zu kindlichem Verhalten läuft gewöhnlich auf einen territorialen Verlust hinaus, allerdings trifft diese Verbindung nicht immer zu. Oft benutzt jemand kindliches Benehmen, um Territorium zu gewinnen. Manchmal funktioniert ein solches Verhalten wie eine Waffe, und obwohl es dann im psychiatrischen Wortsinne regressiv scheinen mag, beweist es sich in territorialer Hinsicht als aggressiv.[167]

Gleichermaßen bemerkt Jacqui Schiff, daß »in bezug auf die äußere Umgebung Regression ein Versuch [sei], eine symbiotische Reaktion hervorzurufen, die dafür sorgt, daß sich in irgendeiner Form um das Kind gekümmert wird – wenn auch vielleicht nicht gerade in der Form, die nötig wäre«.[168]

Im Gegensatz zum therapeutischen und zum manipulativen Einsatz der Regression gibt es eine weitere Form von Regression, die schleichend herankriecht und physisch zu einem äußerst uneingegrenzten Zustand führt. Sie entspricht dem, was ich an früherer Stelle »spacing out« genannt habe, also der Tendenz, in kosmische Gedanken, Gefühle und Gefilde zu fliehen. Aaron Esterson verwendet den Ausdruck »Reversion« oder »Umkehrung« für diesen Prozeß. Weil Esterson gemeinsam mit Laing einer der Gründer der »Anti-Psychiater«-Gruppe war, die Kingsley Hall aufbaute, sind seine Anmerkungen hier von besonderer Bedeutung.

Die Reversion kann als eine Form der Regression verstanden werden, die hinter den Punkt zurückgeht, an dem die persönliche Geschichte des Individuums begonnen zu haben scheint. Während Regression ein emotionales und experimentelles Zurückkreisen in die persönliche Zeit ist, führt Reversion dazu, eine zeitlose Welt zu betreten. Es scheint eine unterschiedlich lange Periode nach der biologischen Geburt zu geben, während der es keine fortlaufende Erfahrung persönlicher Kontinuität in Raum und Zeit gibt. In der Reversion kann ein Mensch die Erfahrung machen, in diese Periode und in den vor der Geburt im Mutterleib verbrachten Zeitabschnitt zurückversetzt zu werden.[169]

Estersons Beschreibung der Reversion erinnert sehr an den Zustand, den ich »entkörperlicht« genannt habe. Im Spektrum der Erregung gibt es eine Pulsation zwischen dem »Ich« und dem »Selbst«, die Ronald Fischer dargestellt hat.[170] Der geerdete Mystiker kann sein Gefühl, unabhängig zu sein, loslassen und tief in die Erfahrung der Einheit, des Verschmelzens und eines kosmischen Selbstgefühls eintauchen. Der Schizophrene jedoch hat nur ein zerbrechliches Ich, das sich leicht auflöst und ihn in eine universale, aber bruchstückhafte Empfindung eines *Unterscheidungsunvermögens* stürzt. Manchmal strebt er aktiv diesen Zustand an, manchmal fällt er hinein, und manchmal schützt er sich mit allen Kräften dagegen. Laing brachte die Polarität zwischen *Verschlungenwerden* und *Petrifikation* so zu Papier:

[Es] tritt an die Stelle der auf individueller Autonomie beruhenden Polaritäten des Getrenntseins und des Bezogenseins die Antithese zwischen vollständigem Verlust des Seins durch Absorption in der anderen Person (Verschlungenwerden) und vollständigem Alleinsein (Isolation).[171]

Der schizoide Mensch wendet, so Laing, alle Kräfte auf, um sein Selbst zu erhalten:

Das Selbst hat, wie wir schon erklärt haben, eine prekäre Existenz, es ist der Furcht vor seiner eigenen Auflösung in Nicht-Sein unterworfen, in das was William Blake als »chaotische Nicht-Entität« beschrieb… Es ist darauf vorbereitet, alles abzuschreiben, was es ist, nur nicht sein »Selbst«. Aber das tragische Paradoxon besteht darin, daß das Selbst, je mehr es auf diese Art verteidigt wird, desto mehr zerstört wird. Die sichtbar erfolgende Zerstörung und Auflösung des Selbst in schizophrene Konditionen erfolgt nicht durch externe Angriffe des Feindes (tatsächlich oder vermutet) von außen, sondern durch die Verwüstung, die durch die inneren defensiven Manöver selbst verursacht wurde.[172]

Zu diesem Paradox gehört auch, daß die Reversion sowohl den kurzen Eindruck als auch das Versprechen vermittelt, ein tieferes und grundlegenderes Selbst zu schützen, aber andererseits ein Gespinst des Unirdischen erzeugt, das den schizoiden Menschen wie eine undurchdringliche Wolke einhüllt, sobald die Pulsation zwischen innerem Rückzug und äußerer Verbundenheit verlorengegangen ist. Sehen wir noch einmal, wie Esterson die in der unkontrollierten Reversion liegende Hoffnung und Gefahr schildert:

Zu Reversion kann es im Verlauf eines Selbstentdeckungsvorhabens kommen – etwa bei Yoga-Übungen oder während der Psychoanalyse –, bei dem es die Logik des Unternehmens erfordert, daß es sich jemand erlaubt, die vor-persönlichen und die nicht-persönlichen Regionen zu betreten. Oder sie kann Ergebnis persönlicher Auflösungserscheinungen in einer sozialen Situation sein, die aufgrund einer Mystifizierung interpersonalen Drucks als unerträglich erfahren wird. Sie kann aber beispielsweise auch durch die Wirkung chemischer Stoffe wie Meskalin, LSD oder ähnliche ausgelöst werden...
In der zeitlosen Welt der Reversion gibt es keine Erfahrung von Selbst und Nicht-Selbst, keinen Unterschied zwischen Hier und Nicht-Hier, keine Unterscheidung durch das Wahrnehmungsvermögen. Deshalb ist ein Mensch in dieser Lage hilflos und sozial abhängig. Die Erfahrung ist nicht-ichhaft und vor-ichhaft. Mit ichhafter Erfahrung meine ich »Ich«-Erfahrung... jenes Erfahrungs- und Seinsmuster eines einzelnen Selbst, das von anderen getrennte Erfahrungen macht...
Ein persönliches oder ichhaftes Selbst unterscheidet ständig zwischen sich und den anderen. Während der Reversion geht die Fähigkeit, wahrnehmend Unterscheidungen zu treffen, in verschiedenem Maße verloren.
In der vollständigen Reversion etwa verliert sich das »Ich« spurlos in etwas, was man »primäre Erfahrungsmatrix« nennen könnte. Der Mensch erfährt die gänzliche Auflösung seiner selbst, d.h. seines persönlichen Selbst und seiner persönlichen Identität.[173]

Wenn sich jemand mit guter Vorbereitung, Leitung und mit Disziplin auf den spirituellen Weg begibt, wird das möglich, was Esterson als erfolgreiche Reversion bezeichnet, die er mit einer regressiv-progressiven Bewegung vergleicht, bei der man seine ekstatische Erfahrung transzendentaler Wahrheit als Mittel benutzt, um eine neue persönliche *Emergenz* zu ermöglichen. (»Emergenz« bedeutet Auftauchen, Entstehen; biologisch Epigenese, das Neuauftreten von Merkmalen [in der Phylogenie]; in der Philosophie das Entstehen höherer Seinsstufen aus niederen durch neu auftauchende Qualitäten. – *Anm. z. dt. Ausg.*)

Negativ benutzt wird Reversion zum Rückzug aus Beziehungen und zur Abwehr gegen persönliche Erfahrung (einschließlich der frühen persönlichen Erfahrungen, denen man in der Regression wiederbegegnet). Dazu noch einmal Esterson:

Es können z.B. Erscheinungen erfahren werden, die u.a. als »archetypisch«, »mystisch«, »spirituell«, »transzendental«, »mythisch«, »kosmisch« usw. bezeichnet worden sind. Wenn jemand sich diese Erfahrung aneignen will, müssen diese Phänomene dialektisch beurteilt werden. *Sonst kann es geschehen, daß er von der Erfahrung aufgesaugt wird...*
Die Reversion ist daher recht riskant, und wenn sich ihr jemand unterzieht, der nicht bereits genügend in sich zentriert ist, führt sie wahrscheinlich zu einer persönlichen Katastrophe. Sie wird oft als Wiedergeburt erlebt, doch eine Wiedergeburt ist eine Geburt, ein neuer Anfang – eine Kindheit und nicht Erwachsensein. Meiner Meinung nach sollte die Ekstase der Reversion nicht als Zustand betrachtet werden, den man durch ständige Wiederholung der Erfahrung immer erreichen kann.[174]

Therapeutische Gruppen können problematisch sein, weil sie manchmal gebildet werden, um Leuten, die sich zu sehr mit einem rigiden, weltlichen Ich identifizieren, zu helfen, dessen festen Griff um ihr Bewußtsein zu lockern. Wenn aber Menschen zu einer solchen Gruppe dazukommen, deren Bedürfnis genau diametral entgegengesetzt ist – die nämlich einen intakten persönlichen Identitätskern bilden oder ein umfassenderes oder stärker geerdetes eigenes Territorium aufbauen müssen –, dann ist das Risiko für sie groß, daß durch die Gruppenerfahrung Psychosen ausgelöst werden. Wie Esterson diese beiden Typen von Menschen sieht, drückt er in Form einer Analogie aus: Es ist, als passiere man einen Riß im Gewebe eines Schleiers im jüdischen Tempel, der das Allerheiligste verbirgt:

Es gibt zwei mögliche Gefahren, beide sozusagen Folge eines Risses im Gewebe des Schleiers...

Einerseits kann jemand sich so vor dem fürchten, was durch den Riß auftauchen könnte, daß er sich in eine Abwehrhaltung begibt, die dazu führt, daß er sich radikal jede Möglichkeit nimmt, die Welten der Fantasie und des Transzendentalen zu erfahren. Das andere Extrem ist das eines Menschen, der sich derart in auftauchende Fantasie und transzendentale Erfahrung versenkt, daß er sich völlig von der gemeinsamen Welt gesellschaftlicher Realität abtrennt. Um geheilt zu werden, muß jeder das entdecken, wovon er getrennt ist, und das muß er auf eine Weise tun, die es zuläßt, daß die Unversehrtheit des Schleiers wiederhergestellt werden kann.[175]

Einigen Leuten schien der späte Laing den verwirrten schizophrenen Zustand mit der Klarheit und Orientierung des Mystikers zu verwechseln. Eine Gruppe, die 1970 an einem Symposion über Anti-Psychiatrie teilnahm und den Eindruck hatte, Laings Verwechslung hierin widerspreche seinen früheren Einsichten in *Das geteilte Selbst*, schrieb:

Laing unterstellt, daß der Mensch im schizophrenen Zustand sein Ich abgeworfen, sich von ihm befreit und sich statt dessen der Wahrheit des Mystikers angenähert hat... Tatsächlich aber muß der Schizophrene sein Ich erst wieder zusammenbekommen, bevor er beginnen kann, es auf mystische Weise zu verlieren. Aber im Zustand eines zerbrochenen Ich fällt es leicht, sich selbst so zu sehen, als habe man es verloren. Und darum ist es ziemlich wahrscheinlich, daß jemand auf einem intensiven LSD-Trip sagt: »Ich bin Buddha« oder etwas ähnliches. Aber das führt nur dazu, sich kurze Zeit später verloren zu haben.[176]

Auf der anderen Seite dieser Dynamik steht Estersons Begriff der »Emergenz« in Kontrast zu der Erfahrung der Auflösung und des Verschmelzens. Emergenz stellt die verlorene Hälfte der Pulsation zwischen Innen und Außen wieder her.

Der Vorgang, das Ich wieder zusammenzusetzen, kann unterstützt werden durch die Wiederherstellung eines stabilen Nervensystems, etwa mit Hilfe der Vitamin-Therapie, oder durch die gekonnte Erdung der Energien in einer Therapie, die darauf ausgerichtet ist, den Körper mehr zu spüren (eine »Wieder-Verkörperung« zu erreichen). Er kann durch jene Art geschickter Regression unterstützt werden, die es einem Menschen erlaubt, ein falsches Selbst wie eine tote Haut abzustreifen und in einem langwierigen Prozeß ein neues Ich wie eine gesunde Membran an der Grenze zwischen seinem inneren Leben und der äußeren Welt wachsen zu lassen.

Aber es gibt noch eine dritte Form der Regression, die zu diesem Überblick über die Behandlungsmöglichkeiten von Schizophrenen gehört. Diese Regression wird durch klinische Versorgung ausgelöst. Der niederländische Psychiater Jan Foudraine hat ein Buch verfaßt, in dem er die Anstaltspflege bei Psychotikern kritisiert. Er glaubt, daß die Hilfe, die die meisten Kliniken bieten, eine Verschwörung in Form von symbiotischen Beziehungen wechselseitiger Abhängigkeit verewigt, die passive Abhängigkeit und regressive Inaktivität fördern und die ursprüngliche Schwäche des Ich noch verstärken.

Foudraines Schriften sind für jeden, der jemandem in einer schizophrenen Krise auf nicht-symbiotische Weise beistehen will, von größter Wichtigkeit. Sie sind ein Muß für alle, die konkrete Unterstützung suchen für ihren Glauben, es könne gelingen, sogar eine langfristig chronische Schizophrenie durch eine völlige Neugestaltung des Milieus zu beeinflussen, um so den latent in jedem Menschen vorhandenen Erwachsenen zu stärken und zu kräftigen. Foudraine ist davon überzeugt, daß in dem scheinbaren »Unsinn« schizophrener Gespräche ein verborgener Sinn enthalten ist. Er bietet viele, detailliert beschriebene Beispiele für diesen Ansatz an und beweist, daß es möglich ist, bedeutungsvolle, kreative Beziehungen mit Menschen einzugehen, die sich über Jahrzehnte aus solchen Beziehungen zurückgezogen haben. Der Titel scines Buches *Not made of Wood* (»Nicht aus Holz gemacht«) spricht für sich selbst.[177]

Foudraines Ansatz ist ganz im Einklang mit dem der Bakkers, obwohl er sich besonders auf schizophrene Zustände bezieht und ihrer nicht. Er hilft Schizophrenen, ihr verlorenes Territorium wiederzugewinnen, es auszudehnen und sich wieder in der sozialen Welt zu verwurzeln. Nach seiner Meinung besteht die zentrale Aufgabe der Therapie darin, das schwache Ich zu stärken und zur erneuten

Übernahme von Verantwortung, Selbst-Lenkung und Selbst-Gestaltung zu ermutigen. Anfangs waren seine »Patienten« skeptisch, daß er ihnen eine lange brachgelegene Fähigkeit zur Reife zutraute. Ebenso erging es dem Personal, das sich lange darin geübt hatte, die chronischen »Fälle« quasi als halbpflanzliche Wesen anzusehen. Als er anfing, mit den Schizophrenen Beziehungen aufzubauen, respektierte Foudraine deren territoriale Integrität, die Grenzen des Selbst also, die er zu rekonstituieren versuchte. Er arbeitete an der Schnittstelle zwischen Abhängigkeit und Unabhängigkeit und erkannte bald, daß die Zwillingsfelsen, an denen so viele Therapieversuche der Schizophrenie zerschellt waren, die gleichen sind, die auch Laing beschrieben hatte: der Felsen des symbiotischen Verschlungenwerdens und der Felsen des Rückzugs in Isolation und Kommunikationslosigkeit. »Wenn wir uns einer Person am Rande der Desintegration nähern«, schreibt er, »ist es entscheidend, Bilanz zu ziehen zwischen zuviel und zuwenig Unterstützung.«[178] Theodore Lidz betont gleichermaßen:

Man darf den Patienten nicht im Sinne einer Verringerung der Grenzen zwischen dem Selbst des Therapeuten und dem des Patienten lieben. Der Patient muß dazu gebracht werden, seine eigene Wahrnehmung der Dinge zu gebrauchen und nicht auf die des Therapeuten angewiesen zu sein, um seine eigene Wahrnehmung, die immer und immer wieder in der Familie bestritten worden ist, zu bestätigen.[179]

Es besteht kein Widerspruch zwischen dem Ich-Ansatz Foudraines und dem energetischen Ansatz Reichs. Beide wissen um die Dualität von bewußten und unbewußten Prozessen. Wir haben gesehen, wie durch Reichs Arbeit der Druck des Es verringert und es so den Ich-Funktionen von Bewegungs- und Wahrnehmungsvermögen erleichtert wurde, sich selbst in geregelterer Form zu vervollständigen. Wir sahen auch, daß Reich das Tempo seiner Arbeit sachkundig bestimmte, um das Ich nicht durch plötzlich auftauchendes, emotionales Material zu fragmentieren. Foudraine erfand etliche Methoden, das schwache Ich zu stärken, und erfuhr, daß es sich dann ohne allzu große Abhängigkeit aktiv daran beteiligen konnte, einen Sinn zu finden in dem turbulenten inneren Leben. »Wenn man jahrelang dauernden Autismus wie Schnee unter der Sonne hat schmelzen sehen«, schrieb er, »und wie sich ein ›Zustand des Schwachsinns‹ in der Beziehung mit dem Therapeuten zu einer reichen emotionalen Vielfalt entwickelt hat, ist man als Psychotherapeut nicht mehr mit der in der Psychiatrie gebräuchlichen Terminologie zufrieden.«[180] Oder, wie Foudraines autistischer Patient Walter sagte, als der Schnee zu schmelzen begann: *»Hilf mir, ein Mann zu werden, halte deinen Abstand und überlaß das meiste der Psychotherapie mir.«*

# 10 Der innere Grund

## Essenz und Existenz

Wilhelm Reich unterschied bei den emotionalen Antrieben des Menschen zwischen einer tertiären, einer sekundären und einer primären Schicht.[181] Die tertiäre Schicht ist die Ebene der Abwehrmechanismen des Charakters, der Ersatzkontakte und der konformistischen sozialen Fassade, gut angepaßt an die kulturellen Muster. Die sekundäre Schicht ist die des unterdrückten Unbewußten mit seinen verbotenen Trieben, häufig zerstörerisch oder verwirrt. Die primäre Schicht besteht aus den spontanen Impulsen, auszugreifen und Kontakt herzustellen.

Die primäre Ausdrucksschicht ist jene, von der John Pierrakos[182] schreibt, sie enthalte die »Core-« oder »Kern-Gefühle«. Sie zu blockieren und zu hemmen, erzeugt die zerstörerische und negative mittlere Ebene. Die Psychoanalyse kennt nur zwei Schichten, die sie das »Bewußte« und das »Unbewußte« nennt. Das Unbewußte ist das Reich des Es, mit seinen Nachtmahren, seiner polymorph perversen Sexualität und seinen Zerstörungsimpulsen. Kein Wunder, daß die frühen Freudianer folgerten, daß »ein angemessenes Maß an Unterdrückung notwendig ist für einen gesunden Geist«.

Reich behauptet, wenn die destruktiven Impulse der sekundären Schicht aus ihrer Unterdrückung befreit und aufgelöst werden könnten, würden sich spontan die gesunden Ausdrucksformen der primären Triebe in jedem Menschen offenbaren. Er beobachtete dies in der Therapie, wenn er mit der fundamentalen Ausdruckssprache des Körpers aus tiefen Ebenen plasmatischer Entspannung arbeitete.

Erfahrungen mit Gruppenteilnehmern und mit Menschen, die therapeutische Systeme – wie z.B. die Primärtherapie – durchlaufen, in denen es vor allem darum geht, die ursprünglichen Quellen des

Schmerzes anzuzapfen, bestätigen nicht immer und nicht notwendigerweise Reichs Erkenntnisse. Wir finden in der Literatur zur Primärtherapie nirgends eine klare Beschreibung der Qualitäten vegetativer Lebendigkeit und kontaktvoller Wärme wie Reich sie für Menschen schilderte, die aus ihren primären Gefühlen heraus reagierten. Das braucht uns nicht zu überraschen, denn Janov konzentrierte sich vor allem auf das Gehirn und weniger auf die Ausdruckssprache des Körpers, wie jene, die direkt mit Bio-energie arbeiten, sie bezeichnen und verstehen.

Ich glaube, man kann in einigen kathartischen Therapien sehr lange seine schlechten Gefühle abladen, ohne jemals notwendigerweise die guten zu berühren. Einige Leute, die vielleicht masochistische Neigungen haben, könnten sich zu dieser groben Entladung schmerzhafter Gefühle als Selbstzweck hingezogen fühlen. Ich kannte Menschen, die dies so heftig taten, daß sich Darmentzündungen und Geschwüre bildeten. Es ist also möglich, in der sekundären Schicht steckenzubleiben.

Einer der Gründe, warum es Reich gelang, die tieferen, vegetativen Strömungen und Plasmaflüsse der primären Schicht hervorzulocken, war sein außerordentliches Feingefühl als Therapeut und sein tiefes Gefühl für natürliche Ausdrucksformen des Lebens. Er erkannte, wie leicht es war, die Angst zu benutzen, um Wut zu blockieren, oder die Wut, um Angst zu blockieren, und wie dadurch Teufelskreise ohne Ende erzeugt wurden. Reichs Fähigkeiten als Therapeut erlaubten ihm, diese Teufelskreise aufzubrechen und den Klienten zu tieferen Quellen und Schätzen in sich selbst zu führen.[183]

In seinem Buch *Das Ich und das Es* erklärte Freud, wie das Ich durch Differenzierung aus dem Es hervorgeht. In Freuds Sicht wird der Kern des Ich von den Systemen der äußeren Wahrnehmung und des Bewußtseins gebildet, die er als *oberflächliches System* bezeichnet. Er gesteht zu, daß das Ich, da es auch Faktoren innerer Wahrnehmung mit einschließt, viel mehr ist als das. Er schreibt:

Auf die Entstehung des Ichs und seine Absonderung vom Es scheint noch ein anderes Moment als der Einfluß des Systems W [Wahrnehmung] hingewirkt zu haben. Der eigene Körper und vor allem die Oberfläche desselben ist ein Ort, von dem gleichzeitig äußere und innere Wahrnehmungen ausgehen können... Das Ich ist vor allem ein körperliches, es ist nicht nur ein Oberflächenwesen, sondern selbst die Projektion einer Oberfläche. [184]

Alexander Lowen kommentiert im Kapitel »Der somatische Aspekt der Ich-Psychologie« seines ersten Buches Freuds Sichtweise folgendermaßen:

Das Ich ist ein Oberflächenphänomen, sowohl psychisch als auch somatisch. Das System W.-Bw. [Wahrnehmung – Bewußtsein] liegt an der Oberfläche der Hirnrinde. Dies ermöglicht uns das Verstehen der Aussage Freuds, das Ich sei die Projektion einer Oberfläche auf eine Oberfläche. [185]

Das Ich ist nicht nur eine Baueinheit, eine Funktion des Kortex, der äußeren Rinde des Gehirns, sondern das Gehirngewebe selbst wird vom Ektoderm, der äußersten der drei Keimschichten, gebildet.
Teil der Freudschen Ich-Psychologie sind Charakterstudien. Lowen hat das Verhältnis zwischen dem Konzept des Charakters und dem des Ich gut beschrieben:

Die Beziehung zwischen dem Ich und dem Charakter ist kompliziert. Das Ich ist im Grunde eine subjektive Wahrnehmung des Selbst, während Charakter und Persönlichkeit objektive Einschätzungen sind. Aber die Beschreibung, die der Patient von seinem eigenen Ich gibt, ist bemerkenswert unzuverlässig. Der Patient beurteilt sein Ich nach seinem Ich-Ideal, das nicht eine tatsächliche Funktion ausdrückt, sondern ein ihm innewohnendes Vermögen. Der Analytiker muß also das wahre Ich aus einer Bestimmung der Charakterstruktur und einer Würdigung der Persönlichkeit konstruieren. [186]

In einer Fußnote zitiert Lowen Otto Fenichels Feststellung, daß »die gewohnheitsmäßigen Anpassungsweisen des Ichs an die Außenwelt, an das Es und an das Über-Ich, und die charakteristischen Arten, diese Anpassungsweisen miteinander zu kombinieren«, den Charakter ausmachen.
Die Geschichte der Psychoanalyse ist die Geschichte des Versuchs,

die Probleme menschlichen emotionalen Leidens durch die Analyse der Inhalte des Geistes zu lösen. Die Inhalte sowohl des Bewußten wie des Unbewußten eines Patienten konnten mit Hilfe der Technik des freien Assoziierens in Form eines Stroms von bewußten Äußerungen, Träumen, Bildern, Erinnerungen und sprachlichen Aussagen gewonnen werden. Eine der Schwierigkeiten, auf die die Psychoanalyse traf, waren die Blockaden, die die Menschen einem solch freien Fluß des Bewußtseins in den Weg stellten. Der Geist blockierte sich selbst durch Gedankenspielereien. Diese Spielereien erforschte man als Charakterfallen. Verschiedene Methoden, die wie die Transaktionsanalyse am Charakter arbeiten, versuchen die Fallen des Geistes mit den Methoden des Geistes aufzuspüren.

Als Reich die Charakteranalyse entwickelte, entdeckte er, daß Ich-Zustände in Körperhaltungen verwurzelt sind und daß konsequente Arbeit an den Charakterhaltungen zum Auftreten spontaner Körperbewegungen führte. Schließlich ging er dazu über, mehr und mehr direkt an den körperlichen Spannungszuständen zu arbeiten. Therapien wie die Gestalttherapie, eine Richtung, die sich aus der Reichianischen Charakteranalyse entwickelte, richteten zwar eine gewisse Aufmerksamkeit auf den Körper, bedienten sich aber doch weiterhin hauptsächlich der Analyse der verschiedenen Gedankenspiele, Projektionen, Introjektionen und Retroflexionen, die die Menschen auf der tertiären Ebene der Abwehrstrukturen als Charaktermaskierungen einsetzen.

Philosophen und Psychologen streiten seit Jahren über Wege, Geist und das Verhältnis von Geist und Körper zu definieren. Vorreiter der breiten personalen Entwicklungsbewegung stehlen sich aus diesem Dilemma davon, indem sie Begriffe wie »Körpergeist« gebrauchen, um die komplexen Zusammenhänge zwischen psychischen und somatischen Ereignissen zu beschreiben.

So wie Ich und Charakter oben definiert sind, könnten wir die Position einnehmen, daß der *Geist das Äußere des Körpers* ist. Das stimmt in vieler Hinsicht. Physiologisch stimmt es, denn Denken, Aktivität des Geistes ist eine Funktion der Großhirnrinde, die eine äußere Oberfläche ist; psychologisch stimmt es angesichts von Freuds Feststellung, daß das Ich eine Projektion einer Oberfläche auf eine Oberfläche ist; es stimmt auch in Anbetracht der Tatsache, daß der Hauptteil der in unserem Geist zirkulierenden Information von Fernrezeptoren, besonders den Augen und den Ohren, stammt, und in bezug darauf, daß wir das, was in unserem Hirn vorgeht, überwiegend durch Sprechen mitteilen. Mit der Schriftsprache können wir die Inhalte unseres Geistes bis ans Ende der Welt und jahrhunderteweit in die Zukunft schicken. Auch Menschen, die ans Übersinnliche glauben, sollten dem beipflichten, denn in okkulter Überlieferung werden die »mentalen und emotionalen Körper« gewöhnlich als Hüllen angesehen, die den physischen Körper umgeben. In der parapsychologischen Forschung wird das Denken manchmal als eine Art vom Organismus ausgesendeter Strahlung angesehen. Vielleicht bewegen wir uns durch Wolken übersinnlicher Eindrücke, Kombinationen von Ausstrahlungen vieler Quellen.

Wenn aber der Geist das Äußere des Körpers ist, ist umgekehrt *der Körper das Innere des Geistes*. Jeder Ich-Zustand spiegelt eine Körperhaltung, jeder Ausdruck des Charakters ist physiologisch verankert. In der therapeutischen Arbeit erleben wir es regelmäßig, daß ein Mensch, der uns mit Hilfe seines Geistes etwas über sein Leben sagen will, mitunter aus seiner Charakterfalle heraus zu uns spricht. In solchen Fällen die verbale Kommunikation zu unterbrechen, lockt die im oder unter dem oberflächlichen Ausdruck versteckte wahre Botschaft hervor. Der Körper beginnt, wie Stanley Keleman[187] treffend sagt, seinen Geist auszusprechen, natürlich in nonverbaler Sprache.

Es ist nicht schwer zu erkennen, warum der Körper, verglichen mit den Machenschaften des Geistes fundamental ist. Bhagwan Shree Rajneesh sagte es als Antwort auf die Frage, warum für das Tantra der Körper so wichtig ist, einmal so:

Du bist als Körper geboren; du lebst als Körper; du wirst als Körper krank; man gibt dir Medizin, behandelt dich, hilft dir, macht dich gesund und ganz – alles als Körper. Du wirst jung als Körper; du wirst alt als Körper; du wirst als Körper sterben. Dein ganzes Leben ist körperzentriert, es kreist um deinen Körper. Du wirst jemanden lieben, wirst mit ihm Liebe machen und neue

Körper schaffen: Du wirst andere Körper reproduzieren… Du kannst darüber hinausgehen, aber die Reise muß durch deinen Körper gehen, durch ihn geschehen, und du mußt den Körper gebrauchen. Aber warum fragst du? Weil der Körper nur das Äußere ist.[188]

Wie kann der Körper »das Äußere« sein? Wilhelm Reich unterschied zwischen Fleisch und Körper:

In der Unterscheidung zwischen »Körper« und »Fleisch« in der frühen Christenheit wurde unsere heutige orgonomische Unterscheidung zwischen den »primären«, natürlichen und angeborenen Trieben (»Gott«) und den »sekundären«, pervertierten und bösen Trieben (»Teufel«, »Sünde«) vorweggenommen… Die Tragödie dieser scharfen Antithese von »Gott« (dem spiritualisierten Körper) und »Teufel« (dem zu »Fleisch« degenerierten Körper) [ist] klar erkannt und direkt zum Ausdruck gebracht worden.[189]

Der Körper ist das Äußere, weil er von innen mit dem, was Reich die heilende Kraft nannte, erleuchtet ist. Wir sprechen hier von Dingen, die über die normale Physiologie hinausgehen. Die Physiologie kennt keine spezifische Lebensenergie und kann auch jene tiefe Eigenschaft nicht fassen, die die Gewebe bewegt und das Protoplasma funkeln läßt. Was befindet sich im Herzen des Körpers? Das reale Herz ist eine physiologische Pumpe. Die Chirurgen können es transplantieren. Wir aber suchen ein Wort für die Lebenskraft, die das Fleisch erweckt. Wir könnten sie »Seele« nennen. Ein solches Wort muß nicht besondere theologische Assoziationen wachrufen. Schwarze Amerikaner haben den Begriff »Soul-Music«, »Seelen-Musik«, geprägt. Morton Schatzman schrieb ein Buch mit dem Titel *Soul Murder* (»Seelenmord«), das von Daniel Schreber und seiner lähmenden Psychose handelt. »Der Begriff ›Seelenmord‹«, erklärt Schreber darin, »ist bereits ganz geläufig und bezieht sich auf die in den Bräuchen und Sagen aller Völker weitverbreitete Vorstellung, daß es irgendwie möglich ist, von der Seele eines anderen Menschen Besitz zu ergreifen.« Schatzman kommentiert:

Was wir Psychose nennen, mag manchmal ein mißglückter Versuch sein, aus der Betäubung aufzuwachen, in die jemand als Kind versetzt wurde. Es

173

scheint, daß Schrebers Vater seinen Sohn auf gewisse Weise in früher Kindheit narkotisiert hatte. Der Sohn kam teilweise zu Bewußtsein, während man glaubte, er sei verrückt. »In der Zeit, als meine Nervenkrankheit fast unheilbar schien, gelangte ich zu der Überzeugung, daß irgend jemand versucht hatte, meine Seele zu ermorden.«[190]

Befindet sich jemand im psychotischen Zustand, sagen wir: »er hat seinen Verstand verloren«. Genauer wäre es, zu sagen: »er hat seinen Körper verloren«. In vielen schizoiden und schizophrenen Phasen tritt das Gefühl auf, der Körper sei zu einem Objekt geworden und der Kern der Persönlichkeit, die fundamentale Identität, habe in ihm keinen Platz; sie fühlt sich vertrieben, sie kann sich nicht im Fleisch verwurzeln.[191]

Schatzmans Buch darüber, wie Schreber durch die paranoide Erziehung seines Vaters gelähmt wurde, erzählt von einer extremen Variante im Prozeß menschlicher Verpanzerung, den Reich den »Christusmord« nannte. Der Geist stumpft ab, der Körper versteift sich oder erstarrt, und die Seele glimmt nur noch schwach. Reichs Beschreibung eines gesunden Kindes veranschaulicht, wie er die innere Seelenqualität sah, die einen glücklichen Menschen strahlen läßt:

Das »Kind der Zukunft« ist sanft und zärtlich, es gibt freiwillig und gern; seine Bewegungen sind harmonisch, [seine Stimme melodiös]. Seine Augen strahlen und schauen freundlich, ruhig und tief in die Welt. Seine Hände sind weich; es kann so streicheln, daß der andere beginnt, eigene Lebensenergie auszustrahlen. Darin besteht die völlig mißverstandene »Heilkraft« Christi…
Die »Heilkraft« Christi, die später vom gepanzerten Menschen so fürchterlich verdreht und geschäftlich ausgebeutet wird, ist eine heute gut verstandene und leicht beobachtbare Fähigkeit, die bei allen Männern und Frauen vorhanden ist, die mit natürlichen Führungsqualitäten ausgestattet sind. Ihre starken Orgonenergiefelder sind in der Lage, die trägen und »toten« Energiesysteme der »Elenden« zu erregen. Diese von außen bewirkte Erregung des schwachen Lebenssystems wird aufgrund der damit verbundenen Ausdehnung des Nervensystems als Linderung von Spannung und Angst erlebt; sie erzeugt sogar ein ruhiges, angenehmes Strömen echter Liebe in einem ansonsten haßgeladenen Organismus. Die erregte Bioenergie des schwachen

Organismus vermag die Blutgefäße zu erweitern, die Gewebe besser mit Blut zu versorgen, die Heilung von Wunden zu beschleunigen und den degenerativen Auswirkungen unbeweglicher Lebensenergie entgegenzuwirken.

Keine Macht der Welt kann je diese ruhige, strahlende Kraft zerstören. Sie durchdringt alles und steuert jede Bewegung in jeder einzelnen Zelle eines lebenden Organismus... Für den wahren Arzt ist es ein Zeichen der Gesundheit, wenn er sie auf der Haut fühlen kann, ebenso wie ihr Fehlen ihm ein Zeichen für Krankheit ist. Beim Fieber steigert sich diese Kraft zu großer Stärke, weil sie die tödliche Infektion bekämpft.

Es ist das Strahlen der Lebenskraft, das auch nach dem Tode des Körpers weiterbesteht. Es ist das Strahlen der Seele...[192]

Mit dieser Sprache, die über die normale Physiologie hinausgeht, ist Reich keinesfalls auf irgendwelche bestimmten Glaubensvorstellungen oder religiösen Doktrinen festgelegt. Er führt jedoch eine tiefere Dimension ein, die primäre Dimension des Daseins, die Dimension der inneren Tiefe eines Menschen.

John Pierrakos, zusammen mit Alexander Lowen einer der Begründer der Bio-energetik, fühlte, daß die tiefe Prozeßarbeit mit dem Körper doch noch nicht tief genug ging. Er meinte:

Meine Erfahrung mit Patienten ließ das Bedürfnis erkennen, tiefer vorzustoßen als bis zu den Körperfunktionen, zum negativen Unbewußten und dem analytischen Geist. Um zu wahrer Integration zu führen, muß die Heilungsarbeit sich auf das lebensbejahende Bewußtsein, das der Kern des Menschen ist, konzentrieren. Die Spiritualität eines Menschen aus der Therapie auszuschließen, hieße die Spitze einer Pyramide abschneiden.[193]

Ich spreche hier nicht von Vorstellungen der Spiritualität in irgendeinem mystischen oder körperlosen Sinn. Reich zeigte, wie gerade die am stärksten organisierten Religionen viel über das Ideal des Geistes, der Spiritualität, reden, aber sie sofort umbringen, sobald sie in den Augen eines Mädchens oder Jungens aufscheint. Dazu Rajneesh:

Je näher uns etwas ist, desto schwerer sehen wir es, aus allernächster Nähe ist es fast unmöglich. Die Augen brauchen einen bestimmten Abstand, sie brauchen Perspektive, um zu sehen. Ich kann dich sehen, doch je näher ich dir komme, desto verschwommener wird alles. Dein Gesicht verschwimmt, die Umrisse verlieren ihre Form, und wenn ich immer näher und näher komme und meine Augen auf dein Gesicht drücke, sehe ich gar nichts mehr. Das Gesicht wird zu einer Wand. Und dennoch, eine Winzigkeit ist immer noch sichtbar, weil immer noch eine winzige Entfernung besteht.

Noch nicht einmal soviel Distanz befindet sich zwischen dir und der Wirklichkeit. Sie berührt deine Augen. Sie berührt deine Haut – und nicht nur das, sie durchdringt sie. Sie bewegt sich in deinem Blut. Sie schlägt in deinem Herzschlag. Sie ist du.[194]

Stanley Keleman sagte mir vor einigen Jahren, er habe aufgehört, mit der Charakterabwehr und den Körperblockaden zu arbeiten. Er hatte angefangen, direkt am Kern zu arbeiten. So zu arbeiten bedeutet, eine wirklich heilende Kraft anzuzapfen. Ich rede davon, was passiert, wenn wir einen Menschen berühren. Körpertherapeuten haben schon vor langem gelernt, das Tabu hinter sich zu lassen, das die Psychoanalytiker daran hinderte, zu denjenigen, denen sie helfen wollten, in warmen, physischen Kontakt zu treten. Sie entwickelten vielfältiges Geschick und viele Methoden der körperlichen Berührung, Massagetechniken und Verfahren, die dazu dienen sollen, die körperlichen Verhärtungen aufzuweichen und den Menschen mehr Kontakt mit ihrem inneren Energiefluß zu verschaffen.

Jemanden zu berühren beinhaltet mehr als bloße Technik. Manchmal töten Techniken den Geist dessen, was sie übertragen wollen. Die Panzerung hart anzugreifen, mag zwar die Abwehr an einem Schlüsselpunkt aufbrechen, aber möglicherweise nur mit dem Ergebnis, daß sich der Betreffende irgendwo anders verspannt. Auf diese Weise kann man die Spannungen rund um den Körper jagen, wie uns Alexander Lowen schon vor vielen Jahren lehrte. Dazu noch einmal Rajneesh, der auf so schöne Weise über die trans-physiologischen Dimensionen der Berührung geschrieben hat.

Du kannst etwas essen, ohne zu schmecken; das ist nicht schwierig. Du kannst jemanden berühren, ohne zu berühren; das ist nicht schwierig. Wir tun es bereits. Wir geben jemandem die Hand, ohne ihn zu berühren, denn um zu berühren, mußt *du* in der Hand sein, du müßtest dich in sie hineinbegeben. Du mußt zu deinen Fingern und deiner Handfläche werden, so als ob du, deine Seele, in ihnen sei. Nur dann kannst du berühren. Du kannst die Hand eines anderen in deine nehmen und dich gleichzeitig zurückziehen. Du kannst dich zurückziehen; dann ist nur die tote Hand da. Es scheint Berührung zu sein, aber es berührt nicht.[195]

Anne Parks benutzte bei der Vermittlung ihrer Art tiefer, intuitiver Massage die Worte: »jemanden in seinen Körper zurückrufen«. Es ist wie eine Aufforderung. Stanley Keleman sagte einmal, er habe festgestellt, daß er in den intensivsten Zeiten der Therapie wie ein Energiereservoir funktioniere, das die Menschen in die Welt rufen könne. Weil viele Leute sich aus ihrem Körper vertreiben, sind sie dort auch nicht zu Hause. Und manchmal reicht alle Wärme und Kontaktbereitschaft eines Therapeuten nicht aus, um sie wieder heimzuholen.

Caroline kam zu mir in die Therapie, weil sie in ihrem emotionalen und sexuellen Leben ziemlich verwirrt war. Sie hatte erfahren, daß gerade Leute, die kein Gefühl für ihr Inneres und ihre Art der Erfahrung hatten, auf ihren Körper reagierten. Sie hatte ihrem Körper gegenüber ein tiefes Mißtrauen entwickelt, ihn als Brücke ihrer Empfindungen zuzulassen. Ihre Gedanken waren verwirrt, ihr Energieniveau niedrig. Trotzdem machte sie klaren Blickkontakt. Die Therapie versuchte, den Empfindungsfluß in ihren Geweben wiederzubeleben. Wir versuchten, ihre Hautoberfläche zu erwärmen, den Blutkreislauf zu verbessern und ihre Atmung zu mobilisieren. An Stelle eines Fortschritts fühlte ich Unzufriedenheit mit ihren Reaktionen. Es war, als gebe es eine unsichtbare Wand, wie ein feiner Schleier, die tieferen Kontakt abwehrte. Auf einer tiefen Ebene hatte sie das Gefühl: »Also bitte. Du kannst meinen Körper berühren, an meiner Atmung arbeiten, nach meiner Energie suchen, aber ich lasse es nicht zu, daß du mich wirklich triffst. Ich lasse dich in meine Augen schauen, und obwohl sie klar bleiben, bin ich für dich unsichtbar, denn ich bin nicht in ihnen.« Sie hat diese Worte nie gesagt. Dies war vielmehr jenes ungreifbare Gefühl, das ich empfing, während ich mit ihr arbeitete. Aus Alexander Lowens Therapie mit einem Patienten namens George[196] lernte ich, wie wichtig es ist, in solchen Fällen *nicht* mit der Körperarbeit fortzufahren, bevor nicht Kontakt zu der inneren Haltung des Klienten besteht.

In einer ganz und gar außergewöhnlichen Stunde stoppte ich jeden Versuch, am Energiefluß oder den Körperkontraktionen zu arbeiten. Ich gab es sogar auf, mich ihr direkt gegenüberzusetzen und zu versuchen, direkt mit ihrem Ausdruck zu arbeiten. Statt dessen legte ich mich auf den Rücken und erzählte ihr von meinem Gefühl, daß sie in ihrem tiefsten Inneren niemandem zutraue, daß er sie erreichen könne. Sie glaube auch nicht, daß es überhaupt ein genügend tiefes Selbst in ihr gebe, das es zu erreichen wert sei. Ich gab zu, daß der Versuch gescheitert war, das Innere ihrer Erfahrung dadurch zu erreichen, daß ich sie außen, durch die Arbeit an ihrem Körper, berührte. Bei vielen Menschen öffnet die Körperarbeit Wege zu tieferem Kontakt und erschließt das von Reich beschriebene innere Leuchten. Bei Caroline war es genau umgekehrt. In dieser Stunde machte sie die Erfahrung, daß zum ersten Mal in ihrem Leben ihre Seele anerkannt worden war. Sie erinnerte sich daran, wer sie war. Sie war gekommen, um anzuhören, was ich zu sagen hatte, und begann nun aus einer gewöhnlich zurückgehaltenen Dimension ihrer selbst heraus zu antworten. Die Sitzung wurde zum Wendepunkt. In den nächsten Monaten tauten ihre körperlichen Rückzugssignale zunehmend auf. Sie begann wärmer zu werden. Ihre Atmung wurde lebhafter. Diese Veränderungen geschahen spontan von innen heraus, weil die Qualität der Berührung anders geworden war, nachdem auf die physische Berührung, die sich als zu große Quelle der Bedrohung für sie erwiesen hatte, verzichtet wurde.

Ich lernte daraus, daß so, wie der Geist das Äußere des Körpers ist und der Körper das Innere des Geistes, der Körper das Äußere der Seele und die Seele das Innere des Körpers ist. Vor jener entscheidenden Sitzung erlebte Caroline sich als Äußeres ohne Inneres. Danach wurde sie zu einem »Insider« und fing an, von innen her wieder ein Außen zu entwickeln.

Vorhin habe ich rhetorisch gefragt, was sich im Herzen des Körpers befindet. Wir können das Wort »Herz« auf drei Arten gebrauchen. Erstens gibt es die physiologische Bedeutung, eine Pumpe, die

Flüssigkeiten zirkulieren läßt. Zweitens gibt es das Herz-Chakra des Körpers, das Herz-Zentrum, das Zentrum des Empfindens. Schließlich gibt es das Herz im Sinn des innersten Wesens.

Jede Therapie, die mit dem »Öffnen der Empfindungen« arbeitet, wird Kontakt aufnehmen zum Herz in seiner zweiten Bedeutung. Man kann sich zu den Empfindungen hinunterarbeiten, indem man die Verkrampfungen im Geist eines Menschen löst, oder man kann sich zu den Empfindungen hocharbeiten, indem man seinen Kontakt mit dem Grund und dem Körper verbessert.

Alexander Lowen hat die stoßweise Bewegung der Lebensenergie im Körper beschrieben:

Das menschliche Leben pulsiert zwischen seinen beiden Polen; der eine liegt im oberen Ende oder Kopfende des Körpers, der andere im unteren oder Schwanzende. Wir können die Aufwärtsbewegung mit einem Greifen nach dem Himmel gleichsetzen, die Abwärtsbewegung mit einem Sich-in-die-Erde-Eingraben. Wir können das Kopfende mit den Zweigen und Blättern eines Baumes vergleichen, das untere Ende mit den Baumwurzeln. Die Aufwärtsbewegung geht zum Licht, die Abwärtsbewegung zur Dunkelheit; daher können wir das Kopfende mit dem Bewußtsein in Zusammenhang bringen, das untere Ende mit dem Unbewußten.[197]

Ist es einem Menschen möglich, ohne charakterliche Zwänge oder körperliche Panzer frei dorthin zu fließen, wohin er auch immer bewegt wird, dann wird, was auch immer er erfährt, tief gehen. Aber ein solcher Zustand kommt äußerst selten vor, und wenn es dazu kommt, ist es die Erfahrung einer Erleuchtung. Die meisten von uns werden durch die Konditionierungen der Kindheit und vergangener Jahrhunderte gehindert, sich in der eigenen Tiefe zu verwurzeln. In der indischen Religion heißt diese Konditionierung »Karma«. Das Karma ist die Tretmühle der gewohnheitsmäßigen Denkmuster, der stereotypen Körperbewegungen und der mechanischen Lebensmuster. In diesem Sinne ist das *Karma mit der Panzerung identisch*. Als Reich die tiefe Hingabe im spontanen Orgasmus beschrieb, schrieb er von einer flüchtigen Erfahrung der Erleuchtung. Die Fähigkeit zu tiefer Hingabe ist, wenn sie ins Leben als Ganzes gebracht werden könnte, die Basis eines ungepanzerten Lebens.

Die Identität von Panzerung und Karma und von sich auflösender Panzerung und transzendiertem Karma ist auch in den Lehren von Bhagwan Shree Rajneesh enthalten. Rajneesh bezieht sich auf Wilhelm Reich, der sagte, daß man den Sex nicht kennt, bevor man keinen tiefen Orgasmus haben kann. Beim Orgasmus, fährt Rajneesh fort, gehe es nicht nur um die Freisetzung sexueller Energie; vielmehr müsse sich der ganze Körper entspannen. Dann lokalisiere sich die Sex-Erfahrung nicht im Sex-Zentrum, sondern verbreite sich über den ganzen Körper. Jede Zelle werde darin gebadet, und es kommt zum Höhepunkt – einem Höhepunkt, bei dem man kein Körper sei. Wer im Sex keinen Höhepunkt erreichen könne, einen Höhepunkt, bei dem man kein Körper ist, kennt den Sex noch nicht, meint er. Deswegen habe Wilhelm Reich etwas sehr Paradoxes gesagt. Er sagte, Sex sei spirituell.[198]

Tage Philipson, der als erster dänischer Psychologe die Vegeto-Therapie praktizierte, verfaßte ein zweibändiges Buch zum Thema »Das Liebesleben: Natürlich und unnatürlich«.[199] Er vertritt darin die Ansicht, daß Sexualität und Liebe im gesunden Organismus untrennbar sind. Liebe beginnt im Herzen, im Zentrum des Organismus, und drängt von dort zur Peripherie. Manchmal äußert sie sich in genitaler Sexualität, und manchmal drückt sie sich durch die ganze Art eines Menschen, in dieser Welt zu sein, aus. Wird die Sexualität von der Liebe abgeschnitten, kommt es zu einem Kurzschluß; die Energie quillt nicht aus der Tiefe empor, sondern folgt oberflächlichen Wegen, wobei sie ganze Körpersegmente umgeht.

In einem interessanten Schaubild illustriert Lowen die Auswirkungen von Blockaden zwischen sexuellen, gefühlsmäßigen und intellektuellen Zentren (siehe Abb. 4). Er beschreibt es wie folgt:

Wenn wir uns vorstellen, daß der Körper in der Mitte im Bereich des Zwerchfells durch einen Verspannungsring zweigeteilt wird, werden die beiden Pole zu zwei entgegengesetzten Lagern; sie sind dann nicht mehr einander entgegengesetzte Enden eines Pulsierens, das sich zugleich in beiden Richtungen bewegt oder Endpunkte einer Pendelbewegung. Es ist eine Tatsache, daß bei den meisten Menschen ein gewisses Maß an Verspannung des Zwerchfells besteht. Ich habe im Zusammenhang mit dem

Verlust von Gefühl im Bauch, von *Hara*, auf Grund einer Einschränkung der tiefen Bauchatmung schon darauf hingewiesen. Es trifft auch zu, daß den meisten Menschen in der abendländischen Gesellschaft ein gewisses Maß von »Spaltung« gemeinsam ist. Die Wirkung dieser Spaltung oder Trennung der oberen und der unteren Körperhälfte ist ein Verlust der Wahrnehmung der Einheit. Die beiden entgegengesetzten Strömungsrichtungen werden zu zwei widerstreitenden Kräften. Die Sexualität wird als Gefahr für die Geistigkeit erlebt, ebenso wird Geistigkeit als Versagung sexueller Lust angesehen.[200]

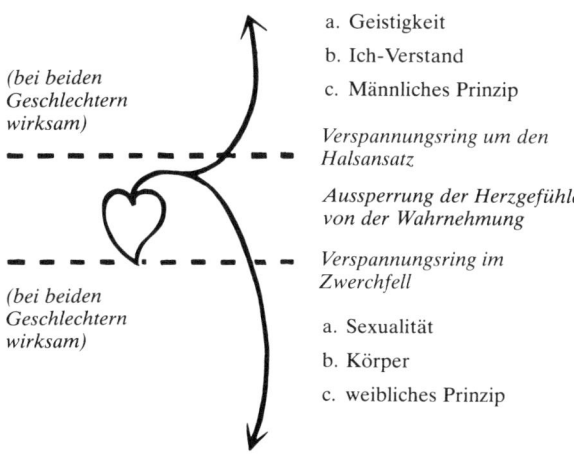

*Abb. 4: Die Dreiteilung des Körpers.*

Im Zusammenhang mit meiner embryologischen Sichtweise der körperlichen Organisation, die ich in vorangegangenen Kapiteln entwickelt habe, habe ich die Ansicht vertreten, daß der Panzerungsprozeß zu einem Übergewicht oder Ungleichgewicht in verschiedenen Organsystemen des Körpers führt. Wir können uns dies als Bevorzugung einer mesodermen, endodermen oder ektodermen Daseinsform vorstellen. Einfacher gesprochen: Wir können von der Bauch-Erfahrung, der Kopf-Erfahrung und der Rückgrat-Erfahrung reden, je nachdem ob sich jemand am wohlsten fühlt mit inneren Körperempfindungen, mit Vorstellungen und Bildern oder mit der motorischen Aktivität des Rückgrats und der Gliedmaßen.

Als ich über die Natur der Spannungsbereiche, die den Kontakt zwischen diesen drei Schlüsselsystemen blockieren, nachdachte, erkannte ich, daß jener Weg vom Kopf zum Rückgrat, der mit der Energetisierung der Nervenkanäle in der Wirbelsäule und auch mit den zerebrospinalen Strömungsmustern in Zusammenhang steht, vor allem durch *Spannungen am Schädelansatz im Nacken* blockiert wird. Dieser Fleck ist als »Paranoia-Punkt« bezeichnet worden. Der Weg vom Kopf zum Bauch verläuft durch die Kehle. Spannungen im oberen Bereich der Speiseröhre (dort, wo das Globus-Symptom auftritt) stellen die hauptsächlichen Blockaden im Fluß der Gefühle durch den Nahrungskanal dar (Gerda Boyesen nannte ihn den »Es-Kanal«). Der Energiefluß von der Vorder- zur Rückseite des Körpers und umgekehrt, oder genauer: vom Bauch zum Rückgrat und zurück, wird anscheinend vom Transversus-Muskel vermittelt, der im Rücken der Bauchhöhle nahe der Lendenwirbelsäule verankert ist und steuert, wie offen oder wie geschlossen das Darmsystem und insbesondere das Zwerchfell ist. Ich begann, in den zwei Spannungszonen des Halses und im Zwerchfellblock die Angelpunkte des ganzen Panzerungsprozesses zu sehen. Ich schließe hierbei auch die tiefsitzenden Augenblocks ein, denn Reich hat gezeigt, daß die Wurzel eines tiefen Rückzugs in den Augen physiologisch im Schädelansatz des Nackens liegt. Wir können die Augen als Spitze der Wirbelsäule betrachten, da in einem lebendigen Menschen die Energie wellenartig den Rücken hochfließt, über den Scheitel hinaussteigt und in den Augen aufleuchtet.

Als ich meine Idee formulierte, daß der Nacken (das Zwerchfell des Kopfes) und das Zwerchfell (der Nacken des Bauches) die hauptsächlichen Spannungsringe seien, kannte ich Lowens oben wiedergegebenes Schaubild noch nicht. Daher nehme ich es als eine gewisse Bestätigung meiner Sichtweise.

Ich ziehe es vor, von einer unbenützten Brücke zu sprechen, statt von einer Spaltung. Die Menschen lernen, Energie übermäßig in bestimmten Körperteilen bereitzuhalten und zu wenig in anderen. Sie haben Angst, die Schranken wieder aufzuheben. Sie brauchen Hilfe, um ihre Energie wieder über die Zwerchfellbrücke und auf die Wege des Halses zu locken. Bevor sich diese Kontraktionszonen entspannen, können wir drei Arten von Menschen beobachten: Kopfmenschen mit reduzierten Gefühlen und verringerter Aktivität; Körpermenschen mit übermäßiger Konzentration auf zwanghafte Sexualität oder zwanghafte Aktivität; und emotional erschöpfte Menschen, die in leidenschaftlichen Wellen von Bindung oder Protest gefangen sind, was sie aber auf einer tiefen Ebene nicht befriedigt. Das sind die Menschen mit den sturmgepeitschten Herzen.

In einem zweiten Schaubild verdeutlicht Lowen seine Sichtweise diesmal nicht im Sinne anatomischer Wege oder Wirkungsbahnen, sondern anhand von Reichs Funktionsschema zur Ganzheit und Antithese von Funktionen (siehe Abb. 5). Interessant ist hieran Lowens Unterscheidung zwischen »Körper« (rechte Seite) und »Energiekern des Körpers« (unten). Mit dem Energiekern arbeiten heißt über die Physiologie hinausgehen, selbst wenn Körperarbeit das Vehikel ist, um uns den tiefsten Bereichen eines Menschen zu nähern. Lowen unterscheidet hier zwischen dem Inneren und dem Äußeren des Körpers – nicht im anatomischen Sinne, sondern im existentiellen. Er zitiert Jung mit den Worten:

Kann man sich … mit dem Mysterium aussöhnen, daß die Seele das innerlich angeschaute Leben des Körpers und der Körper das äußerlich geoffenbarte Leben der Seele ist, daß die beiden nicht zwei, sondern eins sind, so versteht man auch, wie das Streben nach Überwindung der heutigen Bewußtseinsstufe durch das Unbewußte zum Körper führt und umgekehrt, wie der Glaube an den Körper nur eine Philosophie zuläßt, die den Körper nicht zugunsten eines reinen Geistes negiert.[201]

Lowen sagt weiter, Jung stelle fest, das, was als spirituelles Leben bezeichnet werde, sei in Wirklichkeit das Innenleben des Körpers, im Gegensatz zur materiellen Welt, die das äußere Leben des Körpers sei.

| | | |
|---|---|---|
| *Aufwärtsströmung* | | *Abwärtsströmung* |
| a. Spiritualität | | a. Sinnlichkeit |
| b. Bewußtes | | b. Unbewußtes |
| c. Ich | | c. Körper |
| d. Himmel | | d. Erde |

*Energiekern des Körpers*
*Herz, Sonnengeflecht*

*Abb. 5: Energetische Ganzheit und Antithese*

Einen gespaltenen Menschen müssen Spiritualität und Innerlichkeit von Sexualität und vom Körper wegführen, genauso wie sexueller Ausdruck ihn ins Fleisch hinab- und von der Spiritualität wegziehen muß. Aber sowohl der Sexualität als auch der Spiritualität eines solchen Menschen wird es an Herz fehlen. Ihnen wird es an Seele fehlen. Sie werden nicht in der Hingabe an die Tiefe vibrieren. Es wird weder zu einer biologischen Hingabe an einen intensiven Orgasmus kommen noch dazu, was Rajneesh die »existentielle Hingabe« an das Dasein als Ganzes nennt. Der Prozeß, sich von der Natur abzuschotten, ist ein erlernter Prozeß. Bewußtsein ist dazu nötig. Der Verstand, die Sprache und alle üblichen Konditionierungen einer Kultur verankern sich in unseren Köpfen und schlagen dann in unserer Physiologie Wurzeln. Kein Muskel verspannt sich chronisch, ohne Botschaften aus dem Gehirn, die ihm befehlen, sich zusammenzuziehen. Deswegen betrachtet Stanley Keleman auch das Gehirn als Muskel.

Morton Schatzman schreibt in seinem Buch über Schreber:

Bestimmte Worte, besonders wenn sie oft und in der Kindheit gehört wurden, können kodiert, umgewandelt und gelagert werden und später in anderer Verkleidung der Vergangenheit entrissen und wiedererlebt werden. Ich denke, daß jeder manchmal und manche fast immer die buchstäblichen

Bedeutungen bestimmter, in ihrer Kindheit oft wiederholter Reden in und mit ihren Körpern immer wiederkehrend spüren. Das heißt, sie übersetzen Worte in genau die gleiche Art körperlicher Erfahrung zurück, aus der heraus die, die diese Worte sprachen, sie aus ihren eigenen Körpern hergeleitet haben... Möglicherweise werden wir eines Tages von linguasomatischen oder psychosemantischen Krankheiten sprechen, statt von psychosomatischen.[202]

Als Rajneesh um Rat gefragt wurde, wie das Herz-Zentrum geöffnet und entwickelt werden könne, riet er, wie man aus dieser Art geistiger Konditionierung herauskommen könne. Viele der dynamischen Meditationsformen, die in seinem Ashram ausgeübt wurden, und die vielfältigen Arten der Körperarbeit, die er aus dem Westen übernommen hat, haben genau dies zum Ziel. Nicht daß in tiefer bio-energetischer Arbeit die Menschen ohne Kopf, Ich-los, freischwebend, irrational oder ohne Verstand sein sollten. Vielmehr geht es darum, von den oberflächlichen Charakterreaktionen wegzukommen, durch die brodelnde Schicht der Projektionen und Introjektionen, der Schuld und der Anklage hindurchzugelangen, und mit dem in Kontakt zu treten, was die Buddhisten den »klaren Verstand« nennen. Ein klarer Verstand kommt nur aus einem klaren Herzen. Rajneesh sagt das so:

Und wenn du ein Herz hast, das lebt, dann wird sich auch die Qualität deines Kopfes verändern. Dann kannst du auch in den Kopf gehen und kannst durch den Kopf funktionieren. Aber nun ist der Kopf nur noch ein Instrument: Du kannst ihn benutzen. Dann bist du nicht besessen von ihm, und du kannst jederzeit aus ihm herausgehen, wenn du willst...
Und noch etwas: Du wirst schließlich erkennen, daß du weder Kopf noch Herz bist, weil du vom Herzen zum Kopf und vom Kopf zum Herzen gehen kannst. Damit weißt du, daß *du* etwas anderes bist – »X«. Wenn du immer nur im Kopf bleibst und dich nie hinauswagst, bleibst du mit dem Kopf identifiziert und weißt nicht, daß du etwas anderes bist. Diese Bewegung vom Herzen zum Kopf und vom Kopf zum Herzen wird dir das Gefühl geben, etwas total anderes zu sein. Manchmal bist du im Herzen und manchmal im Kopf, aber du bist weder Herz noch Kopf.
Dieser dritte Punkt der bloßen Bewußtheit wird dich zum dritten Zentrum führen – zum Nabel. Und der Nabel ist nicht wirklich ein Zentrum. Dort *bist* du. Darum gibt es da nichts zu entwickeln, sondern nur zu entdecken.[203]

Es gibt einen guten Grund dafür, warum die Öffnung des Herzens auch den Bauch öffnet. Und zwar weil ein offenes Herz unsere Gefühle vertieft und sie emporsprudeln läßt. Ich meine nicht explosive Entladung und auch nicht die Qual primärtherapeutischen Sichgehenlassens. Ich spreche von der Erfahrung der Integration und der Selbst-Gestaltung, die aus Halten und Atmen zu einem Gefühl wird, so daß sie die Kraft erlangen kann, innerlich zu nähren und das Leben eines Menschen zu verändern. Wir sehen diesen Vorgang immer dann, wenn jemandem der Übergang vom hysterischen Ausagieren und Über-Emotionalisieren zum Erfülltsein mit der eigenen Tiefe gelingt, der die Atmung verwandelt. Die Atmung verliert dann jede Panik, jede kontrahierte Einschränkung, jedes Gezwungene und jede Selbst-Qual. Ich höre den Ozean in ihr. Sie fließt durch den Körper wie die Gezeiten, mit der Unvermeidlichkeit aus Jahrtausenden der Evolution, die nötig waren, um einen Körper zu entwickeln, der an seinem eigenen Prozeß teilnehmen kann. Ola Raknes sagte:

Wer daran gewöhnt ist, auf die eigenen Körperempfindungen zu achten, ist sicherlich auch fähig, die Strömungen zu spüren, die bei vollem, tiefem Atmen den ganzen Körper durchziehen. Diese wellenartigen Bewegungen vermitteln das Gefühl, durch und durch lebendig zu sein. Alle, deren Körper entspannt und deren Verstand klar ist, haben diese Empfindungen als normalen und ständigen Hintergrund aller Erfahrungen und genau das verleiht ihrem ganzen Leben Farbe, Geschmack und Frische.[204]

Ola Raknes spricht hier von der primären Dimension menschlicher Erfahrung. Die Aufgabe jeder echten Therapie und das Ziel der inneren Lehre jeder wahren Religion ist es, uns wieder mit den Tiefen unseres Selbst zu verbinden. Paul Tillich schrieb: »Wir sind in fortgesetzter Bewegung und machen nie halt, um in die Tiefe zu stoßen. Wir reden und reden und hören nie auf die Stimmen, die zu unserer Tiefe und aus unserer Tiefe sprechen... Gehetzt und gejagt verletzen wir unsere Seele durch die Hast, mit der wir uns auf der Oberfläche bewegen... Deshalb verfehlen wir unsere Tiefe und unser wahres Leben.« »Tiefenpsychologie«, so betont er, könne uns von der Oberfläche der Selbsterkenntnis in die Bereiche der unbewußten

Wünsche und Triebe geleiten. Die bio-energetische Körperarbeit kann diesen Prozeß noch weiter tragen und ausweiten. Tillich meint:

Sie kann uns auf dem Weg zu unserer Tiefe behilflich sein, aber sie kann uns nicht in einem letzten Sinn helfen, weil sie uns nicht zu dem tiefsten Grund unseres Wesens und alles Seins führen kann, zu der Tiefe des Lebens selbst.[205]

In der Religion wird das Wort »Gott« für die unerschöpfliche Tiefe und den Grund des Seins gebraucht. Auch Reich benutzte es in genau dieser Bedeutung, als er erklärte:

Wenn du den Ozean kennst, sei es in Ruhe, brodelnd oder in voller Aktion, dann kennst du Gott und weißt, wovon alle Christen der Menschheitsgeschichte gesprochen haben. Wenn du den Ozean nicht kennst, bist du einfach verloren, egal, wer du bist. Vielleicht hast du den Ozean nur wie in einem Spiegel wahrgenommen, weil du Angst hast, in ihm zu ertrinken; aber du kannst nichts daran ändern, daß du ein Teil des Ozeans bist, der aus dessen Tiefen heraustrat und in dessen Ruhe zurückkehren wird. Und indem du aus dem Ozean hervorgehst und zu ihm zurückkehrst, trägst du seine Tiefe mit dir. Das ist nicht nur ein bißchen Tiefe verglichen mit der großen Tiefe des Ozeans, nicht ein Milligramm Tiefe verglichen mit Tausenden Tonnen von Tiefe. Tiefe ist Tiefe, egal, ob in einem Gramm oder einer Tonne. Sie ist *Qualität*, keine Quantität.[206]

Ich lernte von Caroline, die in ihrem verschlossenen Zustand zu mir kam und mich um Hilfe bat, sehr viel. Sie reagierte nicht auf bio-energetische Übungen oder peristaltische Massage. Ihr Körper war da, aber sie war weg. Sie war nicht zu Hause. Wir verbrachten in den Sitzungen viel Zeit damit, uns gemeinsam anzusehen, wie es sich anfühlt, nicht verfügbar zu sein und ständig diesen unsichtbaren Vorhang zu weben, der sie vor dem Kontakt mit anderen, aber vor allem vor dem Kontakt mit sich selbst abschirmte. Tillich schrieb: »...wir können unsere Seele nur durch den Spiegel derer entdecken, die uns betrachten.«[207]

Als ich noch einmal die letzten Abschnitte in Lowens Buch über Depression las, verstand ich besser, wie die Interaktion zwischen Caroline und mir letztlich das Leben in ihre Adern und einen Sinn in ihr Dasein zurückgebracht hat. Er schreibt dort, im Zentrum der Therapie stehe die Frage, wie man den verlorenen Glauben, das verlorene Vertrauen eines Menschen wiederherstellen könne.

Das ist nicht leicht, und ich habe keine einfachen Antworten auf diese Frage. Man kann den Glauben [das Vertrauen] nicht predigen. Das ist, als wollte man Liebe predigen, was großartig klingt, aber in Wirklichkeit nur ein Rascheln im Wind ist. Man kann einem anderen keinen Glauben geben; man kann einem anderen seinen Glauben mitteilen, in der Hoffnung, der Funke werde die glühende Asche in der Seele des anderen anfachen. Und als Psychiater kann man einem anderen Menschen helfen, seinen Glauben wiederzufinden, indem man herausbekommt, wie er ihn verloren hat.[208]

Dieser Bereich aus Kontakt und Erfahrung ist nötig, um über die Erfahrung, den Grund unter den Füßen verloren zu haben, ein Strohhalm im Wind zu sein, hinwegzukommen. Posturale Arbeit, Streßpositionen, kathartisches Loslassen blockierter Emotionen und alles, was noch dabei hilft, dem Körper wieder Grund zu verschaffen, hat seine Berechtigung. Aber sie stellen nur den äußeren Grund dar. Wir müssen diesen Prozeß vertiefen und bereichern, indem wir aufmerksam beobachten, wie jemand seinen Lebensraum aufbaut, seine Lebenszeit organisiert und wie er seine Fähigkeit sieht, sich selbst dadurch zu formen und zu gestalten, daß er umfassender an seinem eigenen Prozeß teilnimmt.[209] Wir müssen ihm helfen, sein Inneres, den Grund, seine *Essenz*[210] zu finden, die Quelle, aus der seine eigene heilende Energie sprudelt, die die Kraft hat, ihn neu zu integrieren, wie sehr er auch immer gelernt hat, sich nicht lebendig zu fühlen.

# 11 Mutterleib, Grab und Geist
## Vom Leben jenseits des Körpers

Dieses Kapitel enthält einige Gesichtspunkte über die Beziehung zwischen Leben und Tod, zu denen ich auf meiner ganz persönlichen Reise gelangte, welche ich unternahm, um Sinn im Angesicht eines Verlusts zu finden.[211] Das Kapitel wurde in zwei Vorträgen am Boyesen Institut für Biodynamische Psychologie in London entworfen, in einem kleinen Dorf in Deutschland geschrieben und vollendet nach einem Besuch in Uberaba, Brasilien. Es versucht, ein wenig Licht auf eine Reise zu werfen, die länger als unser Erdenleben dauert.

Die Suche nach immer früheren Ebenen von Traumata geht stets weiter zurück in der Zeit, vom vierten Lebensjahr zum zweiten, in die vorsprachliche und vorgeburtliche Zeit, ins letzte Schwangerschaftsdrittel, zur Einnistung des Eis in die Gebärmutter, zur Zeugung und vielleicht zu früheren Leben – so wird bald klar, daß wir es mit einem unendlichen Prozeß zu tun haben. Es gibt in diesem Leben einfach nicht genügend Zeit, um die traumatischen Erlebnisse all der vorherigen Leben durchzuarbeiten. Ich hege größten Respekt für einige der Menschen, die uns zu immer tieferen Ebenen der Regression geleitet haben, aber ich glaube, ihre Argumentation ist fehlerhaft. Sie gründet darauf, was Stanley Keleman als Mythos vom Paradies bezeichnet. Die Rückkehr in die Gebärmutter, zu den ozeanischen Empfindungen, zu einem totipotenten Gefühlszustand, ist letztendlich nichts anderes als eine Flucht vor dem Tod. Was in unserer Geschichte hinter uns liegt, ist der Glanz eines Lichts, das die Embryogenese begleitet.[212] Aber es ist unmöglich, durch strategische Regressionsarbeit die Seligkeit eines nicht traumatisierten Lebens als Fötus zurückzuerlangen.

Der Weg nach vorne ist beseelt mit Hoffnung und bedroht von Schrecken. Dunkelheit droht von vielen Seiten, ob in Form von alten, ursprünglichen Schmerzen, die wieder auftauchen, oder als soziale Erschütterungen, die in vielen Teilen der Welt im letzten Viertel eines Jahrhunderts aufbrechen, oder in Gestalt der tickenden Uhr einer atomaren Katastrophe.[213]

Rebirthing, primäre Integration und bio-energetische Arbeit sind alle nicht deshalb nützlich, weil sie uns zurückführen, sondern insofern, als sie uns – trotz ihres Grundprinzips, die Vergangenheit wiederzu-erleben – nach vorne, auf den Weg des Fortschritts, bringen können.

Es gibt Ereignisse im Leben eines Menschen, die so schrecklich sind, daß es die Lähmung vervielfachen würde, sie kathartisch durchzuar-beiten und noch einmal aufleben zu lassen. Wie sollte man wohl einer Frau, die ihren dreizehnjährigen Sohn durch einen Autounfall verlor, helfen, sich von ihrem Kummer zu befreien, wenn sie schon ein Jahr lang ohne Erlösung um ihn weint? Man kann nicht zurückgehen und ihn ins Leben zurückholen. Weiter, vorwärts zu gehen, bedeutete für diese Frau, ein Zeichen zu beachten, das ihr im Traum gesandt worden war. Eines Nachts konnte sie nicht schlafen. Sie sah seinen Sarg, aber er war leer. Sie sagte: »Ich weiß, daß er leer ist, denn er liegt nicht drin. Er winkt mir, um mir mitzuteilen, daß es ihm gutgeht.« Daß sie sich weigerte, dieses Zeichen, das ihr im Traum übermittelt worden war, anzunehmen, hielt die Frau in einer zwölf Monate dauernden Depression gefangen. Erst als sie ihren Traum annehmen konnte, war sie in der Lage, aus ihrem selbstgeschaufelten Grab der Depression herauszukommen und trotz ihrer Tragödie wieder zu leben zu begin-nen.

Die Bewegung des Lebens folgt dem Pfeil der Zeit, sie hat eine Richtung. Die Richtung deutet nach vorn. Aber der Pfeil der Zeit weist auf die Endlichkeit, auf Tod und Nicht-Sein. Martin Heidegger definierte Leben als »Sein hin zum Tode«. Das Streben nach Lust – sozial, sexuell oder fötal – mag uns von dieser Erkenntnis ablenken. Reichs Arbeit ergründete die wellenartigen Bewegungen des Proto-plasma und betonte das Primat der Lust, stellte sich aber nicht der Tatsache, daß die fortschreitende Wellenbewegung unvermeidlich irgendwann zusammenbricht. Nur der Körper der Amöbe, des Einzellers, ist unsterblich.

Letztendlich ist deshalb die Regression ein Versuch, sich wieder in einer gebärmutterartigen Umgebung einzurichten, sich wieder in den behüteten fötalen Zustand zu begeben.[214] Weiterentwicklung ist die Schubkraft, die vom Fötus zum Kind zum Erwachsenen und weiter führt in einen Zustand, der im Tod seinen Höhepunkt erreicht. Wer aber will sich weiterentwickeln, wenn der Tod am Ende wartet? Im nuklearen Zeitalter, wo das Damoklesschwert der Massenvernichtung über uns allen hängt, ist es verständlich, daß regressive Therapien und paranoide Kulte Hochkonjunktur haben und wie Pilze aus dem Boden schießen. Man sieht den Weg zurück als den Weg nach vorne an und den Weg voran als den Weg zurück.

## Geburt und Tod – zwei symmetrische Ereignisse?

Wie mag es wohl für einen Fötus sein, der kurz vor dem Übergang aus der einzigen ihm bekannten Welt der Gebärmutter steht? Als ich im August 1981 in Island war, schaute ich mir das moderne isländische Theaterstück *Yolk Life* (»Leben im Ei«) von Oddur Bjornsson an.[215] Die Bühne ist die Gebärmutter. Die Figuren sind zweieiige Zwillinge acht Monate nach der Empfängnis. Wenn sich der Vorhang öffnet, herrscht Dunkelheit. Es dämmert allmählich und elektronisch produzierte Verdauungsgeräusche werden laut. Das Theater der Psycho-Peristaltik beginnt. In seiner Einführung zum Stück schreibt Bjornsson:

Auf den ersten Blick scheint es schwierig, diese Idee auf die Bühne zu bringen, aber das Stück ist mit beträchtlichem Erfolg produziert worden. Zwei Dinge sind in diesem Stück wohl am wichtigsten. Einmal die Abhängigkeit und Begrenzung des Menschen von und durch seine unmittelbare Umgebung und zum anderen die beiden gegensätzlichen Charaktere, die gegeneinander ausgespielt werden. Der eine Zwilling ist offensichtlich ein Rationalist, obwohl es ihm nicht gänzlich an Vorstellungskraft fehlt. Er ist ein Egoist, der seine Umgebung als die einzige, mit der er in Kontakt kommen kann, hinnimmt. Der andere ist vielgestaltiger. Er erscheint schwach und abhängig, aber er verfügt auch über eine gewisse Intuition, die nach Ausdehnung verlangt. Jedenfalls hat er diese seltsame Ahnung von einem Leben nach seinem Dasein als Embryo.

Und dies sind im Stück die Schlußworte dieses Embryos mit den seltsamen Ideen:

Kannst du dir keine große Welt vorstellen, eine Welt, die einhunderttausendbillionenmal größer ist als wir, wo das Licht nicht so dunkel ist wie hier und die Dunkelheit so hell, wo es andere gibt, die so aussehen wie wir, und solche, die anders sind, eine Welt mit Pianos und Hunden, Theaterstücken und gemütlichen Sesseln, um darin zu sitzen, mit Versandkatalogen und Männern wie jene aus der Gespenstergeschichte und mit, wie heißen sie doch gleich… Frauen?, die sich vermehren können! Und mit mehr Kopffreiheit, so daß man aufrecht stehen kann. Und mit Beethoven, so daß man all die Pianos auch spielen kann. Und mit Strebern, die man aus Schulfenstern werfen kann. Mit Nachttöpfen und Fotografen mit Brillen. Und mit noch allem möglichen anderen. Und auch mit allem unmöglichen anderen. He? Kannst du dir das nicht vorstellen? Oh, kannst du dir das wirklich nicht vorstellen?!

Der andere Fötus gibt, völlig überwältigt von der Blödheit seines Bruders, eine sehr knappe Antwort: »Nein!«
Das Stück endet in Dunkelheit und Stille.
Wir bleiben mit diesem Dilemma zurück. Aus dem Inneren der Gebärmutter, des Raumschiffs, der Welt, des Körpers heraus ist der Streit der Zwillinge nicht zu entscheiden. Aber jeder im Publikum ist ja draußen. Jeder außerhalb der Gebärmutter, des Raumschiffs, der Bühne, des Körpers, weiß, daß einer der Zwillinge recht hat und der andere nicht. Es kommt darauf an, auf welcher Seite der Schnittstelle zweier Welten man sitzt. Vor der Geburt können wir über das Nachher nichts wissen. Danach ist es klar, daß das Ende des Lebens in der Gebärmutter keine Vernichtung, sondern ein Übergang ist, eine Wasserscheide, ein Tor zwischen zwei Welten.
Als ich lernte, mit dem Verlust eines lieben Menschen umzugehen, lernte ich den Unterschied zwischen warmer Trauer und kalter Trauer

kennen. Kalte Trauer war die Empfindung von Schwärze, ein finsteres, hoffnungsloses Verzweifeln, in dem ich mein Atmen tötete. In warmer Trauer lag ein Gefühl der Ehrfurcht, und sie barg die Möglichkeit einer Heilung. Warme Trauer enthielt also die Möglichkeit der Erlösung. Ich lernte, daß ich wählen konnte, wie ich atmen und wie ich trauern wollte.

Anthony Bloom, der Metropolit von Sourozh, beschreibt den Unterschied zwischen dem Ereignis des Todes und der Reaktion auf den Tod. Ersteres ist außerhalb von uns, es geschieht uns plötzlich. Ohne Warnung kann es blitzartig Menschen niederstrecken, die wir lieben. Der zweite Tod wohnt in uns. »Er besteht aus allen negativen Haltungen und Gefühlen, die unsere innere Lebendigkeit aufsaugen: Groll, Bitterkeit, Gewissensbisse, Bedauern und mangelnder Seelenfriede.«[216] Unbewältigtes Leid ist mit der Krebsentstehung in Zusammenhang gebracht worden. Krebs wurde mit dem Verlust von Zukunftsaussichten in Verbindung gebracht. Wenn wir um einen geliebten Menschen trauern, der gestorben ist, betrauern wir nicht nur die verlorene Vergangenheit, sondern auch die verlorene Zukunft. Kalte Trauer schließt uns in Verzweiflung ein, aus der es kein Entrinnen gibt. Warme Trauer kann von einem Gefühl der Dankbarkeit begleitet sein und aus der schwarzen Leere herausführen.

Etwas ähnliches passierte mir, als ich beobachtete, wie mein Intellekt mit dem Glauben oder Unglauben an irgendeine Kontinuität jenseits der Schwelle des Todes umging. Wenn ich glaubte, worauf mich mein Rationalismus getrimmt hatte, daß der Tod das Ende war und alles von Wert auslöschte, merkte ich, wie sich mein Herz zusammenzog und wie ein Gefühl der Bitterkeit in mir wuchs. Wenn ich andererseits so tat, als ob irgendeine Form des Fortbestehens möglich wäre, fühlte sich mein Herz offener und erweiterter an. Aber mein Verstand weigerte sich vehement dagegen, sich mit Aberglauben oder falschen Hoffnungen zu betrügen! Dann entdeckte ich, was Pascal schon im 17. Jahrhundert geschrieben hatte: Wer an die Sterblichkeit glaubt, lebt vielleicht dreißig Jahre mit verschlossenem Herzen. Und wenn der Tod tatsächlich das Ende ist, wird er es nie erfahren, denn er wird tot sein. Wenn der Tod aber nicht das Ende ist, steht er den

Folgen von dreißig Jahren oder mehr gegenüber, in denen er den zweiten Tod gestorben ist, den Tod der Hoffnung. Wer andererseits an irgendeine Art der Unsterblichkeit glaubt – an ein Leben nach dem Tode, ein Fortbestehen, man kann es nennen, wie man will – kann mit offenem Herzen den Rest seines Lebens leben. Wenn es nach dem Tod wirklich nichts mehr gibt, wird er nie enttäuscht werden, denn dann wird er tot sein. Doch wenn es nach dem Tode weitergeht, wird er in seinem Glauben an die Kontinuität bestätigt. »Wofür werden wir uns entscheiden?« wirft Pascal eine Frage auf, die Vernunft nicht entscheiden könne: »...ein unendliches Chaos trennt uns. Am Rande dieser unendlichen Entfernung spielt man ein Spiel, wo Kreuz oder Schrift fallen werden. Worauf wollen *Sie* setzen? Vernunftgründe gibt es weder für das eine noch für das andere, mit Vernunftgründen können Sie keines von beiden verteidigen.«[217]

Robert Jay Lifton argumentierte, daß die Entscheidung für die Kontinuität, die ein Glaubensakt ist, dem nahekomme, was Erik Erikson das Urvertrauen nannte. Lifton schreibt:

Erikson hebt das Problem des Urvertrauens als früheste Entwicklungskrise hervor, und das Vermächtnis dieser allerersten Lebenszeit hat in seinen Augen fundamentale Bedeutung für den Erwachsenen. Aber schon die Etablierung von Vertrauen an sich erfordert den Glauben an die Unverletzlichkeit, Verbundenheit und Bewegung des Lebens, Vorbedingungen einer lebensfähigen Form symbolischer Unsterblichkeit. Wo diese Zuversicht zusammenbricht, sind psychische Beeinträchtigungen die Folge.[218]

Sicherlich ist die Debatte zwischen dem Materialisten und dem Spiritualisten, zwischen demjenigen, der an die Auslöschung, und demjenigen, der an das Überleben glaubt, die gleiche wie die zwischen dem, der sich für Kreuz, und dem anderen, der sich für Schrift in Pascals Wette entscheidet. Es ist auch die gleiche wie die, die die Zwillinge des isländischen Theaterstücks in der Gebärmutter führen. Aber während jeder im Publikum weiß, welcher Zwilling in bezug auf die Geburt recht hat, gibt es keine Zuschauer, die uns sagen könnten, welcher der beiden hinsichtlich des Todes recht hat.

Aber wenn wir annehmen, daß die Geburt, vom Inneren der Gebärmutter her betrachtet, wie ein Tod empfunden wird, könnte es dann
nicht sein, daß der Tod, außerhalb des Körpers gesehen, als Geburt
erfahren wird? Wir wollen noch etwas weiter in die Entsprechungen
von Geburt und Tod vordringen.

In einem früheren Kapitel habe ich eine Darstellung der Embryogenese gegeben, die zuerst unter der Überschrift »Inkarnation« veröf-
fentlicht worden war. Inkarnation heißt verkörpert sein. Dis-Inkarna-
tion bedeutet Entkörperlichung, Auflösung. Reinkarnation meint
demgemäß wieder verkörpert sein. Professor Stevenson hat in den
fünf Bänden seiner Forschungen zu Hinweisen auf Fälle von Reinkarnation[219] Belege dafür gesammelt, daß sich manche Menschen
daran zu erinnern scheinen, vor ihrem jetzigen Leben schon einmal
gelebt zu haben. Aus dieser Sicht scheint die Kontinuität des individuellen Lebens sowohl vor die Geburt zurück- als auch über den Tod
hinauszureichen.

Wie Genetiker die Embryogenese beschrieben haben, legt die Vermutung nahe, daß der Prozeß der Morphogenese, die Formwerdung
der körperlichen Gestalt, durch formbildende Kräfte gelenkt wird.
Sie suchen immer noch danach, welcher chemischen Natur diese
Kräfte sein könnten. Harold Burr meinte, diese formgebenden Kräfte
seien elektromagnetischer Natur.[220] Der Londoner Biochemiker Glen
Reich stellte die Hypothese von der Existenz eines elektromagnetischen Systems auf, das es in allen biologischen Geweben gebe und
das über endogene, funktionale Möglichkeiten verfüge, biochemische
Prozesse zu steuern. Seine Arbeit steht mit den Erkenntnissen der
Kirlian-Fotografie in Verbindung. Ein Artikel in der Zeitschrift der
British Medical Association *News Review* war untertitelt: »Die Kirlian-Fotografie, das Spielzeug der Okkultisten, erregt nun die Aufmerksamkeit medizinischer Forscher, die in ihr ein nützliches Dia-
gnose-Instrument sehen.«[221]

Im Mai 1982 besuchte ich Hernani Andrade, den Direktor des
Instituts für Psycho-Biophysikalische Studien in Sao Paulo. Nach
fünfzig Jahren sorgfältigst dokumentierter Forschung entwickelte er
seine Theorie von der biologischen Organisationsmatrix.[222] Andrade

behauptet das Vorhandensein eines bio-magnetischen Feldes, welches mit einer Biolumiszenz in Verbindung steht. Dieses Feld werde nicht von den Geweben des Körpers erzeugt, vielmehr würde die organisatorische Form der Körpergewebe von diesem Feld bestimmt, genauso wie etwa ein Muster von Eisenspänen durch ein äußeres Feld gestaltet werde.

Im Juni 1982 war ich bei Hiroshi Motoyama, dem Leiter des Instituts für Religion und Parapsychologie in Tokio. Professor Motoyama konnte zeigen, daß es einen abwärtsgerichteten Prozeß von nichtphysikalischen Energien hin zu physikalischen Energien gibt, innerhalb dessen der Körper wie ein Transformator wirkt.[223] Demzufolge können Energien, »einstmals Spielzeug der Okkultisten«, die unsichtbar und nicht zu greifen sind, womöglich soweit heruntertransformiert werden, bis sie sichtbar und greifbar werden. Motoyama mißt den unsichtbaren Energiefluß an den Akupunkturmeridianen und macht ihn auf elektrischen Instrumenten sichtbar. An der Universität von Colorado gelang es Valerie Hunt, die Kräfte der Energiezentren des Körpers, der Chakren, mit einem Oszilloskopen festzuhalten.[224] Dementsprechend sollte uns die Auffassung einiger Physiker nicht überraschen, daß die formbildenden Kräfte, die die Matrix zur morphogenetischen Organisation liefern, lichtartige Eigenschaften besitzen, also aus elektromagnetischer Strahlung bestehen.

Im folgenden beschreibt eine Hellseherin die embryonale Entwicklung in Form eines von einer biologischen Organisationsmatrix, die sie als »geistigen Körper« schilderte, ausstrahlenden Lichts:

Die allgemeine Erscheinungsform des embryonalen geistigen Körpers war im vorliegenden Fall die einer eiförmigen opalisierenden Blase mit einem Loch in der Spitze. Diesen Kanal hinunter gab es ein unaufhörliches Wechselspiel von Kräften, das aussah wie ein Strom leuchtend farbiger Lichtteilchen. In der Mitte der Blase war die schattenhafte menschliche Gestalt, und der herabkommende Strom ergoß sich in den Scheitel ihres Kopfes... Die ganze Erscheinung war umgeben von blendendem, strahlendem Licht, das gegen das Zentrum des materiellen Körpers hin stärker wurde. Die hinabströmende Kraft hielt die Atome des geistigen Körpers in ständiger Bewegung, und wenn sie die Materie berührte, aus der er bestand, formte sie einen Strudel, in den und durch den der Rest dieser Materie beständig gezogen wurde. Diese Bewegung beeinflußte jedoch nicht die allgemeine Gestalt, die so eiförmig blieb, wie es bereits beschrieben wurde. Obwohl die menschliche Gestalt innerhalb dieses eiförmigen Körpers sichtbar war, darf man ihn sich nicht hohl denken, sondern eher als eine feste, wenn auch durchscheinende Masse sich schnell bewegender Materie. Jedes Atom des Körpers passierte diesen Strudel, und der hinunterfließende Strom, der ihn produzierte, wurde von ihm angezogen, glühte heller auf und verlor allmählich wieder an Leuchtkraft, wenn er in andere Teile des Körpers floß.[225]

Die Quelle dieser Beschreibung mag zwar nicht akzeptabel erscheinen, die Beschreibung selbst stimmt jedoch mit Berichten aus vielen anderen Quellen überein, was vielleicht »einer ansonsten nicht überzeugenden Erzählung Wahrscheinlichkeit« verleiht. Diese Darstellung ähnelt bemerkenswert Beschreibungen und Schaubildern der menschlichen Aura.

Wenn also Lebensenergie, wie Reich behauptete, mit Leuchten verbunden ist, ließe sich der Tod durch die Auslöschung des Leuchtens bezeichnen. »Wütet, wütet gegen das Sterben des Lichts«, riet uns Dylan Thomas in seinem großartigen Gedicht.

Wenn Zellen gesund sind, leuchten und pulsieren sie. Hände strahlen ein lebendiges Feld aus, das mit Hilfe von Röntgenfilmen gezeigt und gemessen werden und die Molekularbindungen im Wasser verändern kann. Unser ganzer Körper leuchtet bei der körperlichen Liebe. Aus den Fingern von Heilern sprüht ein ganzes Feuerwerk, das unzweifelhaft auf der Kirlian-Fotografie festgehalten werden kann und auch subjektiv als jene Hitze gespürt wird, die Gewebsheilung und -erneuerung vorangeht.

Weniger bekannt ist, daß das Sterben mit inneren und äußeren Lichteindrücken verbunden ist. Viele Menschen mit übersinnlichen Fähigkeiten haben geschildert, daß sie gesehen hätten, wie Licht durch die Scheitelkrone den Körper Sterbender verließ. Dieses Licht wird als nebelhaft, wolkenartig, leuchtend und phosphoreszierend beschrieben. Nandor Fodor stellt es als schwebende Flamme dar.[226] Bendit und Bendit schreiben in einem Kapitel unter der Überschrift »Der Vorgang des Sterbens«:

Es scheint, als sei das, was geschieht, die Umkehrung dessen, was zu Beginn der Inkarnation passiert... Hier zieht sich der Kern [des Energiefeldes] zurück, bevor sich die Materie zerstreut, die sich ursprünglich um seinen Brennpunkt sammelte und danach dort in angemessener Form zusammengehalten wurde.[227]

Wir haben von den Erfahrungen von Menschen, die klinisch tot waren und unerwarteterweise ins Leben zurückkehrten, Berichte, die der Ekstase in der Meditation ähneln. Erleuchtung ist das Hauptmerkmal all dieser Berichte. Assagioli definiert »Erleuchtung« folgendermaßen:

Es ist die innere Wahrnehmung von Licht, das in einigen Fällen so intensiv ist, daß es als glitzernde Pracht und funkelndes Feuer beschrieben wird. Wegen dieser Eigenschaften ist der Ausdruck »Erleuchtung« entstanden, ein Ausdruck, mit dem höhere Bewußtseinszustände häufig bezeichnet werden. In vielen Fällen reicht diese Erleuchtung bis in die äußere Welt und wird als Verklärung und unbeschreibliches Licht wahrgenommen.[228]

Es gibt weitere Parallelen zu anderen Lichtquellen – den Sternen. Astrophysiker sagen voraus, es sei das Schicksal vieler Sterne, daß sie stufenweise zu einem so eigenartigen Zustand einer intensiven Dichte zusammenfallen, daß kein Licht davon ausgehen kann. Der Stern ist zu einem unsichtbarenSchwerkraftabfluß, einem sogenannten schwarzen Loch geworden.
Andere Astronomen sagen, es gäbe auch weiße Löcher. Sie seien Quellen intensiver Strahlung und schütteten Teilchen unbekannter Herkunft aus. Es gibt die Vermutung eines Paralleluniversums, in dem unsere schwarzen Löcher als weiße Löcher erscheinen und umgekehrt. Der Abfluß in der einen Welt ist eine Quelle in der anderen. Es sind oft Menschen, welche sich nie mit Astrophysik beschäftigten, in deren Erinnerungen an die Fötalzeit Bilder von schwarzen Löchern vorkommen. Für den Fötus ist der Geburtskanal ein schwarzes Loch, ein Abfluß, durch den er aus seinem uterinen Dasein herausstirbt. Von der postnatalen Seite der Grenze aus betrachtet, werden alle, die im Kreißsaal oder Geburtszimmer zugegen sind, Zeugen eines als Durchtritt bezeichneten Ereignisses, eine neue

Quelle erscheint in ihrer Welt – das Neugeborene, das oft passender-
weise in Weiß gekleidet ist.

Den Tod unseres Körpers erfahren wir wie den Tod eines Sterns, wie
die Annäherung an jenen Zeitpunkt, da wir ein schwarzes Loch
werden, durch das wir aus unserem Dasein hier hinausgesaugt werden. Bei Begräbnissen in Europa tragen die Menschen Schwarz, um
ein Auslöschen zu dokumentieren, in China tragen sie Weiß und
glauben, als Buddhisten, an eine Reinkarnation. Menschen, die klinisch tot waren und dann doch überlebten, hatten Visionen weißen
Lichts, nachdem sie sich von ihrem Körper getrennt hatten.


## Störungen um Geburt und Tod

Wir müssen uns einige pathologische Erscheinungen rund um Geburt
und Tod näher anschauen, bei denen der Prozeß zum Teil unvollstän-
dig bleibt. Ich bezeichne diese als *Nabelschnur-Kastration* und als
*ätherische Ablösung*.

Das ungeborene Kind ist durch die Nabelschnur mit der Plazenta der
Mutter verbunden. Der Geburtsakt endet mit der Austreibungsphase,
nachdem die Plazenta aus dem Körper der Mutter ausgestoßen wurde.
Indem die Nabelschnur durchschnitten wird, wird sie auch vom Körper
des Babys getrennt. Leboyer rät, die Nabelschnur erst dann zu durch-
trennen, wenn sie aufgehört hat zu pulsieren. Die tote Plazenta und die
tote Nabelschnur werden weggeworfen, während der lebende Körper
des Babys entbunden, als »Inhalt« des Gebärmutterbehältnisses befreit
wird, um seine neue Existenz zu beginnen.

Francis Mott hat den Begriff »äußere Plazenta« als Bezeichnung für
die Erde geprägt, auf der das Neugeborene sich gründet, nachdem es
seine freischwebende uterine Existenz hinter sich gelassen hat. Die
Nabelschnur zerschneiden, heißt das Verbindungsstück zwischen
ozeanischem Leben in der Gebärmutter und irdischem, nachgeburt-
lichem Dasein zerschneiden. Es gibt keinen wirklichen Weg zurück,
obwohl man in psychotischen Zuständen oder anderen Arten unfrei-

williger Regression sich an mutterleibsähnliche Bedingungen klammern kann. Wir können solche Zustände als *Gebärmutter-Bindung* bezeichnen.

In R.D. Laings hervorragendem Buch *Die Stimme der Erfahrung* beschäftigt er sich im Kapitel »Gefesselt und abgeschnitten« mit verschiedenen Möglichkeiten, wie Menschen eine Nabelschnur-Kastration oder einen Übergriff auf die Nabelschnur erfahren.

Wenn wir eine Beziehung als eine Bindung empfinden und die Bindung als eine *Fessel*, dann haben wir das fast unwiderstehliche Gefühl, daß uns irgend etwas fesselt, ein Faden, eine Schnur, ein Seil, eine Eisenkette oder ein Gänseblümchen.

Wenn man sich durch irgend etwas an den anderen gefesselt fühlt, dann kann diese Bindung als positiv oder negativ empfunden werden. Die Fessel kann angenehm oder unangenehm sein, erwünscht oder unerwünscht, willkommen oder aufgezwungen, wechselseitig oder einseitig. Zahllose Variationen dieses Themas finden sich in vielen Metaphern ausgedrückt. Er führt mich an der Kandare, am Gängelband. Sie hat ihn an die Leine gelegt. Er ist bei ihr vor Anker gegangen. Er läßt sich nicht an die Kette legen. Freunde sind durch unsichtbare Fäden verknüpft.[229]

Die Nabelschnur ist die verlorene fötale Verbindung. Wir entwickeln Arme, Beine, Genitalien und Augen, um neue Bindungen zum Körper der Erde und den Körpern anderer Menschen zu knüpfen. Diese Bande können verkümmert sein oder verhärtet oder mit derselben Art empfindsamen fließenden Lebens pulsieren, das die Nabelschnurverbindung kennzeichnete. Aber im Gegensatz zu der ständigen neunmonatigen Verbindung durch die Nabelschnur sind diese neuen Bande nur zeitweilig. Sie schwingen im Rhythmus von Kontakt und Rückzug.

Laing spricht noch von einer anderen Art Nabelschnur, die den energetischen mit dem physischen Körper verbindet. Viele Leute mit übersinnlichen Gaben berichten von einem Licht-Körper, einem Bewußtheitszentrum, der mit dem physischen Körper wie ein Doppelgänger verknüpft ist, im Leben sogar so eng, daß wir uns die beiden meistens als einen denken. Andrija Puharich nennt dies den Psi-Plasma-Körper.[230] In sogenannten außerkörperlichen Erfahrungen trennen sich Normalkörper und Doppelgänger auf Raum-, Zeit- und Bewußtseinsebene. Dazu Laing:

Manche Leute sagen, sie hätten eine Schnur, eine Kette, einen Strang, einen Streifen, ein Band, einen Arm, einen Faden, einen Strick, eine Strähne, eine Rohrleitung, einen langen Hals, einen Balken, einen Strahl, eine Blume, eine Lichtspirale, einen Sonnenstrahl gesehen oder gespürt, eine – manchmal pulsierende – Verbindung zu ihrem Gegenbild oder einem flüchtigen anderen Selbst.[231]

Und hier die Beschreibung von Robert Crookall, einem Geologen, Botaniker und Psi-Forscher:

Die »Schnur« soll verhältnismäßig kurz und dick sein, wenn der Doppelgänger nur wenig vom Körper entfernt ist, und immer dünner werden, je mehr sich die beiden trennen, bis sie schließlich wie ein Spinnenfaden sei. Sei der Doppelgänger ganz nahe, absorbiere er viel kosmische Energie, das Prana der Hindus, und leite sie über das »Verlängerungskabel« in den physischen Körper. Eine Reihe von Leuten, die außerkörperliche Erfahrungen hatten, berichteten unabhängig voneinander, sie hätten diese Lebenskraft in ihrer »Schnur« pulsieren sehen.[232]

Sylvan Muldoon schreibt:

Wenn der Astralkörper mit dem physischen Körper vereinigt ist, sind wir körperlich am Leben. Wenn der Astralkörper sich vom physischen Körper trennt, sind wir tot, – außer wenn das Astralband, das sich vom Astralkörper zum physischen Körper erstreckt, unversehrt ist. Das ist der Zweck des »Kraftbandes«; es soll den »Atem des Lebens« dem physischen Körper übermitteln, während der feinstofflichere Körper (der Astralkörper) von ihm abgespalten ist.[233]

In einem Artikel des *Physician*, zitiert von Crookall, heißt es über die Trennung der beiden Körper beim Tod:

Kurz vor der endgültigen Loslösung sah ich einen hellen Strom oder Fluß lebendiger Elektrizität (die »Silberschnur«) zwischen den Füßen des erhöhten, spirituellen Körpers und der niedergestreckten physischen Gestalt kraftvoll hin und her spielen. Dies lehrte mich, daß der Tod nichts anderes ist, als die Geburt des Geistes aus einem tieferen in einen höheren Zustand und daß die Übereinstimmung zwischen der Geburt eines Kindes in diese Welt und der Geburt des Geistes aus dem materiellen Körper in eine höhere Welt absolut und vollständig ist, bis hin zur Nabelschnur, die hier durch den Faden der lebendigen Elektrizität repräsentiert wurde, welcher für ein paar Minuten beide Organismen verband.

Von diesen Schnüren wird aus allen Kulturen berichtet, schriftlich oder mündlich und aus allen Zeiten, unabhängig von religiösen Glaubensvorstellungen. Es scheinen Berichte über objektive Ereignisse zu sein, gegeben von Menschen mit übersinnlichen Fähigkeiten. Der physische Körper dient also als Plazenta, an dem der nicht-physische verankert ist. Der Licht-Körper ist durch diese Schnur mit dem stofflichen Körper sozusagen vertäut. Der Tod bedeutet immer die Durchtrennung der Schnur. Dann stirbt der stoffliche Körper, der Plazenta, Matrix und Behältnis für den Doppelgänger war. Der Licht-Körper wird als sich abspaltende Gestalt gesehen.

Zuerst werden die Füße kalt. Genau über dem Kopf schwebt eine Art magnetischer Schein oder Hof, eine ätherische Emanation, die golden erscheint. Nun ist der Körper bis zu den Knien kalt... Die Emanation ist weiter ausgedehnt... und nimmt jetzt eine Position unter der Decke ein. Der Mensch atmet nicht mehr. Die Emanation ist langgezogen und den Umrissen der menschlichen Gestalt angepaßt. Sie ist durch die Silberschnur mit dem Gehirn verbunden. Das Denkvermögen ist ganz rational bestimmt, während nun fast jeder Teil des Menschen tot ist. Die goldene Emanation ist mit dem Gehirn durch einen sehr dünnen Lebensfaden verbunden. Auf dem Körper der Emanation erscheint nun etwas Weißes, Glänzendes, wie ein menschlicher Kopf; als nächstes entstehen die verschwommenen Linien des Gesichts; Hals und Schultern tauchen auf und dann in schneller Folge alle übrigen Teile des neuen Körpers... Der feine Lebensfaden bleibt noch am alten Gehirn befestigt. Dann folgt der Rückzug dieses elektrischen Phänomens. Sobald der Faden zerreißt, ist der spirituelle Körper frei.[234]

So gesehen kann unser Leben auf dieser Erde als Schwangerschaft verstanden werden. Der Tod erscheint als ihre Vollendung. Selbstmord ist dann wie eine Abtreibung. Genauso, wie von einer postnatalen Existenz, die vielleicht nicht bereit ist, ihr vorgeburtliches Dasein aufzugeben, gesagt werden kann, sie habe eine Gebärmutter-

Bindung, kann von einer postmortalen Existenz, die nicht bereit oder nicht in der Lage ist, sich mit der Aufgabe des prämortalen Daseins abzufinden, als *erd-gebunden* gesprochen werden.

Wenn der von seinem physischen Gegenstück befreite energetische Doppelgänger sich an einen physischen Ort bindet, bezeichnen wir ihn als Gespenst. Viele Forscher halten Gespenster für erd-gebundene Persönlichkeiten, die aufgrund von Streß oder Veranlagung unfähig sind, die Tatsache ihres Übergangs über die Grenze des Todes zu akzeptieren. Aber noch einmal: Es gibt keinen Weg zurück. Ein Gespenst mag Sie oder seine alten Verfolger heimsuchen, aber es kann sich ebensowenig wieder in der physischen Erde verwurzeln wie eine Regression in vorgeburtliche Zeit einen Erwachsenen wieder in der wirklichen Gebärmutter verankern kann.

Geburt, Tod und Orgasmus sind alle mit gewaltigen Schwellenereignissen verbunden. Bei der Geburt betreten wir nach neunmonatigem Schweben im Fruchtwasser das Schwerkraftfeld der Erde. Im Orgasmus geben wir uns den enormen, unwillkürlichen Pulsationen hin, wenn wir in den Körper eines anderen eindringen oder einen anderen in uns aufnehmen. Im Tod scheiden wir uns von der stofflichen Matrix und der Plazenta der Erde. Bei allen dreien können heftige Krämpfe auftreten. Es ist nicht überraschend, daß wir unsere Verbindung zwischen diesen drei Erfahrungen in der Zeit sowohl vorwärts wie rückwärts mit uns herumtragen.

Furcht davor, bei der Geburt zu sterben, die als Geburtsangst erfahren wird, kann jemanden in einem kontrahierten Zustand gefangenhalten, der es ihm nicht erlaubt, sich beim Orgasmus hinzugeben. Sie kann auch nach vorne, auf den Tod hin projiziert werden. Reich schrieb: »… Todes- und Sterbensangst [ist] identisch mit unbewußter Orgasmusangst und der vermeintliche Todestrieb, die Sehnsucht nach Auflösung, dem Nichts, unbewußte Sehnsucht nach orgastischer Spannungslösung…«[235]

Es kann sein, daß Mutter und Kind die Geburt wie einen Orgasmus erleben, wenn sie nicht traumatisch ist. Paul und Jean Ritter haben, soweit ich weiß, als erste diese Beziehung erhellt. Und auch der Tod, wenn man Berichten über klinischen Tod glauben darf, kann dem

Orgasmus gleichen. Freud argumentierte, daß Unsterblichkeit eine Fantasie sei, die auf einer Projektion vom Leben in der Gebärmutter beruhe:

Die Bedeutung der Phantasien und unbewußten Gedanken über das Leben im Mutterleibe habe ich erst spät würdigen gelernt. Sie enthalten sowohl die Aufklärung für die sonderbare Angst so vieler Menschen, lebendig begraben zu werden, als auch die tiefste unbewußte Begründung des Glaubens an ein Fortleben nach dem Tode, welches nur die Projektion in die Zukunft dieses unheimlichen Lebens vor der Geburt darstellt.[236]

So Freud im Jahre 1909. Über sieben Jahrzehnte später müssen wir nicht mehr so dogmatisch sein. Laings Sichtweise scheint offener zu sein und besser zum sich entwickelnden Randbereich von Quantenphysik und Quanten-Bioenergetik in Verbindung zu stehen:

Es scheint mir völlig unmöglich, aufgrund von Beobachtungen bei einem Sterbenden zu sagen, ob Verstand, Seele oder Geist ausgelöscht werden, wenn das Gehirn stirbt, oder ob sie Gehirn und Körper verlassen. Weder die eine noch die andere Auslegung widerspricht objektiven Tatsachen.
Es ist unmöglich, also ist es nicht. Es ist nicht, weil es unmöglich ist…
Die vorherrschende wissenschaftliche Meinung besagt Visionen beim Tod und nach dem Tod kommen nicht vor, weil sie nicht vorkommen können. Erinnerungen an die Zeit vor der Geburt oder zwischen zwei Leben oder an ein anderes Leben sind falsch, weil sie nicht wahr sein können.[237]

Vielleicht belegen wir den Tod mit einem Tabu, genauso wie wir es schon mit der Sexualität und der Geburt getan haben, weil wir die Expansion des Bewußtseins und die Ausweitung von Grenzen nicht einschränken wollen, die eine Ablehnung von Freuds Schlußfolgerung beinhalten würde. Eine technokratische Geburtshilfe tötet die natürlichen Lebensimpulse im Geburtsverlauf; pornographische Sexualität zerstört die natürliche Einfachheit des Orgasmus, indem sie den Sex intellektualisiert; und eine mechanistische Wissenschaft tötet den Tod, indem sie ihn auf ein rein physikalisches Ereignis reduziert.
Entsprechungen von Geburt und Tod gibt es auch in der Atmung. Das Neugeborene hat zusammengefallene Lungen, die noch nie Luft

enthielten. Wir hören den Geburtsschrei, aber nicht, was ihm voranging: den ersten Atemzug. Diese Einatmung ist der erste Akt nachgeburtlichen Lebens. Wird die Nabelschnur rasch durchtrennt und es gibt keine andere Sauerstoffquelle, muß das Baby sofort einatmen, oder es stirbt. Dieses schlagartige Einströmen von Luft kann als gewaltsames Eindringen und als Trauma erlebt werden.[238] Das kann die Voraussetzung dafür schaffen, daß jemand später eine eingeschränkte Atmung hat. In schizophrenen Zuständen kommt eine Phase abgeflachten Atmens vor, die »uterine Atmung« oder »Gebärmutter-Atmung« genannt wird.[239] Menschen, die nicht einatmen wollen, wollen auch nicht stehen, sich nicht aufladen, oder sich selbst gegen die Schwerkraft behaupten. Sie brechen leicht zusammen. Am anderen Ende der Atemwelle liegt die Exspiration, die Ausatmung. Im Tod ist es unser letzter Akt, die Luft aus unseren Lungen zu lassen. In seinem Schauspiel *Atem* hat Samuel Beckett das ganze Leben zwischen Geburtsschrei und letztem Atemzug in eine einzige Minute hineingepackt. Stirbt jemand, sagen wir auch, er habe sein Leben ausgehaucht, seinen letzten Atemzug getan. Die Furcht vor dem Tod führt zu Rigidität, Kontrolle und dem Einhalten des Atems. Dadurch wird eine von der Einatmung bestimmte Haltung erzeugt. Diese Haltung wappnet die Menschen durch Anspannung gegen die Angst zu zerplatzen. Furcht vor dem Leben zieht Kollaps, Resignation und Depression nach sich. Sie erzeugt eine zur Ausatmung neigende Haltung mit einer stark reduzierten Einatmung.

Charles Kelley hat die Abneigung gegen das Einatmen mit der Blockierung von Angst in Beziehung gebracht und die Abneigung gegen das Ausatmen mit der Blockierung von Ärger.[240] Unsere Atmung spiegelt wider, wie wir geboren wurden, und bestimmt möglicherweise, wie wir sterben. Stanley Keleman unterscheidet zwei Arten des Sterbens. Wir könnten sie als »Wut-Sterben« und »Angst-Sterben« bezeichnen. Keleman spricht vom »eruptiven« und vom »gerinnenden Sterben«:

Solches Sterben ist eruptiv oder streuend, der versammelte Organismus explodiert, bricht aus seinen Grenzen in die Welt. Schlaganfälle und Herzanfälle sind häufige Beispiele eruptiven Sterbens. Das Ereignis tritt gewöhnlich plötzlich ein. Dies ist eine Weise des Sterbens, eine Art, wie der Organismus sich selbst ein Ende gibt.

Die andere Art ist grundverschieden... Der Körper sammelt sich selbst, nimmt sich zusammen, zieht sich zurück von der Umwelt. Hier erscheint Sterben als eine Reihe von schwächenden und selbstvermindernden Schritten oder als Schock, als ein tiefer Rückzug in Richtung vollständiger Hemmung... Diese Art des Sterbens nenne ich Gerinnen.[241]

Beide Formen des Sterbens drücken das Ende des Organismus aus. Stanley Keleman untersucht in seinem Buch *Lebe dein Sterben* viele Arten, wie wir sterben, indem wir Grenzen durchbrechen und während unseres Lebens viele »kleine Tode« herbeiführen. Der Dichter John Keats pflegte vom »ins Leben Sterben« (»dying into life«) zu sprechen.

Wenn wir berücksichtigen, was Sterben für die Essenz eines Menschen bedeuten kann, der den Begrenzungen des physischen Körpers entrinnt, können wir uns eine dritte Art zu sterben vorstellen, ein ekstatisches Sterben. Keleman hat die Frage gestellt, wer wohl nicht gerne voller Erregung, ohne Angst und ohne Krankheit durch sein Sterben gehen würde.

Menschen, die klinisch tot waren, wollten nicht wieder von ihren Visionen und ihrer Erfahrung der Erleuchtung zurückkehren. Ums Leben gebracht zu sein, scheint einem etwas einzubringen. Das hat nichts mit masochistischen Haltungen oder einer Selbstaufopferung zu tun. Ich denke, wir sollten das Beste aus unserem Leben im Körper machen, solange wir ihn haben. Es abzukürzen durch eigene Torheit oder Selbstmord, könnte die schlechtest mögliche Vorbereitung dafür sein, irgendeine Art Befriedigung im Leben außerhalb des Körpers zu erlangen. In okkulter Überlieferung gilt es als besonders wahrscheinlich, daß Selbstmörder eine Erdgebundenheit herbeiführen. Chuang Tsu schreibt:

Die wahrhaften Menschen alter Zeit schliefen, ohne zu träumen, und erwachten ohne Angst. Ihre Nahrung war einfach und ihre Atmung tief. Denn ihre Atmung stieg aus den Füßen auf, während der Atem der heutigen

Menschen aus ihren Kehlen kommt... Die Alten wußten nichts über die Liebe zum Leben und den Haß auf den Tod. Wurden sie geboren, fühlten sie keinen Stolz. Wenn sie in den Tod eingingen, gab es keinen Kummer. Sorglos gingen sie. Sorglos kamen sie. Das war alles. Sie vergaßen nicht ihren Anfang und suchten nicht ihr Ende. Sie nahmen, was ihnen gegeben war, mit Freude, und wenn es weg war, dachten sie nicht mehr daran... Das Holz ist verzehrt, aber das Feuer brennt weiter, und wir wissen nicht, wann es erlöscht.[242]

## Zwei Welten, die einander überlagern

Bis jetzt habe ich versucht zu zeigen, daß es eine Art Harmonie oder Gleichgewicht gibt, wie wir unser Leben führen – von der Geburt bis zum Tod; vielleicht ist der Vergleich mit einem kreisförmigen Fortschreiten besser. Ich möchte diese Denkweise nun auf die Umgebung, in die wir hineingestellt sind, ausdehnen. Wir leben in zwei Welten, einer sichtbaren und einer unsichtbaren. Reich beschrieb diese Welten als die Welt der Natur, gefangen in einer Membran oder einem Gebilde, und die masselose Welt des orgonotischen Strömens.[243]

Eine sichtbare Sonne erwacht morgens. Aber es gibt noch eine unsichtbare Sonne, die wir nur durch ihre ausgesandten Strahlen entdecken können. Die Erde schwimmt tatsächlich in dem unsichtbaren Feld dieser Sonne. Physiker nennen es die »Magnetosphäre«. Reich nannte es die »Orgon-Hülle« der Erde. Unsere für das normale Auge nicht sichtbare Aura, die orgonotische Hülle unseres Körpers, steht unter dem nicht sichtbaren Einfluß des solaren Winds.

Es gibt eine Welt der Materie und der sekundären Strahlungen und eine Welt energetischer Wellen, die mehr oder weniger von der Physik verstanden wird. Hinter dem elektromagnetischen Spektrum, das die physikalische Welt begrenzt, liegen die nicht-physikalischen Ebenen der Realität. Umfangreiche Ergebnisse aus der jüngsten Welle paraphysikalischer Forschungen beweisen die objektive Wirklichkeit nicht-physikalischer Phänomene wie Telepathie; die Fähigkeit, über weite Entfernungen zu sehen; Vorauswissen; Fernheilungen; außerkörperliche Erlebnisse und Psychokinese. Viele dieser Untersuchungen sind gerade in dem materialistischsten aller Länder, der UdSSR, vorgenommen worden. Vor zwanzig Jahren war die Aura eine okkulte Idee, die nur von Mystikern geteilt wurde. Reich starb im Gefängnis wegen seiner Behauptungen, jeden lebenden Körper würden Orgon-Energiefelder umgeben. Heute steht die Bastion der Orthodoxie, die Schulmedizin, kurz davor, die Wirklichkeit dessen, was die Mystiker Aura nennen, anzuerkennen.

Und wieder stellt sich uns die Frage, was zuerst war. Erzeugt die stoffliche Welt unsichtbare Felder, oder erzeugen die unsichtbaren Felder die stoffliche Welt? Reich postulierte in seiner *Cosmic Superimposition* das Entstehen von Masseteilchen aus einem masselosen, energetischen Kontinuum. »Das ›energetische Orgonom‹ führt zur Bildung eines ›materiellen Orgonoms‹.«[244] Ein Orgonom ist eine fundamentale lebendige Form, die für biologische Systeme kennzeichnend ist. Reich gibt dafür viele Beispiele: der Same, das Ei, der Embryo, der menschliche Körper. Das energetische Orgonom entspricht der Aura. Das materielle Orgonom entspricht dem Körper. Reich scheint den Körper eher als Verdichtung der Aura aufzufassen, als umgekehrt die Aura als eine Verflüchtigung des Körpers.

Im ersten Teil dieses Kapitels führte ich die Beobachtungen von Sehern an, die während der Embryogenese ein energetisches Strömen sahen. Zusätzlich zu den drei Zellschichten und der mit ihnen verbundenen Lebensweisen[245] haben wir die organisierenden Felder oder das biologische Organisationsmodell, wie es Hernani Andrade in einem kürzlich erschienenen Artikel postuliert hat.[246] Die drei embryonalen Keimschichten sind das Ektoderm (außen), das Mesoderm (mittlere Schicht) und das Endoderm (innen). Wir benötigen ein entsprechendes Wort für das morphogenetische Feld, das nach Andrade und Burr die Topologie des Körpers gestaltet. Ich schlage dafür »Morphoderm« vor. Das ist die spezifische Bezeichnung für das nicht-physikalische Feld, welches die Gestaltung eines zusammenhängenden Körpers formt und befördert.

Für diese Sichtweise gibt es Unterstützung durch die Quanten-Physik, wo man, anstatt das Bewußtsein als Nebenerscheinung eines Stücks

Materie zu sehen, das Hirn genannt wird, es als ein organisierendes Feld an den Wurzeln des Seins anzusehen beginnt, das als eine Kraft fungieren könnte, die genau auf die Teilchen einwirkt, aus denen die Welt gemacht ist.

Die Geschwindigkeit des physikalischen Lichts ist ein Grenzwert des physikalischen Universums. Bei Lichtgeschwindigkeit wird Masse unendlich, und Größe schwindet gegen Null. So die Schlußfolgerungen aus Einsteins spezieller Relativitätstheorie. Die physikalische Welt bewegt sich auf Geschwindigkeitsstufen, die von Null bis zur Lichtgeschwindigkeit reichen. Einsteins Gleichungen haben noch eine zweite Lösung, in der Masse negativ ist. Dies stimmt mit keiner bekannten physikalischen Wirklichkeit überein. Die zwei Lösungen der Einsteinschen Gleichungen liegen vor bzw. hinter der Schwelle des Lichts. Wir könnten sie »subluminale« und »supraluminale« Universen nennen oder auch als Universum der physikalischen Materie und als Universum der PSI-Materie bezeichnen, wie es Puharich tut.[247] Reich sprach von der masse-gebundenen und masselosen Welt.

Das Bewußtsein ist ohne Masse. Die Telepathie ist nicht vom Körper begrenzt, ihre Übertragungsgeschwindigkeit ist verzögerungsfrei. Sie überschreitet die Grenze der Lichtgeschwindigkeit. Sie ist supraluminal. Hellsichtigkeit überträgt Informationen von einem Ort zum anderen ohne Zeitverlust sofort, wie zwei amerikanische Physiker vor einigen Jahren ganz praktisch gezeigt haben.[248] Nach LeShan bedarf es bei der spirituellen Heilung nicht einmal des direkten Kontaktes der Energiefelder oder körperlichen Strahlungen, um eine Begegnung zweier Menschen jenseits aller physischen Naturgesetze herzustellen und eine Veränderung im Gesundheitszustand von Geweben stattfinden zu lassen.[249]

Chico Xavier, der weltberühmte brasilianische Heiler, zeichnet ein Bild zweier benachbarter Erfahrungsbereiche;[250] er nennt sie das Reich der Materie und das Reich des Geistes. Im Leben sind die beiden derart miteinander verquickt, daß wir ihre überlagerten Bilder als eins sehen. Gehirn und Geist scheinen sich im Kopf zu einem pulsierenden Klumpen aus grauer Materie zu vereinigen.

Vielleicht haben letztendlich diejenigen recht, die eine grundlegende Einheit an den Wurzeln des Seins annehmen; vielleicht sind das, was Physiker Materie, und das, was Mystiker Geist nennen, nur verschiedene Vibrationsebenen einer einzigen grundlegenden, ozeanischen Energie. Reich erkannte: »Die ›Seele‹ stellt die orgonotische Erregung dar und das ›Fleisch‹ das begrenzende Gewebe.«[251] Aber das Gewebe selbst ist eine Anordnung von Strukturen, die sich letztlich in Quantenerregungen auflösen, die relativ zeitstabil sind.

Die Wasserscheide zwischen Körper und Seele, zwischen dichteren und feineren Vibrationsebenen, ist die Grenze dessen, was mit unseren fünf physikalischen Sinnen und deren mechanischen Hilfsmitteln zu erkennen ist. Was wir mit unseren Augen sehen, unseren Ohren hören, unseren Händen berühren, mit Kameras fotografieren und durch Elektronik aufnehmen können, ist physischer Natur. Alles andere existiert entweder nicht, oder es existiert, aber befindet sich jenseits der Möglichkeiten der derzeitigen physikalischen Suchmethoden.

Spricht der Hellsichtige von anderen Existenzebenen auf höheren Vibrationsstufen oder von feineren Körpern als den physischen, bestreitet oder verwirft er mit seiner Sichtweise keine einzige bekannte physikalische Tatsache. Teilweise jedoch scheint eine derartige Einstellung nötig zu sein, um einen Sinn in die vielen Zeugnisse zu bringen, die uns für nicht meßbare Erfahrungsebenen vorliegen.

## Erleuchtung

Ich werde nun auf einige der mehr menschlichen Aspekte eingehen, besonders auf die der Erleuchtung und in welchem Verhältnis sie zur Verkörperung steht.

Ein Baum hat Wurzeln und Blätter. Die Wurzeln reichen in den Boden hinab und nehmen Mineralien aus der Erde auf; die Blätter strecken sich zum Himmel und nehmen Licht von der Sonne auf. Der Baum ist dann gut eingebettet und verankert, wenn er gut geerdet (verwurzelt) ist. Er wird erleuchtet durch die Photosynthese und die Atemfunktion seiner Blätter. Was er vom Licht und aus der Luft und aus dem Boden aufnimmt, erzeugt den Körper des Baumes. Im hebräischen Kulturkreis ist der Baum ein Symbol für den menschlichen Körper. In der chinesischen Kultur überbrückt der Mensch die Polarität zwischen Erde unten und Himmel oben. Der wirkliche Baum bewohnt zwei Welten: die der Erde und die des Lichts. Der allegorische Baum vereinigt Himmel und Erde.

Die Entwicklung von Bewußtheit, das Wachstum einer menschlicheren und letztlich spirituellerer Wahrnehmung ist ein Prozeß fortschreitender Erleuchtung. Ich meine damit nicht irgendeinen mystischen Zustand der Vollkommenheit und auch keine ritualisierte religiöse Suche. Wir können das Wort in seiner ganz einfachen Bedeutung gebrauchen: erleuchteter zu sein, heißt menschlicher zu sein, heißt mehr aus der Kraft und der Klarheit des Herzens zu leben.

Sich im materiellen Sinne entwickeln, meint einen Körper, ein Berufsleben, eine Familie oder allgemein Strukturen aufzubauen, die der Aufrechterhaltung des Lebens dienen. Ein Mensch, der gut verkörpert ist, schafft es, die Strukturen seines Lebens einzusetzen, um das Wachstum seines Geistes zu unterstützen und zu speisen; sowohl der persönliche als auch der soziale Körper fungieren als Gebärmutter für den Geist. Wer aber das, was Reich den Muskelpanzer nannte, aufbaut, erzeugt Muster der Verhärtung und der Verdichtung des Gewebes, die immer mehr das Herz ein- und das Licht ausschließen. Dann wird der Körper zur Gruft für den Geist.

Ich habe Menschen gekannt, die in dem zwanghaften Bestreben auf ihre Köpfe einschlugen oder an ihrer Brust rissen, die Mauer aus kontrahierendem Fleisch zu durchbrechen, hinter der ihre Vitalität und ihr Leben gefangen war. Reich schrieb, die orgastische Sehnsucht, die solch eine gewaltige Rolle im Leben der Tiere spielt, erscheine uns als der Ausdruck dieses »Strebens über uns selbst hinaus« und als »Sehnsucht«, endlich über die enge Hülle des eigenen Organismus hinauszureichen. Wir streckten die Hand aus nach dem »dort drüben«, dem, was jenseits unserer selbst ist. Hier, so Reich, liege vielleicht die Lösung des Rätsels, warum die Vorstellung vom

Tod so oft für den Orgasmus steht. Denn auch im Sterben reiche die biologische Energie über die Grenzen der materiellen Hülle hinaus, die ihren Gefangenen in Fesseln hält.[252]

Für umfassend verkörperte Menschen ist der Orgasmus das Lebensereignis, welches die Tendenz »nach drüben« am klarsten verdeutlicht. Reichs Therapie ermöglicht durch das Aufweichen des Panzers pulsierende, orgastische Bewegungen, die manchmal eine tiefe Empfindung kosmischer Verbundenheit in den Menschen hervorruft. Mitunter bewirken schon geringe Änderungen im Atemrhythmus eine Veränderung des Muskeltonus und der »Zündfrequenzen« des Nervensystems und erlauben es dem Organismus dadurch, ein natürlicheres Gleichgewicht zu erlangen und die rigide Körperstruktur einer übermäßig verschlossenen Persönlichkeit zu lockern und weicher zu machen.

Was ist das für ein Zustand, der als »entkörperlicht« bezeichnet wird? Wahre Entkörperlichung ist eine Übergangsstufe, jene Tod genannte Ablösung, die das energetische Band zwischen Körper und Geist, zwischen materiellem Orgonom und energetischem Orgonom zerschneidet. Jemanden aber entkörperlicht zu nennen meint, daß, während er noch lebt, die Verknüpfung von Materie und Geist sehr dünn geworden ist.

Im Schlaf sind wir in einem solchen Zustand. Es gibt Erkenntnisse, die vermuten lassen, daß die Verbindung im Schlaf zeitweilig gelockert wird. Nur noch das ätherische Band bleibt, um das feinere Wesen des Menschen mit seiner physischen Gestalt zu verbinden. Beim Träumen dissoziieren wir.

Ein Psychotiker träumt im Wachen. Er handelt gespalten, d.h. dissoziiert. Er ist zum Teil nicht in seinem Körper. Aus Furcht ist er aus seiner Haut gefahren. Wir sagen, er sei teilweise nicht bei Sinnen. Alexander Lowen schreibt in seinen Ausführungen über die Dissoziation im schizophrenen Zustand:

Alle Autoren stimmen darin überein, bei der Depersonalisation berichte der Betroffene von einem Verlust des Kontakts zum Körper oder zu wichtigen Körperteilen. Begleitet wird dies von Empfindungen der Fremdheit und Unwirklichkeit. Manchmal hat der Betroffene das Gefühl, sich selber von außerhalb seines Körpers oder aus der Entfernung anzusehen... Wir vereinfachen das Problem nicht, wenn wir sagen, es beruhe auf einer gestörten Vorstellungskraft. Um diese Störung zu erklären, müßten wir immer noch Gründe für das ursprüngliche Gefühl angeben. Bei diesem Problem der Depersonalisation stehen wir einem Phänomen gegenüber, das über Psychologie und Physiologie hinausgeht.

Lowen erörtert dann die Erfahrung neben oder buchstäblich »außer sich« zu sein, ein doppeltes Selbst zu haben. Er beschreibt ein solches Erlebnis seiner Frau:»Die eine ihrer Existenzen [das eine ihrer doppelten ›Selbste‹] war der Körper, völlig lebendig und mit normalen Funktionen. Die andere war ein geistiger Körper (der sogenannte ätherische Doppelgänger).« Dann führt er die Diskussion dieser Vorgänge so fort:

Der Prozeß, durch den ein doppeltes Selbst erzeugt wird, ist komplizierter. Wenn die Atmosphäre um den stark erregten Organismus herum sich intensiv auflädt, scheinen sich in ihr Kohäsionskräfte zu entwickeln. Gewöhnlich zeigen alle lebenden Organismen eine Aura um den Körper herum, die ein natürliches Feldphänomen ist, das bei allen geladenen Systemen vorhanden ist. Mein Kollege, Dr. John C. Pierrakos, hat eine intensive Untersuchung des Energiefeldes angestellt, das den menschlichen Organismus in Gesundheit und Krankheit umgibt... Es scheint, als könne der Organismus sich in sehr hoch geladenem Zustand aus seiner Aura oder seinem Feld hinausbegeben, das dann in der Form des Körpers zurückbleibt und dem Körper wie ein Schatten folgt. Sobald es einmal als Kern entstanden ist, behält es so lange seine Form und Kohäsion, wie ihm vom Körper Energie zufließt. [Die Beobachtungen, die Carrington und Muldoon gesammelt haben, lassen vermuten, daß Energie auch von der Aura in den Körper fließt und daß dies Hauptrichtung des Energiestroms sei.] Kraft der Energiebrücke zwischen den beiden Systemen ist die Wahrnehmung des Selbst verdoppelt. Das Feldphänomen bricht zusammen und verschwindet, sobald das Abklingen der Erregung die Energie wieder in den eigentlichen Körper zurückzieht...
Der Schizophrene ist anti-materiell, gegen die Alltagsrealität. Wir können es als einen Rückzug bezeichnen, aber es kommt dem materiellen Tod gleich. Ich konnte daher einer anderen schizophrenen Patientin zustimmen, die sagte, ihr Körper sei dabei, zu sterben. Wenn dies geschieht, hat der Geist oder die freie Energie die Tendenz, den Körper zu verlassen...

213

Ich weiß, während ich dies schreibe, daß viele Leser skeptisch sein werden. Manche werden zweifeln, während andere sich gegen alle bioenergetischen Interpretationen wenden werden. Dies war eine Reaktion, mit denen man vielen der wertvollsten Beiträge Freuds begegnete. Sie werden fragen, ob ich diese »ätherischen Doppelgänger« gesehen habe, ob ich an Gespenster glaube. Ich kann nur sagen, daß es keine Frage des Glaubens, der Geisterseherei oder parapsychologischer Phänomene ist. Wir versuchen, eine Krankheit zu verstehen, deren Symptome, wenn man sie ernst nimmt, unter dem Blickwinkel der Realität unseres Alltagslebens unbegreiflich sind.[253]

Wir kommen später noch einmal beim Thema Besessenheit und Psychose auf das Konzept des Geist-Körpers und den Vorgang der energetischen Dopplung zurück.

In seinem Buch *Cosmic Superimposition* (»Die kosmische Überlagerung«) postulierte Reich ein Grundprinzip der Natur, das zur Verschmelzung führt. Die Hauptmerkmale der Überlagerung sind: zwei Richtungen des Energieflusses, Konvergenz und gegenseitige Annäherung der beiden Energieströme, Überlagerung und Kontakt; Verschmelzen und eine scharfe Krümmung der Flußrichtung einwärts, so daß ein Kern gebundener Form oder Struktur geschaffen wird.

Zwei Jahre später meinte Paul Ritter, daß der Orgasmus, wenn man ihn als ein Ereignis zwischen zwei Menschen betrachtet, in Form von drei grundlegenden Phasen eines einzigen Prozesses beschrieben werden könne. Er nannte sie Anziehung, Verschmelzung und Lösung. Energetisch können wir diesen Vorgang wie in Abbildung 6 darstellen. Phase eins zeigt die sich nähernden energetischen Ereignisse, Phase zwei stellt ihre Verschmelzung, Paarung, Fusion dar, Phase drei zeigt das Ende der Überlagerung und die Lösung oder Befreiung der jetzt getrennten Prozesse.

Wir können diese Konzepte benutzen, um die Beziehung zwischen Geist-Körper und stofflichem Körper darzustellen. Die obere Linie soll dabei für das energetische Orgonom oder Andrades »biologisches Organisationsmodell« stehen. Die untere Linie wäre dann die energetische Verdichtung der befruchteten Zelle, also das materielle Orgonom mit seinem DNA-Inhalt, das, bevor Differenzierung und morphogenetische Organisation begonnen haben, in einem totipoten-

*Abb. 6: Anziehung, Verschmelzung und Lösung.*

ten Zustand ist. Im mittleren Teil des Diagramms sehen wir die Vereinigung des Lebensprozesses, die Überlagerung von Materie und Geist, die Inkarnation masseloser Energie in dem sich verdichtenden und konzentrierenden plasmatischen Sack. In der dritten Phase dann die Lösung, die Trennung der Essenz eines Menschen von seiner Existenz in einem Körper, der wieder zu Staub wird. Die obere Linie repräsentiert dann die Kontinuität des energetischen Orgonoms (das Überleben des Geist-Körpers) und die untere den Zerfall des materiellen Orgonoms.

## Träume, Visionen, Halluzinationen und übersinnliche Wahrnehmung

Ich möchte mich nun vom Körper ab- und dem energetischeren Medium zuwenden und einen Blick auf Träume, Visionen und Halluzinationen werfen. Das führt uns später in den Bereich der Psychose, der uns schon im letzten Kapitel begegnet ist.

Wenn ich ein Gespenst sehe, erblicke ich dann etwas, was andere Leute nicht sehen können, oder projiziere ich ein verwirrtes Bild aus meinem eigenen Hirn auf die Außenwelt? Wenn ich träume, erlebe ich dann einen besonderen Schwingungszustand in meinem Kopf,

215

oder erlebt mein nicht-physischer Teil gerade irgendeine Wirklichkeit in einer nicht-physischen Welt? Was geschieht, wenn zwei Menschen, die sich nie begegnet sind und in verschiedenen Städten leben, träumen, sie träfen sich eines Nachts, und weiterhin träumen, daß sie ein Treffen zwei Wochen später in einer dritten Stadt verabredeten, aber dann eben nicht im Traum, und wenn dies – nicht im Traum – tatsächlich passiert? (Das ist zwei Menschen geschehen, die ich kenne, und die eine zwanzigjährige Partnerschaft begründeten.)

Ein Traum mag eine von den Erregungsmustern des Hirns erzeugte Bilderserie sein. Er mag aber auch etwas anderes sein: eine außerkörperliche Erfahrung, die nicht als solche verstanden wird. In okkulter Begrifflichkeit wird eine solche Erfahrung als Astralreise bezeichnet, als Reise eines feineren Körpers auf einer feineren Existenzebene. Ein Traum könnte natürlich eine Mischung beider Arten von Erfahrung enthalten.

Hat jemand eine Vision, die bestätigt werden kann, z.B. wenn er Ereignisse träumt, die dann wirklich eintreten, nennen wir ihn hellseherisch. Hat jemand Visionen, die sich nicht bestätigen, d.h. behauptet er Dinge zu sehen, die wir nicht sehen, nennen wir ihn psychotisch.

Laing zitiert Gilchrist, der über William Blake berichtet:

Am Beckham Rye (bei Dulwich Hill) hatte er, wie er später erzählte, als Kind von acht oder vielleicht zehn Jahren seine *erste* Vision. Beim Umherbummeln blickte der Junge nach oben und sah einen Baum voller Engel, deren strahlende Flügel wie Sterne an den Zweigen funkelten. Zuhause erzählte er von diesem Vorfall und nur die Fürsprache seiner Mutter bewahrte ihn vor einer Tracht Prügel, die ihm sein rechtschaffener Vater wegen dieser Lüge verabreichen wollte.

Laing kommentiert ausführlich:

Heutzutage müssen Kinder, ob sie nun lügen oder nicht, damit rechnen, schon für weniger als für Geschichten von Engeln auf Bäumen »behandelt« – wenn schon nicht verprügelt – zu werden.

Einem kleinen Kind werden vielleicht ein, zwei Halluzinationen durchgelassen, wenn es im übrigen normal erscheint; bei allem, was darüber hinausgeht, würde man wenigstens eine *Beobachtung* für erforderlich halten. Heute wird Blakes Vision wohl eher nicht geglaubt als geglaubt. Sie wird vielleicht toleriert. Sie wird gestattet, wenn sie nicht verboten ist. Engel existieren nicht, deshalb *könnte* er lügen. Er *könnte* halluziniert haben. Engel *können* allenfalls Halluzinationen sein. Irgend etwas *könnte* mit ihm nicht in Ordnung sein. Ist es dann nicht besser, daß er *an*gesehen und *untersucht* wird, daß man in ihn *hinein*sieht? Könnte es nicht Abweichungen in seinem EEG geben?

Engel überschreiten die Grenzen der objektiven Welt. Die objektive Welt ist das Reservat für objektive Objekte und objektive Vorgänge. In dieser objektiven Welt sind Engel *ipso facto, de facto, per se* an sich unmöglich, also existieren sie nicht. Vom objektiven biologischen Standpunkt aus kann man nur die grundlegende Frage stellen: Haben Engel einen biologischen Nutzwert? Haben Engel – d.h. Halluzinationen – Erhaltungswert? Sind sie Zeichen einer Pathologie? Gehen sie spontan zurück? Haben sie eine gute Prognose? Sollen wir sie zulassen?[254]

»Halluzination« kommt vom Griechischen »aluein«, was heimatloses Umherwandern und ruheloses Umherstreifen bedeutet. Wir projizieren vielleicht Bilder aus der Vergangenheit oder unserem Unbewußten auf die Welt. Ein Mann, der vor Schlangen Angst hat, mag Schlangen halluzinieren, wenn er ein Seil sieht. Wir können aber genauso nicht von uns erzeugte Ereignisse übersinnlicher Art in unsere Hier-und-Jetzt-Realität introjizieren und von ihnen gequält werden. Es scheint so, daß einige Leute tatsächlich von wirklichen Gespenstern heimgesucht werden. Der Psychotiker läßt seinen Geist, der Astralreisende seinen Körper hinter sich. Viele für übersinnliche Einflüsse empfängliche Menschen enden vielleicht in psychiatrischen Anstalten, weil das, was sie sehen, nicht-physisch ist und man sie mißversteht. Vielleicht wird die Gesellschaft tatsächlich durch die gestört, die etwas sehen, wovon die Gesellschaft beschlossen hat, sie könnten es nicht sehen, weil es nicht da ist. Viele Psychotiker, die sich infolge intensiven Stresses vom alltäglichen Dasein abgespalten haben, haben vielleicht auch echte Einblicke in andere Existenzbereiche, die unsere normalen Ich-Barrieren sonst herausgefiltert hätten.

Immer mehr Forschungsergebnisse der letzten Jahre zeigen, daß psychotische Zustände Reaktionen auf Streß sind, dem Menschen ausgesetzt sind, die für Dissoziation anfällig sind. In meinem Buch *The Charge of Consciousness*[255] habe ich ausführlich die emotionale Dynamik, die bio-chemischen Reaktionen und den Stoffwechsel des Energiefeldes bei schizophrenen Zuständen behandelt. Streß treibt einen Keil zwischen Körper und Seele und erzeugt ein bestimmtes Maß an Entkörperlichung und Persönlichkeitsverlust.

Frank Lake, Stanislav Grof und andere haben das Geburtstrauma als einen der hauptsächlichen Streßfaktoren ausgemacht, durch den eine Tendenz für spätere Psychosen begründet wird. Wir können jedoch zwei verschiedene Reaktionsweisen auf den Streß einer verspannten Geburt unterscheiden. In einem Fall ist die Identität des Betreffenden außerhalb seines Körpers, er fühlt sich im leeren Raum, euphorisch, identifiziert mit Christus, empfindet sich als spirituellen Astronauten oder lichtdurchfluteten kosmischen Seher. Im anderen Fall ist seine Identität unempfänglich für den Geist, er fühlt sich am Boden zerstört und ausgebrannt, in seiner Bilderwelt dominiert die Schwarze Sonne,[256] sein Körper ist die Hölle geworden, und er sehnt sich nach dem Tod, der ihn aus dem Grab seines Körpers befreien soll. Dies ist der Unterschied zwischen einer akuten schizophrenen Phase und einer schweren Depression.

Ein von Natur aus übersinnlich begabter Mensch wird manchmal als Sensitiver bezeichnet. Wenn er seine erhöhte Offenheit für andere Realitätsebenen erden kann, mag er ein Heiler oder Seher werden. Kann er sie nicht erden, wird er leicht mit dem Psychotiker, der außerhalb seines Körpers ist, verwechselt und als solcher behandelt werden.

Viele Kinder sind von Natur aus mit parapsychologischen Fähigkeiten begabt. Diese sind Teil einer Sensitivität, mit der sie auf die Welt kommen. Es gibt reichlich Beweismaterial dafür, daß der Fötus möglicherweise über große übersinnliche Fähigkeiten verfügt.[257] Das Bewußtsein des Fötus hat sich erst seit kurzem wieder für seine Verbindung mit der Materie in den Ereignissen der Inkarnation geöffnet. Aber Kinder werden häufig wegen ihrer übersinnlichen Begabungen ausgelacht, lächerlich gemacht und gedemütigt. Das kann zu einer vorzeitigen Aufgabe dieser Fähigkeit führen. Von nun an kann das Tabu der Spiritualität ebenso stark oder stärker sein wie das bezüglich der Sexualität. Arthur Guirdham argumentiert in seinem Buch *Obsession*, die Ursprünge von Zwangsneurosen könnten darin zu suchen sein, daß gegen übersinnliche Visionen oder spirituelle Einsichten vorzeitig vorgegangen und daß sie verboten wurden. Seine Zusammenfassung des Buchs läßt sich schwerlich übertreffen:

Dieses Buch stellt einen neuen Ansatz zum Verständnis neurotischer Krankheit vor… Für den Autor, als Psychiater eine Autorität seit 40 Jahren, leiden viele von denen, die zwanghafte Symptome zeigen, an einer Unterdrückung ihrer parapsychologischen Begabungen.
Zwanghafte Zustände sind direkte Schutzreflexe auf die Wahrnehmung des Bösen. Dies zeigt sich zuerst an den Alpträumen und unwillkürlichen Tics der Kindheit. Die Opfer zwanghafter Zustände sind oft bemerkenswert parapsychologisch begabt. Viele haben hellseherische und telepathische Fähigkeiten. Ihre Tendenz zur Zwanghaftigkeit hat mit der Unterdrückung dieser Begabungen zu tun… Im zwanghaften Patienten vereinigen sich zwei Personen in einer: d.h. er ist einerseits ein Mystiker mit übersinnlichen Fähigkeiten und andererseits Repräsentant eines orthodoxen Denkens mit einem Hang zum Ritual. Letzteres ist eine Maske und eine Buße für seine parapsychologischen Talente. Er vereinigt in einer Persönlichkeit die Rollen des verfolgten Ketzers und des Inquisitors, die des begnadeten Mystikers und des unterdrückenden Priesters.[258]

Wenn wir die verkörperte Straße der Evolution beschreiten, die durch die Zwillingswelten führt, sehen wir uns zwei Bedrohungen gegenüber: erstens der Gefahr, so sehr in Materie verstrickt zu werden, zusammengepreßt hinter einer zu verdichteten Struktur, daß der Geist darin zu ersticken beginnt; dies ist die mißliche Lage des in seinen Ritualen gefangenen Zwangsneurotikers. Die andere Gefahr ist, außerhalb der Materie festgehalten zu werden, freischwebend hinausgewirbelt in den Raum, ohne Boden oder Zentrum, auf einem kosmischen Trip zu einem fernen Stern, ohne klare Möglichkeit, zurücksteuern zu können.
In *The Charge of Consciousness*[259] habe ich den Bewußtseinsprozeß unter dem Aspekt beschrieben, daß er Pforten errichtet. Ich stellte eine Anzahl von grenzbildenden Funktionen im Gehirn dar, die als

Pforten für Wahrnehmung, Gefühl und Handeln dienen. Der zwanghafte Mensch hat zu viele gesperrte Pforten; er leidet an einer begrenzten, tunnelartigen Sichtweise, zwanghaft bestimmtem Tun, Gefühlsrestriktionen, ausgesperrter Empfindsamkeit und eingeschränkter Wahrnehmungsfähigkeit. Dieses übermäßige Absperren ist genau das, was Arthur Guirdham als die Abwehr gegen parapsychologische Offenheit bezeichnet.

In den übererregten Zuständen der Schizophrenie gibt es zuwenig Sperren. Zuviel übersinnliches Material ergießt sich ins Bewußtsein, ohne daß die Fähigkeit gegeben wäre, es zu lenken, zu ordnen, zu verdauen, zu integrieren, zu filtern oder auszuscheiden. Der Betreffende saugt ein, was Frank Lake den »negativen Nabelschnur-Affekt« genannt hat. Lake sah dies als buchstäbliches Aufnehmen negativer Emotionalität der Mutter durch die Nabelschnur. Aber da der Fötus übersinnlich veranlagt ist, müssen wir auch in Betracht ziehen, daß fötale Streßsituationen bei einigen Menschen die Fähigkeit schwächen könnten, unerwünschtes parapsychologisches Material auszusperren.

Zwanghaftigkeit, so habe ich oben zu verstehen gegeben, kann als zwanghafter Schutz des Selbst gegen eine psychische und übersinnliche Invasion angesehen werden. Die zwanghafte Person umgibt sich mit Ritualen, die sie gegen bekannte oder manchmal auch unbekannte Ängste schützen sollen. Einige dieser Rituale haben vielleicht verfolgenden Charakter, wie etwa die zwanghaften Prozesse gegen Hexen im Mittelalter. Diese Akte organisierter sozialer Zwanghaftigkeit bewahrten die Menschen, so glaubte man, vor der psychischen/übersinnlichen Invasion durch Hexen. Ganz ähnlich hatte Hitlers monolithische zwanghafte Organisation zur Ausrottung der Juden eine Schutzfunktion. Die Juden, so die Nazis, seien eine Bedrohung für das »arische Blut«.

Die Kraft, deren Eindringen im Zustand zwanghafter Abwehr befürchtet wird, ist ein besitzergreifendes Wesen. Juden wurden als sexuell Besessene dargestellt, als Bedrohung für die deutsche Frau. Hexen sah man im Besitz ungeheurer psychischer/übersinnlicher Macht; man glaubte, sie seien fähig, die Kontrolle über Körper und Seele der

Menschen zu erlangen. Auch sie galten als sexuell Besessene, die die Macht hatten, die männliche Sexualität zu überwältigen.

Morton Schatzman verdeutlichte in seiner faszinierenden Studie der Familie Schreber[260] wie ein paranoider Vater durch seine tyrannischen Rituale, die er seinem Sohn verordnete, des Seelenmordes schuldig wurde. Das sich entwickelnde Kind konnte dieser Art Einfluß nur wenig entgegensetzen. Seine Seele wurde vom Vater in Besitz genommen. Endlich erwachsen und nicht mehr gezwungen, das Leben zu führen, das sein Vater von ihm verlangt, ist er immer noch besessen. Sein Verhalten wird vom abwesenden Vater gelenkt. Durch den gut erforschten psychodynamischen Prozeß der Introjektion können tote Väter über das Grab hinaus ebenso fortfahren, ihre erwachsenen Kinder zu beherrschen und ihr Verhalten auf Wege zu treiben, die diese nicht gewählt haben.

Was sollen wir nun mit einem psychisch derart offenen Menschen machen, dessen abwesender Vater tatsächlich telepathische Botschaften schickt, um ein bestehendes Kontrollsystem zu stärken? Das von Laing beschriebene Band, welches Menschen in zwanghafter Weise noch lange, nachdem die Nabelschnur zerschnitten ist, aneinanderbindet, ist vielleicht nicht nur eine Metapher. Es kann vorkommen, daß jemand mit einer niedrigen Schutzschwelle gegen eine Invasion seiner Gedanken tatsächlich erfährt, wie sich ein negativer Affekt von anderen, die ihm in der Tat negativ gesinnt sind, durch seine übersinnlichen Kanäle ergießt. In der polynesischen Huna-Lehre findet sich die Vorstellung (die es auch im Schamanismus gibt), daß wir über psychische Fäden (sog. Aka- Fäden) miteinander verbunden sind. Manche Menschen spüren Berührungen und Spannungen an ihren Chakren, wenn sie anderen körperlich nahe sind – mitunter auch bei emotionaler Nähe, aber großer physischer Entfernung. Puharich meint, telepathisches Senden und Empfangen gehe mit Veränderungen der Gehirnkapazitanz einher, die in Beziehung steht zur Hyper- und Hypoaktivität des vegetativen Nervensystems und dem Aufbau von Psi-plasmatischen Verwerfungsspannungen, einer Art unsichtbarem, emotionalem Gegentakt-(»push-pull«)-System, etwa so wie die Einflüsse von Gravitationsfeldern zwischen verschiedenen Planeten in der allgemeinen

Relativitätstheorie als Verwerfungen im Raum-Zeit-Kontinuum gesehen werden.[261] In der Psychosynthese sagt man von solchen gebundenen Menschen, sie seien »verschnürt« (»corded«).

Das Fernsehen verbreitet über seine Sender ein ganzes Ethos an Verhaltensweisen. Unterschwellige Werbung beeinflußt uns, wenn wir es am wenigsten erwarten. Wir leben in einem psychischen Meer aus den Gedanken und Gefühlen aller anderen, und wir sind Teil jenes Meeres negativen oder positiven Einflusses, ob bewußt oder unbewußt, in dem jeder lebt und atmet. Zwanghaftigkeit ist eine Abwehrhaltung gegen ungewollte Beeinflussungen, die bis zum Verlust der Spontaneität und zum Gefangensein in sich selbst gehen kann. Besessenheit ist Wehrlosigkeit gegen ungewollte Beeinflussungen. Es ist eine Art, die Seele an den Teufel oder den Guru so zu verkaufen, daß wir uns davon nicht mehr lösen können.

Aber Besessenheit bezeichnet auf einer anderen Stufe eine Invasion unserer Persönlichkeit, nicht durch lebende, sondern durch körperlose Kräfte. Guirdhams Bericht hierzu ist sehr klar:

Besessenheit meint die totale Unterwerfung der menschlichen Persönlichkeit durch eine andere, gewöhnlich körperlose Wesenheit. Die besitzergreifende Entität ist ausdrücklich keine andere Persönlichkeit. Dies ergibt sich automatisch im Fall der Besessenheit durch Entkörperlichte, die bereits ihr menschliches Ich aufgegeben haben. Die angreifende Wesenheit hat eine Seele, die gewöhnlich von den Toten wiedergekehrt ist, manchmal aber auch zu den Lebenden gehört.

Im Mittelalter wurde ein großer Teil sowohl psychiatrischer als auch physischer Krankheit der Besessenheit zugeschrieben. Dieser Glaube ist niemals vollkommen ausgestorben. Einige Jahrhunderte lang wurde er abgelehnt, doch vor kurzem ist er erneut in Erwägung gezogen worden... Besonders in Brasilien erachtet ein beträchtlicher Kreis von Psychiatern die Besessenheit für einen ursächlichen Faktor bei psychotischen Störungen.[262]

Ich traf einige von ihnen im Mai 1982 in Rio de Janeiro und war beeindruckt von ihrer Klarheit und ihrer Fähigkeit, die Theorie einer psychischen Invasion durch besitzergreifende Wesenheiten mit anderen, annehmbareren psychodynamischen und biochemischen Theorien zu verbinden. Sie haben eine beträchtliche Zahl an Daten zur

Unterstützung ihrer Behauptungen gesammelt und Techniken zur Dis-Obsession entwickelt, die sich dort, wo normale psychiatrische Verfahren wirkungslos blieben, darin als erfolgreich erwiesen haben, die besitzergreifende Wesenheit auszutreiben und geistige Gesundheit wiederherzustellen. Der einzige Bericht über diese brillante brasilianische Arbeit ist ein Buch von Divaldo Franco.[263] Die Brasilianer benutzen den Begriff »Obsession« (Zwanghaftigkeit) im *gegenteiligen* Sinn wie ich es hier tue, nämlich als mehr oder weniger gleichbedeutend mit Besessenheit und nicht als Abwehr dagegen.[264]

Der amerikanische Psychiater Carl Wickland arbeitet bereits mit dieser Theorie und den Methoden der Austreibung. Seiner Ansicht nach befinden sich die besitzergreifenden Entitäten unwandelbar in einer Art erdgebundenem Zustand.

Viele befinden sich im Zustande tiefen Schlafes, andere glauben, sich verlaufen zu haben oder sind verwirrt. Die Verstandesverwirrten werden in dem befremdlichen Dunkel von Furcht gequält. Anderen schlägt das Gewissen, und sie leiden unter Angst und Gewissensbissen wegen ihres Lebenswandels auf Erden. Manche werden von selbstischen und bösen Regungen getrieben, Gelegenheit zur Betätigung ihrer Neigungen zu suchen. In diesem Zustande bleiben sie dann, bis sich die zersetzende Wirkung ihrer Wünsche herausgestellt hat... und fortgeschrittene Geister ... helfen können.

Ohne eigenen physischen Körper, durch den sie ihre irdisch- menschlichen Leidenschaften betätigen könnten, werden viele entkörperte Geister von den leuchtenden Ausstrahlungen angezogen, die von Menschen ausgehen. Sie gesellen sich dieser »magnetischen Aura« bei und finden so einen Weg, ihr Wünschen und Wollen auf der irdischen Ebene kundzutun, indem sie Menschen beeinflussen, sie besessen machen oder von ihnen Besitz ergreifen! Solche aufdringlichen Geister beeinflussen empfängliche mediale Menschen mit ihren Gedanken, übertragen auf diese ihre Regungen, schwächen ihre Willenskraft, beherrschen oft ihr Tun und Lassen und richten damit großes Elend an, verursachen Verstandesverwirrung und andere Leiden! – Diese erdgebundenen Geister sind die »Teufel«, an die man zu allen Zeiten geglaubt hat; »Teufel« menschlicher Herkunft, Erzeugnisse menschlicher Selbstsucht, falscher Lehren und Unwissenheit, die, völlig blind auf die geistige Ebene gelangt, dort in den Banden ihrer Unwissenheit festgehalten werden! –

... Der körperlichen Zustände, welche das Eindringen von Geistern in einen

Menschen begünstigen, gibt es verschiedene. Oft ist solche Beeinträchtigung einer in der natürlichen Veranlagung begründeten medialen Empfänglichkeit zuzuschreiben, oder einer Erschöpfung des Nervensystems oder einer plötzlichen seelischen Erschütterung. Auch rein körperliche Störungen begünstigen das Besessenwerden, denn wenn die natürliche Lebenskraft geschwächt ist, leistet der Organismus geringeren Widerstand, und andrängenden Geistern wird leichter Eingang gewährt...

Diese Beeinträchtigung durch Geister verändert den Charakter des davon Befallenen, und es entsteht daraus eine offensichtliche Veränderung der Persönlichkeit, bei der zuweilen mehrere fremde Persönlichkeiten zugleich oder in scharf geschiedenem Nacheinander dargestellt resp. nachgeahmt werden. Häufig verursacht solcher Geistereinfluß ausgesprochene Verrücktheit...[265]

Zu Zeiten Christi war Besessenheit durch »Teufel« die einzige Erklärung für Geistesgestörtheit. Die moderne Psychiatrie hat eine einfachere Begründung dafür: eine Störung im Chemiehaushalt des Gehirns oder eine Invasion von Gedanken aus dem Unbewußten. Beide Theorien schließen sich keinesfalls gegenseitig aus.

Wir wissen, daß in psychotischen Zuständen die biochemischen und energetischen Pforten, die psychische/übersinnliche Informationen herausfiltern, weit geöffnet sind. Als Ergebnis haben wir eine Vermischung zwischen innerer und äußerer psychischer bzw. übersinnlicher Realität. Wer kann schon mit Sicherheit sagen, daß bei den weit offenen und im leeren Raum treibenden Zuständen psychischer Schutzlosigkeit nicht negative Einflüsse eindringen und die normale, dem Körper innewohnende Bewußtheit zu überwältigen beginnen? Reich veranlaßte uns, aufmerksam zuzuhören, wie ein Psychotiker seine innere Erfahrung beschreibt:

Die wahnhafte Vorstellung von »Kräften aus dem Jenseits« ist nicht bloß ein psychotisches Gebilde ohne Grundlage in der Realität; sie beschreibt vielmehr, wenn auch in entstellter Form, eine tief erlebte Realität. ... die Psychotiker [sagen] uns durch ihre Wahnvorstellungen wichtige Dinge über grundlegende Naturfunktionen... Wir müssen nur lernen, ihre Sprache zu verstehen.[266]

224

Ich war beeindruckt von einem ungewöhnlichen Zusammentreffen. Guirdham berichtet über die physische Beziehung zwischen Bessenheit und Abmagerung:

Zusätzlich zu den klassischen Symptomen wie Depression, Aufregung und Selbstanklage zeigen die Patienten, die ich meine, zwei auffällige Merkmale: sie sind bemerkenswert ausgemergelt und starken Halluzinationen unterworfen. Hinsichtlich der Auszehrung ist es berechtigt, davon auszugehen, daß depressive Patienten Zeichen einer schlechten Ernährung zeigen, weil sie kaum Appetit haben und unfähig sind, Essen richtig zu verdauen. Andererseits gibt es eine Menge Depressive, die Gewicht zulegen, weil sich ihr Stoffwechsel verlangsamt und sie weniger Energie verbrennen. Die Fälle, auf die ich mich beziehe, fallen jedoch in eine ganz andere Kategorie. Die Patienten waren so abgemagert, daß sie trotz beträchtlicher Aufnahme besonders nahrhafter Speisen, wie Eiern, Milch und ähnlichem, aussahen wie KZ-Insassen. Ich habe Frauen durchschnittlicher Größe gekannt, die zusammenfielen auf fünfundzwanzig Kilogramm, verschrumpelte Körper hatten und Arme und Beine wie Streichhölzer. Sie sahen auch derart ungesund aus, daß das Wort »kachektisch« oft gerechtfertigt erschien, das mit einer matten, milchkaffeeartigen Gesichtsfärbung verbunden ist. Diese Auszehrung geschah infolge einer Besessenheit. Letztere war ein sekundärer Prozeß, der auf eine schon bestehende Depression übertragen wurde. Wir haben bereits gesagt, daß Besessenheit zu Schuld und Depression führen kann. Andererseits kann ein Patient wiederum durch eine Depression erschöpft werden… Gewichtsverlust und das in Rede stehende ungesunde Aussehen sollten aufmerksam beobachtet werden. Sie sind die allgemeineren Stoffwechselauswirkungen der Besessenheit.[267]

Im alten Huna-System Polynesiens hießen die Heiler *Kahunas.* Sie arbeiteten mit dem Orgon-Energiefeld des Körpers, und ihr Wort für Reichs Orgon war »mana«. Sie glaubten, daß es einen Austausch von mana zwischen Menschen geben könne und daß ein Heiler fähig sei, den natürlichen Vorrat eines Menschen an mana zu stärken. Ein besitzergreifender Geist könne im Gegenzug die Energie erschöpfen und ihr Kraft und Vitalität wie ein energetischer Vampir entziehen. Die Kahunas hatten einen malerischen Namen für eine solche Wesenheit: »fressender Gefährte«. Max Freedom Long schreibt, daß die Kahunas der Heilorden, da sie entweder geschulte Medien waren oder ein Medium zum Assistenten hatten, ständig Ausschau hielten nach Geistern, die sich an Lebende angeheftet hatten und ein bestimmtes Maß an Krankheit oder geistiger Störung verursachten. Diese Geister würden von den Kahunas »fressende Gefährten« (»eating companions«) genannt, weil sie unaufhörlich mana von den Lebenden abzögen, um sich selbst zu stärken. Bei allen Bemühungen, einen Patienten zu heilen, halte man nach ihnen Ausschau, und fände man sie, würden sie weggenommen und damit verschwänden auch die Komplexe. Die von Long beobachtete Technik, um sie zu entfernen, bestand darin, eine sehr große Schockladung an mana anzusammeln und mit ihrer Hilfe, verbunden mit einer Art mesmerischer Suggestion, den besitzergreifenden Geist zu vertreiben.[268]

Max Freedom Long unterscheidet vier Stärkegrade psychologischer Störung; auf der dritten Stufe siedelt er tief neurotische, sogar psychotische oder psychosomatische Krankheitsmuster an, während Krankheiten auf Stufe vier durch den Einfluß Entkörperlichter hervorgerufen werden.

Guirdham kommentiert das Verhältnis zwischen dieser Art Einfluß und der Empfänglichkeit dafür:

Es ist nicht unvermeidlich, daß eine lebende Person Opfer des Kontakts mit einer niedrigeren und bösartigen Wesenheit wird und einer Krankheit oder einem Unfall erliegt. Wenn jemand durch Besessenheit erkrankt, beinhaltet das unausweichlich ein gewisses Maß an Kampf zwischen dem Individuum und dem besitzergreifenden Wesen. Es ist immer Aufgabe der menschlichen Persönlichkeit, ihrer eigenen Auflösung zu widerstehen. Dennoch kann es geschehen, daß die eindringende Entität im Angegriffenen die perfekte Nahrung für ihre Entwicklung findet. Das lebende Individuum kann vollständig überwältigt werden, nicht nur, um einzelne zerstörerische oder mörderische Handlungen zu begehen, sondern um andauernd und chronisch, oder jedenfalls für lange Perioden, Böses zu tun.[269]

Das Huna-System enthält eine Lehre über das niedrige, das mittlere und das hohe Selbst, die der Arbeit von John Pierrakos über Core-Energetik[270] außerordentlich nahekommt. Bei Pierrakos geht es darum, wie der Kontakt zu diesem hohen Selbst hergestellt werden kann. Bezeichnenderweise hat er mehr als jeder andere aus der

Bio-energetik der Aura oder dem Geist-Körper enorme Aufmerksamkeit gewidmet.

Im nächsten Abschnitt möchte ich den energetischen Stoffwechsel der Aura erörtern und nach Wegen suchen, sie zu stärken, um jeder Form der oben erwähnten psychischen oder übersinnlichen Invasionen vorzubeugen.

## Den energetischen Stoffwechsel stärken

Payne und Bendit haben in ihrem unschätzbaren Buch einige der Eigenschaften dessen, was ich den »Stoffwechsel des Energiefeldes« nennen werde, beschrieben.[271] Aus dem folgenden Bericht von Benjamin Walker geht klar hervor, daß es auch im Energiekörper, genauso wie im physischen Körper, einen funktionierenden bzw. gestörten Stoffwechsel gibt. Tatsächlich stehen beide Arten von Gesundheit in enger Beziehung zueinander.

Die Gesundheit des physischen Körpers bestimmt oft den Zustand des Astral-Doppelgängers. Allgemein läßt sich sagen, daß, wenn die vitalen Quellen des Körpers nur mäßig sprudeln, Bedingungen entstehen, die der Dissoziation förderlich sind. Extreme Erkältung und Ermüdung, eine Verletzung besonders am Kopf, ein Unfall mit Blutverlust, bestimmte Arten physischen und mentalen Schocks, alle tragen zu einer *Erschütterung des Zusammenhangs und der Unversehrtheit des Individuums* bei. Ein physisch geschwächter Mensch spaltet sich leichter.
Sylvan Muldoon meinte, daß Nervosität die Unfähigkeit sei, übersinnliche Energie innerhalb der Grenzen des Körpers zu halten; das Gefäß könne seinen Inhalt nicht halten. Der Astralleib werde übermäßig erregt, und man werde für andere Existenzbereiche außerhalb des üblichen empfänglich.
In okkulter Sichtweise stellt die Schizophrenie, wie viele andere Arten der Verrücktheit, einen krankhaften Zustand des zweiten Körpers dar. Die Astralwelt beginnt Angriffe auf das Wachbewußtsein vorzutragen.
Die spontane Trennung vom Körper, so wie sie während einer Krankheit oder bei einem Unfall stattfinden kann, ist eines, aber eine herbeigezwungene Spaltung etwas völlig anderes. Ein bekanntes Medium sagte einmal, daß

jene, die in diesen Dingen herumstümpern, sich wahrscheinlich Krankheiten des Astralleibs zuziehen.

Wenn der Astralleib ein- oder zweimal gewaltsam aus seiner Position gebracht wurde – durch Rückgriff auf drastische Methoden wie psychedelische Drogen oder sonst einen die Psyche für Fremdeinflüsse öffnenden Stoff –, könnte die normalerweise während der wachen Stunden fest geschlossene Tür zu den äußeren Dimensionen sich lockern oder, schlimmer noch, dauernd halb offen bleiben und eine undichte Stelle nach außen bilden. Zu den Symptomen eines solchen Zustands können Kopfschmerzen, Benommenheit, Erinnerungsverlust, Hypochondrie, Ohnmachtsanfälle, Lähmungen, »Stimmen hören«, Halluzinationen und Alpträume gehören.[272]

Nach Payne und Bendit geht ein gesunder Stoffwechsel des Energiefelds mit der Schaffung eines Gleichgewichts zwischen zwei Energieströmen einher, die in den Chakren zusammenlaufen. Das Chakra selbst, meinen sie, sei eine strudelartige Energieform, die aus dem Zusammenspiel dieser beiden in den Chakren zusammenlaufenden Energieströme, die sich ineinander verflechten, entstehe.

Einer von ihnen, der durch das Rückenmark fließt, tritt im Zentrum aus und fließt in einer sich weitenden Spirale gegen die Peripherie hin; dies repräsentiert den *motorischen Strom.* Der zweite Strom trifft auf die Oberfläche des ätherischen Körpers und verläuft spiralförmig nach innen, wobei er sich zunehmend verengt; dies ist der rezeptive oder *sensorische Strom.* Beide Spiralen fließen parallel zueinander, aber in entgegengesetzte Richtungen und man kann sie mit ineinandergreifenden Schraubgewinden vergleichen, weil die eine sozusagen in der Rille der anderen läuft. Sie machen den Eindruck eines Wirbels, etwa so wie die Flüssigkeit in einem Wasserstrudel.[273]

Sie unterscheiden zwischen negativen psychischen Zuständen, bei denen die beiden Ströme schlecht aufeinander abgestimmt sind, und positiven Psychismen, in denen sie gut in Einklang miteinander sind. Ein negativer psychischer Zustand ist anfällig für eine Invasion durch die Energiefelder anderer Menschen oder durch »feindliche Kräfte«, die in der Schizophrenie das Bewußtsein besetzen. Ein positiver psychischer Zustand bildet – obwohl er viel offener ist als der gewöhnliche mechanistische Zustand der Verschlossenheit – noch immer eine Grenze: Es ist, als würde das Energie-Feld eine zusammenhängende strahlende Kraft aussenden, die gegenüber jedem Bedürfnis, zu psychotischen Vorstellungen Zuflucht zu nehmen, wenn die normale rigide Panzerung nicht verfügbar ist, eine Sperre bildet.

Die Chakren des negativen parapsychisch Veranlagten sind wie Windmühlen, die auf jede Brise ansprechen, wohingegen die des positiven elektrischen Ventilatoren gleichen, die sowohl ihren eigenen Wind erzeugen können als auch empfänglich sind für einen Luftzug, der auf sie einwirkt.[274]

Etwas früher in diesem Kapitel wurde die Polarität von Ich und Selbst als Modell für die Pulsation zwischen begrenzten und unbegrenzten Zuständen gebraucht. Trotz einer enormen Ausweitung seiner Grenzen, zu der es bei einer parapsychischen Empfänglichkeit oder Ausstrahlung (heilende Kräfte) kommen muß, trotz des Kontaktes mit den kosmischen Energiequellen des Selbst, behält der positive parapsychologisch Begabte ein intaktes Ich. Er verliert das beschützte, mit einem Charakterpanzer versehene Ich, behält aber sein funktionales Ich, das nötig ist, um Erfahrung zu integrieren und eine zusammenhängende Grenze zu bewahren.

In den ausschließlich rezeptiven Chakren der negativen Sensitiven sind die hereinkommenden und herausgehenden Ströme nicht aufeinander abgestimmt. Als Ergebnis haben wir einen Mangel an Tonus, an Elastizität im Mechanismus.
Kommt der Intellekt ins Spiel, polarisieren sich die beiden Ströme, wobei Kraftlinien erzeugt werden, die dabei helfen, eine stabile Beziehung zwischen den Strömen aufrechtzuerhalten. Der Unterschied ist etwa der zwischen einem Windsack, wie er auf Flugplätzen gebraucht wird, um Windrichtung und -stärke anzuzeigen, und dem Metalltrichter eines Lautsprechers: Der Stoffsack wird schlaff herunterhängen, wenn er nicht durch von außen kommenden Wind aufgeblasen wird, während der Trichter seine Form behält und nicht von zufälligen äußeren Faktoren abhängig ist.[275]

Der Energiekörper eines sensitiven Menschen, der gegen Schock und parapsychische Verletzungen geschützt ist, wird als gut geknüpftes Netz beschrieben: elastisch, strahlend, pulsierend. Wenn der parapsychische motorische Strom, die hinausfließende Energie, zu wenig Halt hat, kommt es zu einem Aufbranden im Energiefeld, das, obwohl es vielleicht ein Oberflächenfeuerwerk produziert, letztendlich doch erschöpfend und schwächend ist. Der französische Pädagoge und Spiritist Allan Kardec schreibt, daß dabei die rasende Aura kocht, schäumt und Material auswirft, doch geschehe dies ohne Koordination oder Zusammenhang und spiegele nur das wirre Reden des Patienten und sein inkonsequentes Verhalten wieder.[276] Hier handelt es sich um eine zentrifugale Aura, die Funken und Asche wie ein Feuerrad versprüht. Die zentripetale Aura saugt dagegen ein und auf wie ein Löschpapierblatt.

Die Kanäle, durch die die Energie fließt, werden schlaff wie ein Feuerwehrschlauch, wenn der Wasserdruck fehlt. Das führt dazu, daß die Vitalität wie durch ein Leck verschwindet. Allein der Umstand, daß der Druck zu gering ist, läßt solch ein Leck entstehen, während der Stoff desto weniger durchlässig und desto fester ist, je größer der Druck der vitalen Energie ist. Ein nur lose geknüpfter ätherischer Körper ist großenteils ohne Abwehr... gegen Überfälle übersinnlicher Einwirkungen.[277]

Payne und Bendit beschreiben Übererregungen im Energiefeld. Hierfür gilt dasselbe Erscheinungsspektrum. Das Überströmen des Energiefeldes bricht den Zusammenhalt des Netzes auf, dessen nur lose Verknüpfung die Wiederherstellung der früheren Form verhindert. Beide Zustände lockern den Verbund der ätherischen Matrix, die die mentalen und emotionalen Energiefelder (den sogenannten »Astralleib«) mit dem physischen Organismus vereinigen und verbinden, und setzen den Betreffenden dem Risiko unbeabsichtigter Dissoziation oder unfreiwilliger Entkörperlichung aus.

Dr. William Tiller, Dekan der Fakultät für Werkstoffkunde der Stanford Universität, versucht mit einem raffinierten Modell Erkenntnisse der modernen Physik mit Erkenntnissen über einige Chakren und die endokrinen Drüsen in Einklang zu bringen. Er sieht das Paar Chakra/endokrine Drüse als einen mitschwingenden Energieleiter im Körper an. Von Chakren, die in gutem Gleichgewicht sind, schreibt er:

Sie erzeugen eine Drehbewegung am Aufnahmeort. Dies führt wiederum zu einem Energiewirbel am Eingang jedes Zentrums. Wenn sich das Individuum entwickelt, wird die Umdrehungsgeschwindigkeit immer größer und größer, und ein stärkerer Energiefluß wird nun vom Betreffenden durchgeschleust. Er beginnt, immer größere psycho-energetische Kapazitäten zu zeigen. Mit diesen höheren Energieströmen wird auch die Notwendigkeit, ein Gleichgewicht zwischen den verschiedenen Zentren zu halten, größer. Sonst können Energiefluten auftreten, die die schwächeren Verbindungen des Systems schädigen, und als Folge ist damit zu rechnen, daß menschliche Verhaltensmuster aus dem Gleichgewicht geraten… Befindet sich jemand in einem solchen Zustand unausgewogener energetischer Funktionsweisen und wird dann eines der Energiezentren etwa durch Unfalleinwirkung oder Drogen oder eine schlimme emotionale Erfahrung schockartig geöffnet, kann man vorhersagen, daß eine Art Zerstörung der Persönlichkeit folgen wird.[278]

Heiler mit übersinnlichen Kräften befürworten eine Vielzahl von Atemtechniken, mit denen versucht werden soll, die ätherische Brücke zu stabilisieren. Diese lernt man am besten bei einem Lehrer. Man mag sich fragen, warum es nötig sein sollte, daß jemand atmen lernt. Vor der gleichen Frage stehen wir in der bio-energetischen Arbeit. Es geht nicht darum, bewußte Techniken zu erlernen, wenn es auch nötig sein kann, bewußte Aufmerksamkeit auf den Atmungsprozeß zu lenken, wenn die Atmung sehr gestört ist, um schließlich das spontane Ausgleichen des Energiefeldes durch natürliches Atmen wiederherzustellen. Paynes und Bendits Darstellung, welche Atmung nötig ist, um die ätherische Brücke zu stabilisieren, kann aus orgonomischer Kenntnis heraus wohl kaum etwas hinzugefügt werden:

Der Schüler sollte lernen, frei, voll und tief zu atmen, aber nicht zu voll und nicht zu tief. Übertreibt er es, entstehen Schwindelgefühle und Unbehagen. Es geht darum, zu lernen, sowohl mit dem Zwerchfell als auch den Rippen zu atmen. Bei dieser Atmung bewegt sich der obere Teil der Bauchdecke, und die Bewegung ist nicht nur auf die Brust beschränkt. Um das zu erreichen, ist es nützlich, beim Einatmen erst den oberen Teil der Brust zu füllen, dann den unteren, danach zuerst von unten auszuatmen und den oberen Teil der Brust zuletzt zu leeren. Allmählich sollte man sich daran als die normale Art zu atmen gewöhnen. Genauso wie man Spannungen und

Ängste wahrnimmt, wird man nun vielleicht atembewußt und spürt, wie sich der Rhythmus verändert, und kann dann Schritte unternehmen, ihn wieder in seinen Takt zu bringen.[279]

Der äußere Grund ist der Körper, gebaut aus Fleisch und Knochen, Blutgefäßen und Nervenzellen. Ein unglaublich kompliziertes Kunstwerk und ein faszinierend komplexer Ausrüstungsgegenstand des Lebens. Er wandelt für vielleicht siebzig Jahre auf der Erde und geht dann zugrunde; wenn das Unglück ihn in jüngerem Alter trifft, auch früher.

Der innere Grund ist, wer wir sind. Er verbindet uns mit einem Seinsbereich, der vor der Bildung unseres Körpers liegt und weiterbesteht, nachdem der Körper wieder zu Staub geworden ist. Der innere Grund eines Menschen ist nicht in Raum und Zeit gefangen: Er überbrückt alle Grenzen.[280]

Es ist eine sehr ungewöhnliche Idee, die Wanderung der Seele auf ein paar Jahre zwischen Geburt und Tod zu beschränken. Menschen erleben immer noch Wanderungen, die sie in andere Leben und andere Welten führen. Es ist der Stolz der Wissenschaft, daß sie glaubt, sagen zu können: all das ist unmöglich.[281]

*R.D. Laing*

# Anhang

## Josef Breuers frühe Einsichten

Einige der frühesten Einsichten, in welche Richtung sich therapeutische Ansätze entwickeln würden, sind gleich zu Anfang der Psychoanalyse zu finden. Josef Breuer, der vor der Jahrhundertwende mit Freud zusammenarbeitete, wird gewöhnlich die Einführung der *kathartischen Methode* in der Psychoanalyse zugeschrieben. Seine Schriften bieten uns eine der klarsten Karten über das therapeutische Arbeitsgebiet.

Breuer begriff die neurotischen Symptome, die er bei seinen Patienten untersuchte, als Energieströme und Erregungskanäle. Er verglich die nervöse Erregung mit der Funktionsweise eines elektrischen Systems und argumentierte, daß ein Überschuß an Erregung wie ein Funke von einem funktionalen System auf ein anderes überspringen könne.

Breuer unterschied drei Aktivitätstypen, durch die sich die Erregungen des Nervensystems ausdrücken:

1. *Aktivität des Vorstellungsvermögens.* Er stellte das Wachbewußtsein und den traumlosen Schlaf als die beiden Extremzustände einer »intrazerebralen tonischen Erregung« einander gegenüber. Beispiele für diese Art der Tätigkeit sind Ideen, Bilder, Gedanken, Wahrnehmungen, Träume und Halluzinationen.
2. *Motorische Entladung* durch Ausdrucksverhalten verschiedenster Art, an dem die Muskulatur des Körpers beteiligt ist.
3. *Der vegetative Affekt,* der als Atmungs-, Verdauungs- oder Herzstörung auftritt.

Man sieht gleich, daß diese drei Erregungsformen den drei embryologischen Schichten entsprechen. Wir können sie deshalb den *Gedankenstrom, Muskelstrom* und den *Bauch-* oder *Eingeweidestrom* nennen, um so sowohl ihren Keimblattursprung als auch ihre Bedeutung für die Therapie zu verdeutlichen.

Das Gehirn verhält sich in Breuers Sichtweise

...wie eine solche Anlage von begrenzter Leistungsfähigkeit, welche etwa nicht zu gleicher Zeit große Mengen von Licht und von mechanischer Arbeit herstellen könnte. Arbeitet die Kraftübertragung, so ist wenig Energie für die Beleuchtung verfügbar und umgekehrt. So sehen wir, daß es uns bei starker Muskelanstrengung unmöglich ist, andauernd nachzudenken, daß die Konzentration der Aufmerksamkeit auf ein Sinnesgebiet die Leistungsfähigkeit der anderen Hirnorgane absinken macht, daß also das Gehirn mit einer wechselnden, aber begrenzten Energiemenge arbeitet.[282]

In Breuers Schema ist emotionaler Streß synonym mit dem Anwachsen von Erregung. Bei Furcht, Wut, Lust, Schmerz, Trauer, wird irgend etwas aufgewühlt. Ein emotionaler Ausdruck ist ein gesamtorganismisches Ereignis, an dem das Muskel-, das Eingeweide- und das Vorstellungssystem gleichzeitig teilnehmen. Etwa zwanzig Jahre vor Breuer schrieb Darwin über die Auswirkungen von Emotionen auf den Körper:

1. ...Zittern der Muskeln..., welches ... vielen oder geradezu den meisten der niedern Thiere gemeinsam zukommt... Eine ausgezeichnete Autorität hat mir versichert, dasz kleine Kinder nicht zittern, sondern unter den Umständen, welche bei Erwachsenen heftiges Zittern herbeiführen würden, in Convulsionen verfallen... Von allen Seelenerregungen ist bekanntermaszen Furcht diejenige, welche am leichtesten Zittern herbeiführt, aber dasselbe thun gelegentlich groszer Zorn und grosze Freude.
2. Die Art und Weise, in welcher die Absonderung des Nahrungscanals und gewisser Drüsen, so der Leber, der Nieren oder der Milchdrüsen, durch heftige Gemüthserregungen afficirt werden, ist ein anderes ausgezeichnetes Beispiel für die directe Einwirkung des Sensoriums auf diese Organe...
Der bekannte Physiolog Claude Bernard hat gezeigt, wie die geringste Reizung eines Empfindungsnerven auf das Herz einwirkt... Wir dürfen ... erwarten, dasz, wenn die Seele heftig erregt wird, sie augenblicklich in einer directen Weise das Herz afficirt... Das vasomotorische System, welches den Durchmesser der kleinen Arterien reguliert, wird vom Sensorium direct beeinfluszt...[283]

Breuer leitete seine Konzepte nicht wie Darwin von Tieren, sondern von hysterischen Patienten ab. Eines der Hauptmerkmale der Hysterie ist das Phänomen der Spaltung oder Dissoziation, das eine Form der Blockierung ist. Eine ihrer Auswirkungen ist es, die einheitliche Natur unserer Reaktionen aufzubrechen. Breuer erkannte dies, denn er schrieb, daß das Nervensystem ein »durchaus zusammenhängendes Ganzes« ist:

...aber es sind an vielen Stellen große, doch nicht unüberwindbare Widerstände eingeschaltet, welche die allgemeine gleichmäßige Ausbreitung der

Erregung verhindern… Die nervösen Apparate der lebenswichtigen Organkomplexe, der Zirkulation und Verdauung, sind, im Interesse der Sicherheit und Leistungsfähigkeit des Organismus, durch starke Widerstände von den Organen der Vorstellung getrennt, ihre Selbständigkeit ist gewahrt; sie sind direkt durch Vorstellungen nicht beeinflußt.[284]

Er machte klar, daß der Grad dieser Widerstände bei verschiedenen Menschen unterschiedlich ist und daß es solche gäbe, die selbst in emotional hochaufgeladenen Situationen keine Nerven zu zeigen scheinen, und andere, die beim geringsten Anlaß Herzklopfen und Durchfall entwickeln.

Aber immerhin bestehen beim normalen Menschen Widerstände für den Übergang zerebraler Erregung auf die vegetativen Organe. Sie entsprechen der Isolation elektrischer Leitungen. An jenen Stellen, wo sie anomal gering sind, werden sie bei hochgespannter zerebraler Erregung durchbrochen, und diese, die Erregung des Affektes, geht auf das periphere Organ über.

Ein alternativer Kanal, durch den Erregung abgeführt werden kann, ist das motorische System. Breuer unterscheidet hier zwei Möglichkeiten, wie dies geschehen kann. Einmal die Befreiung durch bewußte Bewegungen und bewußten Ausdruck und zum anderen die Entspannung durch unwillkürliche motorische Entladung. Erstere beschreibt er folgendermaßen:

Das Jauchzen und Springen der Freude, der gesteigerte Muskeltonus des Zornes, die Zornrede und die vergeltende Tat lassen die Erregung in Bewegungsakten abströmen. Der psychische Schmerz entladet dieselbe in respiratorischen Anstrengungen und in einem sekretorischen Akte, Schluchzen und Weinen. Daß diese Reaktionen die Aufregung mindern und beruhigen, ist Sache der täglichen Erfahrung. Wie schon bemerkt, drückt die Sprache dies in den Terminis »sich ausweinen, austoben« usw. aus; was dabei ausgegeben wird, ist eben die gesteigerte zerebrale Erregung.[285]

Bei vollem emotionalem Ausdruck sind die motorischen Entladungen gut koordiniert und integriert. Außerordentlich starke Erregungen jedoch, so betonte Breuer, können die koordinierenden Zentren umgehen oder durchbrechen und in primitiven Bewegungen abfließen. Das ist das Äquivalent dessen, was er »Kurzschluß« nennt. Es handelt sich um zwei Ebenen motorischen Verhaltens: das erste Muster wird von der Großhirnrinde kontrolliert, das zweite vom limbischen System, dem alten Reptil-Gehirn. Die limbische Entladung ist entwicklungsgeschichtlich die frühere der beiden. Sie dominiert beim Fötus und in der frühen Kindheit. Die willkürlichen motorischen Entladungsmuster entwickeln sich erst vollständig, wenn auf einer späteren Entwicklungsstufe die Myelinisierung abgeschlossen ist. Breuer drückte das so aus:

Beim Säugling sind, außer dem respiratorischen Akte des Schreiens, nur solche inkoordinierte Muskelkontraktionen, Bäumen und Strampeln, Wirkung und Ausdruck des Affektes. Mit fortschreitender Entwicklung gelangt die Muskulatur immer mehr unter die Herrschaft der Koordination und des Willens. Aber jener Opisthotonus, welcher das Maximum motorischer Anstrengung der gesamten Körpermuskulatur darstellt, und die klonischen Bewegungen des Zappelns und Strampelns bleiben das Leben hindurch die Reaktionsform für die maximale Erregung des Gehirnes; für die rein physische des epileptischen Anfalles wie für die Entladung maximaler Affekte, als mehr oder minder epileptoider Krampf. (Der rein motorische Teil des hysterischen Anfalles).[286]

Es ist schon erstaunlich, daß bereits in den Anfängen der Psychoanalyse ein solch grundlegender biologischer Ansatz zur Frage, wie der Mensch mit Erregung umgeht, entwickelt wurde. Die drei Bereiche, auf die sich Breuer konzentrierte – der Strom des Bewußtseins, der Fluß muskulärer Aktivität, die Rhythmen des vegetativen Lebens – liegen als beherrschende Themen jeder therapeutischen Arbeit zugrunde.[287]

# Literaturnachweise

1 Boadella, David: *Wilhelm Reich: Sein Leben und Werk*, Bern/München, 1981.

2 Darwin, Charles: *Der Ausdruck der Gemüthsbewegungen bei dem Menschen und den Thieren*, (Gesammelte Werke, Bd. 7), Stuttgart 1877, S. 335.

3 Freud, Sigmund: »The origin and development of psychoanalysis«, in: *American Journal of Psychology*, XXI, 1911.

4 Reich, Wilhelm: *Charakteranalyse*, Köln/Berlin, 1970 (Wien, 1933).

5 Laban, Rudolf: *Die Kunst der Bewegung*, Wilhelmshaven, 1987.

6 Raknes, Ola: »The orgonomic concept of health and its social consequences«, in: *Orgonomic Medicine*, I, 1955.

7 Waal, Nic: »A special technique of psychotherapy with an autistic child«, in: Gerald Caplan (Hrsg.): *Emotional Problems of Early Childhood*, 1955.

8 Baker, Elsworth: *Der Mensch in der Falle*, München, 1980.

9 Lowen, Alexander: *Körperausdruck und Persönlichkeit*, München, 1981.

10 Boadella, David: »Stress and character«, in: *Energy and Character*, VI, 1, 1974; sowie »Organ systems and life styles«, in: *Energy and Character*, VII, 3, 1975 – VIII, 3, 1976.

11 Waal, a.a.O.

12 Feldenkrais, Moshe: *Bewußtheit durch Bewegung*, Frankfurt a.M., 1982 (1968).

13 Alexander, F.M.: *Der Gebrauch des Selbst*, München, 1988 (1932).

14 Lawrence, D.H.: *Sex, Literature and Censorship*, 1955.

15 Mott, Francis: *Nature of the Self*, 1959.

16 Boyesen, Gerda: *Über den Körper die Seele heilen*, München, 1987.

17 Nilsson, Lennart, u.a.: *The Everyday Miracle*, 1967.

18 Keleman, Stanley: *Dein Körper formt dein Selbst*, München, 1980, S. 31.

19 Laing, Ronald D.: *Die Tatsachen des Lebens*, Köln, 1978, S. 47 f.

20 Hartmann, Otto: *Dynamische Morphologie*, Frankfurt a.M., 1950.

21 Schwenk, Theodor: *Das sensible Chaos*, Stuttgart, 1962, S. 87 ff.

22 Nilsson, a.a.O.

23 Schwenk, a.a.O., S. 23.

24 Liley, A.W.: *The Foetus as a Personality*, School of Obstetrics and Gynaecology, Universität Auckland, Neuseeland.

25 Heuer, Gottfried: »Hypnosis, reincarnation therapy and biodynamic psychology I: A translucent turtle ascends to the stars«, in: *Journal of Biodynamic Psychology*, 2, 1981.

26 Grof, Stanislav: *Topographie des Unbewußten*, Stuttgart, 1985, S. 214 f.

27 Ebda., S. 183.

28 Mott, Francis: *Biosynthesis*, Philadelphia, 1948.

29 Liley, a.a.O.

30 Leboyer, Frédérick: *Geburt ohne Gewalt*, München, 1981.

31 Liley, a.a.O.

32 Janov, Arthur: *Das befreite Kind*, Frankfurt a.M., 1974, S. 23.

33 Grof: *Topographie des Unbewußten*, a.a.O., S. 183.

34 Luce, Gay: *Biological Rhythms in Human and Animal Physiology*, Dover, 1971.

35 Howe, E. Graham: *Cure or Heal?*, 1966.

36 Leboyer, a.a.O., S. 41.

37 Ebda., S. 42.

38 Liley, a.a.O.

39 Dick-Read, Grantly: *Mutterwerden ohne Schmerz*, Hamburg, 1977 (1946).

40 Rank, Otto: *Das Trauma der Geburt und seine Bedeutung für die Psychoanalyse*, Frankfurt a.M., 1988 (1929).

41 Janov, Arthur: *Frühe Prägungen*, Frankfurt a.M., 1988.

42 Kitzinger, Sheila: *Natürliche Geburt*, München, 1980, S. 246.

43 Montagu, Ashley: *Körperkontakt*, Stuttgart, 1974, S. 36.

44 Casserley, Norman; zitiert aus *Life-News*, 22. Jan. 1975.

45 Grof: *Topographie des Unbewußten*, a.a.O., S. 145.

46 Ebda., S. 138

47 Vellay, Pierre: *Childbirth without Fear*, 1959.

48 Kitzinger, a.a.O., S. 175 f.

49 Benyon, Constance: »The normal second stage of labour«, in: *Journal of Obstetrics and Gynaecology*, 64, 6, 1957.

50 Petersen, Fred: *Experiences in Obstetrics*.

51 Grof: *Topographie des Unbewußten*, a.a.O., S. 156.

52 Lake, Frank: »Birth trauma, claustrophobia and LSD therapy«, in; *Energy and Character*, 4, 1, 1973.

53 Yunker, Barbara: »Delivery procedures that endanger a mother's life«, in: *Good Housekeeping*, August 1975.

54 Casserley, a.a.O.

55 Selinger, Zelig: in: *Newsletter of the Institute of Bio- energetic Analysis*, 3, September 1975.

56 Ritter, Paul / Ritter, Jean: »An orgonomic functionalist theory of birth«, in: *Orgonomic Functionalism*, 1, 2. März 1954.

57 Casserly, a.a.O.

58 Reich, Eva: »The prevention of neurosis. Self-regulation from birth on«, in: *Journal of Biodynamic Psychology*, 1, 1980.

59 Ritter / Ritter, a.a.O.

60 Grof: *Topographie des Unbewußten*, a.a.O., S. 159 f.

61 Silvert, Michael: »Orgonomic practice in obstetrics«, in: *Orgonomic Medicine*, 1, Juni 1955.

62 Schwenk, a.a.O., S. 22.

63 Bowditch, Valerie: »Beginnings«, in: *Handfuls of Light*, 1975.

64 Leboyer, a.a.O.

65 Janov, a.a.O., Fußnote S. 93.

66 Leboyer, a.a.O., S. 105 ff.

67 Sindenbladh, Erik: *Water Babies*, 1983.

68 Morgan, Elaine: *Der Mythos vom schwachen Geschlecht*, München, 1989.

69 Leboyer, a.a.O., S. 61.

70 Ebda., S. 68.

71 Ebda., S. 122 f.

72 Reich, Wilhelm: »Falling anxiety in an infant of three weeks«, in: *Cancer Biopathy*, 1948.

73 Ebda.

74 Bevan-Browne, M: *Sources of Love and Fear*, 1950.

75 Pearse, I. / Crocker, L.: *The Peckham Health Experiment*, 1943.

76 Mott, Francis: *The Universal Design of Birth*, Philadelphia, 1952.

77 Ebda.

78 Hartmann, a.a.O.

79 Reich, Wilhelm: *Charakteranalyse*, Köln, 1989 (Wien, 1933).

80 Sheldon, W.H. u.a.: *Varieties of Human Physique, an Introduction to Constitutional Psychology*, 1942.

81 Boadella, David / Smith, David: *Maps of Character*, 1986.

82 Keleman, Stanley: *Emotional Anatomy*, 1985 (dt. Ausg. in Vorbereitung beim Kösel-Verlag, München).

83 Über die Chakren ist schon zu viel geschrieben worden, um hier noch irgend etwas besonders erwähnen zu können. Eine gute Einführung gibt jedoch ein Artikel von John Pierrakos: »The Energy Field in Man and Nature«, zuerst publiziert in: *Energy and Character* (1970 noch einmal erschienen beim Institute for the New Age of Man, New York). (Auf deutsch liegt vom selben Autor vor: *Core-Energetik*, Essen, 1987 – *Anm. z. dt. Ausg.*)

84 Boadella, David: »Styles of breathing«, in: *Energy and Character*, 8, 1, 1977.

85 Johnson, Lillemor: *Integrated Respiration Therapy*, Privatdruck, Oslo, 1981.

86 Lowry, Thomas: *Hyperventilation and Hysteria*, Illinois, o.J.

87 Grof: *Topographie des Unbewußten*, a.a.O.

88 Davies, Will: »Working with the in-stroke«, in; *Energy and Character*, 15, 1984.

89 Boyesen, Gerda: *Über den Körper die Seele heilen*, München, 1987.

90 Thorpe, W.H.: *Learning and Instinct in Animals*, 1956.

91 Reich: *Charakteranalyse*, a.a.O., S. 517 f.

92 Mott: *Biosynthesis*, a.a.O.

93 Boadella, David: »Between coma and convulsion«, in: *Energy and Character*, 6, 1, 1975; 7, 1976.

94 Reich: *Charakteranalyse*, a.a.O.

95 Lowen: *Körperausdruck...*, a.a.O.; Keleman: *Emotional Anatomy*, a.a.O.

96 Keleman, Stanley; *Leibhaftes Leben*, München, 1982.

97 Lowen, Alexander / Lowen, Leslie: *Bioenergetik für Jeden*, München, 1985.

98 Mott: *Biosynthesis*, a.a.O.

99 Ritter, Paul: *The Free Family*, 1958.

100 Lake, Frank: *Studies in Constricted Confusion*, Nottingham, 1981.

101 Winnicott, D.W.: »Birth memories, birth trauma, anxiety«, in: *Collected Papers*, 1958.

102 Crisp, Tony: »Yoga in childbirth«, in: *Relax with Yoga*, 1977.

103 Linden, Millicent: *Stretch for Life*, New York, 1968.

104 Reich: »Falling anxiety in an infant of three weeks«, a.a.O.

105 Ebda.

106 Lowen, Alexander: *Bio-Energetik*, Bern/München/Wien, 1987.

107 Raknes, Ola: »The orgonomic concept of health and its social consequences«, in: *Orgonomic Medicine*, I, 1955.

108 Gold, Philip: »Orgonomic therapy of the ocular segment«, in: *Orgonomic Medicine*, II, 1, 1956.

109 Ebda.

110 Lowen, Alexander: unveröffentlichtes Manuskript.

111 Stein, Leopold: *The Infancy of Speech and the Speech of Infancy*, 1952.

112 Piaget, Jean: *Sprechen und Denken des Kindes*, Düsseldorf, 1979.

113 Mott: *Biosynthesis*, a.a.O.

114 Laing, Ronald D.: *Das geteilte Selbst*, Reinbek, 1976.

115 Fromm-Reichmann, Frieda: »Some aspects of psychoanalytic psychotherapy with schizophrenics«, in: E. B. Brody / F. Redlick (Hrsg.):
*Psychotherapy with Schizophrenics*, New York, 1952.

116 Roberts, Barbara: »Exploration without intrusion«, in: *Energy and
Character*, 7, 2, 1976.

117 Foudraine, Jan: *Not made of Wood*, 1974.

118 Stein, a.a.O.

119 Pierrakos, John: Monographie des Instituts für Bioenergetische Analyse, New York, 1972.

120 Laing, Ronald D.: *Knoten*, Reinbek, 1986.

121 O'Connell, Vincent: »Crisis psychotherapy«, in: J. Fagan / I. Shepherd
(Hrsg.): *Gestalt Therapy Now*, 1970.

122 Ebda.

123 Krishnamurti, Jiddu: *Gedanken zum Leben I*, Bern, o.J.

124 O'Connell, a.a.O.

125 Ebda.

126 McLeish, Archibald: *Poetry and Experience*, 1960.

127 Winnicott, a.a.O.

128 Pierrakos: *Monographie*, a.a.O.

129 Ebda.

130 Waal, Nic; Brief an David Boadella, Frühjahr 1952.

131 Keleman, Stanley: »Bio-energetic concepts of grounding«, in: D.
Boadella (Hrsg.): *In the Wake of Reich*, 1976.

132 Lowen, Alexander / Lowen, Leslie, a.a.O.

133 Lowen: *Körperausdruck...*, a.a.O.

134 Reich, Wilhelm: »Die schizophrene Spaltung«, in: *Charakteranalyse*,
a.a.O., S. 642 und S. 533.

135 Lowen: *Körperausdruck...*, a.a.O., S. 419 f.

136 Rosen, John: *Direct Analysis*, 1953.

137 Willie, James: »The use of a male dummy in the treatment of schizophrenia«, in: *Orgone Energy Bulletin*, 1, 2, April 1949.

138 Reich: »Die schizophrene Spaltung«, a.a.O., S. 594.

139 Ebda., S. 590.

140 Ebda.

141 Ebda., S. 613 f.

142 Seaborn-Jones, Glyn: »Launching«, in: *Energy and Character*, 7, 1, Januar 1976.

143 Rado, Sandor: »Hedonic self-regulation in the organism«, in: R. G. Heath (Hrsg.): *The Role of Pleasure in Behaviour*, New York, 1964.

144 Tausk, Victor: »On the origin of the influencing machine in schizophrenia«, in: R. Fliess (Hrsg.): *The Psycho-analytic Reader*, 1950.

145 Reich: »Die schizophrene Spaltung«, a.a.O., S. 540.

146 Ebda., S. 549.

147 Ebda., S. 550 f.

148 Ebda., S. 551.

149 Alexander Lowen: *Körperausdruck...*, a.a.O., S. 451.

150 Fulkerson, Mary: »The language of the axis«, in: *Theatre Papers*, 12, 1977.

151 Pesso, Albert: *Dramaturgie des Unbewußten*, Stuttgart, 1986.

152 Herskowitz, Morton: »The treatment of an episode of catatonic mutism«, in: *Journal of Orgonomy*, 2, 1, März 1968.

153 Reich, Eva: »Emotional first Aid«, in: *Energy and Character*, 8, 3, Sept. 1977.

154 Herskowitz, a.a.O.

155 Perls, Fritz: »Four lectures«, in: J. Fagan / I. Shepherd (Hrsg.): *Gestalt Therapy Now*, 1972.

156 Bakker, Cornelius / Bakker-Rabdau, Marianne: *No Trespassing: Explorations in Human Territoriality*, 1973.

157 Ebda.

158 Tinbergen, Nikolaas: *Autismus bei Kindern*, Hamburg, 1984.

159 Foudraine, a.a.O.

160 Bakker, a.a.O.

161 Ebda.

162 Ebda.

163 Schiff, Jacqui Lee: *Cathexis Reader*, New York, 1975.

164 Barnes, Mary / Berke, Joseph: *Meine Reise durch den Wahnsinn*, Frankfurt a.M., o.J.

165 Berke, Joseph: »Anti-psychiatry: an interview«, in: R. Boyers / R.Orill (Hrsg.): *Laing and Anti-Psychiatry*, 1972.

166 Schiff, a.a.O.

167 Bakker, a.a.O.

168 Schiff, a.a.O.

169 Esterson, Aaron: *Leaves of Spring: Schizophrenia, Family and Sacrifice*, 1972.

170 Fischer, Ronald: »Cartography of inner spaces«, in: R. Segal / Louis West (Hrsg.): *Hallucinations*, 1979.

171 Laing: *Das geteilte Selbst*, a.a.O., S. 38.

172 Ebda., S. 65 f.

173 Esterson, a.a.O.

174 Ebda.

175 Ebda.

176 Coles, Robert / Farber, Leslie / Friedenberg, Edgar /Kux, Kenneth: »R. D. Laing and anti-psychiatry: a symposium«, in: R. Boyers / R. Orill, a.a.O.

177 Foudraine, a.a.O.

178 Ebda.

179 Lidz, Theodore: »Schizophrenia, R. D. Laing and the contemporary treatment of psychoses«, in: R. Boyers / R.Orill, a.a.O.

180 Foudraine, a.a.O.

181 Reich: *Charakteranalyse*, a.a.O.

182 Pierrakos, John: »The core of man«, in: *Energy and Character*, 5, 3, 1974.

183 Boadella, David: »Quenching, grounding and territory«, in: *Charge of Consciousness*, 1979.

184 Freud, Sigmund: *Das Ich und das Es*, Leipzig/Wien/Zürich, 1923, S. 28.

185 Lowen: *Körperausdruck...*, a.a.O., S. 48.

186 Ebda., S. 150.

187 Keleman, Stanley: *Your Body speaks its Mind*, 1975; dt. als: *Dein Körper formt dein Selbst*, a.a.O.

188 Rajneesh, Bhagwan Shree: *The Book of the Secrets, Vol. II: Discourses on the Vigyana Bhairava Tantra*, London, 1975.

189 Reich, Wilhelm: *Christusmord*, Olten und Freiburg i. Br., 1978, S. 44.

190 Schatzman, Morton: *Soul Murder: Persecution in the Family*, New York, 1973.

191 Boadella: »Quenching, grounding and territory«, a.a.O.

192 Reich: *Christusmord*, a.a.O., S. 59 f., 268.

193 Pierrakos, John: *Human Energy Systems Theory*, 1976.

194 Rajneesh, Bhagwan Shree: *And the Flowers Showered*, 1975.

195 Rajneesh, Bhagwan Shree: *The Book of the Secrets, Vol. III*, London 1976.

196 Lowen: unveröffentlichtes Manuskript; im Aufsatz »Energy and language«, in: *Energy and Character*, 5, 3, 1974, findet sich ein Bezug darauf.

197 Lowen, Alexander: *Depression*, München, 1984, S. 320 f.

198 Rajneesh, Bhagwan Shree: *Das Buch der Geheimnisse*, München, 1982.

199 Philipson, Tage: *Kaerlighesdlivet: Natur eller Unatur*, Kopenhagen, 1952.

200 Lowen: *Depression*, a.a.O., S. 321 f.

201 Ebda., S. 315.

202 Schatzman, a.a.O.

203 Rajneesh: *Das Buch der Geheimnisse*, a.a.O., S. 320.

204 Raknes, Ola: »Life and religion«, in: D. Boadella (Hrsg.): *In the Wake of Reich*, 1976.

205 Tillich, Paul: »Von der Tiefe«, in: *In der Tiefe ist Wahrheit*, Stuttgart, 1952, S. 54 f.

206 Reich: *Christusmord*, a.a.O., S. 168 f.

207 Tillich, a.a.O.

208 Lowen: *Depression*, a.a.O., S. 227.

209 Keleman, Stanley: *The Human Ground,* 1975; ders.: *Lebe dein Sterben*, Hamburg, 1977; ders.: *Lifetimes*, unveröffentlichtes Manuskript.

210 Almaas, Ali Hameed: *Essence*, 1986.

211 Boadella, David: *Baptism of Fire*, 1980.

212 Boadella, David: »Incarnation«, in: *Energy and Character*, 13, 1, April 1982.

213 Humphries, Nicholas: »Four minutes to midnight«, in: *Energy and Character*, 13, 2, August 1982.

214 Boadella, David: »Regression, reversal and the loss of boundaries«, in: *The Charge of Consciousness*, 1979.

215 Bjornsson, Oddur: *Yolk Life*, unveröffentlichte Übersetzung aus dem Isländischen von Gudrun Tomasdottir.

216 Bloom, Anthony: »On death«, Ansprache auf einer Konferenz der Griechisch-orthodoxen Kirche, 1978.

217 Pascal, Blaise: *Über die Religion und einige andere Gegenstände (Pensées)*, Heidelberg, 1946, S. 123 f. (Fragment 233).

218 Lifton, Robert Jay: »On death and the continuity of life: a new paradigm«, in: *Journal of Psycho-History*, V 1, 4, Frühjahr 1974.

219 Stevenson, Ian: *Twenty Cases, Suggestive of Reincarnation* (5 Bde.), 1973; dt. liegt von ihm vor: *Reinkarnation. Der Mensch im Wandel von Tod und Wiedergeburt*, Freiburg, 1986.

220 Burr, Harold: *Fields of Life*, New York, 1972.

221 Jeffries, Michael: »The Kirlian camera beams in to hidden abnormalities«, in: *British Medical Association News Review*, 7, 1, Januar 1981.

222 Andrade, Hernani: »Psi matter«, in: *Energy and Character*, 12, 3, 1981 und 13, 1, 1982.

223 Motoyama, Hiroshi: »Experience and experiments of the chakras«, in: *Theories of the Chakras*, 1981.

224 Hunt, Valerie: »Electronic evidence of auras and chakras in UCLA study«, in: *Brain Mind Bulletin*, 3, 9, März 1978.

225 Ebda.

226 Hodson, Geoffrey: *The Miracle of Birth: a Clairvoyant Study of Pre-natal Life*, 1929.

227 Bendit, Phoebe / Bendit, Lawrence: *The Etheric Body of Man*, 1977.

228 Assagioli, Robert, zitiert in Piero Ferruci: *Werde was Du bist*, Basel, 1984, S. 292.

229 Laing, R.D.: *Die Stimme der Erfahrung*, Köln, 1983, S. 191.

230 Puharich, Andrija: *Beyond Telepathy*, 1962.

231 Laing: *Die Stimme der Erfahrung*, a.a.O., S. 180.

232 Crookall, Robert: *Out of Body Experiences,* New Jersey, 1980.

233 Muldoon, Sylvan J. / Carrington, Hereward: *Die Aussendung des Astralkörpers*, Freiburg, 1983, S. 107.

234 Davis, A.J.: *The Physician*, 1850.

235 Reich, Wilhelm: *Die Entdeckung des Orgons I. Die Funktion des Orgasmus*, Frankfurt a.M., 1983, S. 119.

236 Freud, Sigmund; zitiert bei Laing (siehe Anm. 228), S. 132.

237 Laing: *Die Stimme Erfahrung*, a.a.O., S. 112 f.

238 Boadella: »Incarnation«, a.a.O.

239 Boadella, David: »Styles of breathing«, a.a.O.

240 Kelley, Charles: *The Radix Journal*, Radix Institute, Ojai, Kalifornien.

241 Keleman, Stanley: *Lebe dein Sterben*, a.a.O., S. 9 f.

242 Tsu, Chuang: *The Inner Chapters*, 1974.

243 Reich, Wilhelm: *Cosmic Superimposition*, 1951.

244 Ebda.

245 Boadella: »Organ systems and lifestyles«, a.a.O.

246 Andrade, a.a.O.

247 Puharich, a.a.O.

248 Targ, Russel / Puthoff, Harold: *Mind Reach*, Granada, 1972.

249 LeShan, Lawrence: *Von Newton zu PSI*, Reinbek, 1986.

250 Xavier, Chico: *Evolucao em dos mundos*, Rio de Janeiro, 1958.

251 Reich: *Cosmic Superimposition*, a.a.O.

252 Reich: *Die Entdeckung des Orgons I*, a.a.O.

253 Lowen: *Körperausdruck und Persönlichkeit*, a.a.O., S. 400 ff.

254 Laing: *Die Stimme der Erfahrung*, a.a.O., S. 113 f.

255 Boadella, David: »Ego boundaries and brain gates«, in: *The Charge of Consciousness*, a.a.O.

256 Laing, R.D.: *Das geteilte Selbst*, a.a.O.

257 Boadella, David: »Foetal life, dreams and the psychic frontier«, in: *The Charge of Consciousness*, a.a.O.

258 Guirdham, Arthur: *Obsession,* 1972.

259 Boadella: »Ego boundaries and brain gates«, a.a.O.

260 Schatzman, Morton: *Soul-Murder*, a.a.O.

261 Puharich, a.a.O.

262 Guirdham, Arthur: *The Psyche in Medicine*, 1978.

263 Franco, Divaldo: *Obsession*, Salvador, Brasilien, 1980.

264 Kardec, Allen: *Das Buch der Medien*, Freiburg, 1987.

265 Wickland, Carl: *Dreißig Jahre unter den Toten*, Remagen, 1957, S. 31 f.

266 Reich, Wilhelm: »Die schizophrene Spaltung«, in: *Charakteranalyse*, a.a.O., S. 549.

267 Guirdham: *The Psyche in Medicine*, a.a.O.

268 Long, Max Freedom: *Geheimes Wissen hinter Wundern*, Freiburg, 1965.

269 Guirdham: *The Psyche in Medicine*, a.a.O.

270 Pierrakos, John: *The Core of Man*, 1974.

271 Payne, Phoebe / Bendit, Lawrence: *The Psychic Sense*, 1943.

272 Walker, Benjamin: *Beyond Death's Door*, 1974.

273 Payne / Bendit, a.a.O.

274 Ebda.

275 Ebda.

276 Kardec, a.a.O.

277 Payne / Bendit, a.a.O.

278 Tiller, William: »Consciousness, radiation and the developing sensory system«, in: *Proceedings of the Academy of Para-Psychology and Medicine*, 1972.

279 Payne / Bendit, a.a.O.

280 Boadella, David: »The inner ground«, in: *Energy and Character*, 10, 2, Mai 1979.

281 Laing: *Die Stimme der Erfahrung*, a.a.O., S. 109 f.

282 Freud Sigmund / Breuer, Josef: *Studien über Hysterie*, Frankfurt a.M., 1977, S. 157.

283 Darwin, a.a.O., S. 61 ff.

284 Freud / Breuer, a.a.O., S. 163 f.

285 Ebda., S. 162.

286 Ebda., S. 165.

287 Boadella, David: *Biosynthese-Therapie*, Oldenburg, 1989.

# Informationen und Adressen zur Biosynthese®

Die Biosynthese wurde in den letzten 40 Jahren von Dr. h. c. David Boadella erforscht und entwickelt; sie wird fortlaufend von ihm und Dr. phil. Silvia Specht Boadella sowie von führenden Mitgliedern der *International Training Faculty of Biosynthesis* in Theorie und verschiedensten Anwendungsfeldern weiterentwickelt. Dr. h. c. David Boadella ist heute Ausbildungsleiter am *Internationalen Institut für Biosynthese IIBS*.

## 1. Das Internationale Institut für Biosynthese IIBS

Das IIBS ist ein Forschungs- und Ausbildungszentrum für Biosynthese – einer somatisch und tiefenpsychologisch fundierten Psychotherapie und somatischen Therapie.

Das IIBS wirkt in verschiedenen internationalen Verbänden federführend mit, so u. a. im Vorstand der wissenschaftlichen Anerkennungskommission des *Europäischen Verbands für Psychotherapie EAP*, in der Arbeitsgruppe Psychotherapie und Spiritualität des *World Council for Psychotherapy WCP* und vielen anderen. Es ist an zahlreichen wissenschaftlichen Forschungsprojekten beteiligt.

### Ausbildungen und Kurse im IIBS

Im deutschsprachigen Raum wird die Biosynthese durch das IIBS repräsentiert. Das Institut veranstaltet regelmäßig Einführungskurse, Ausbildungen und Fortbildungen unter der Leitung von Dr. h. c. David Boadella und Dr. phil. Silvia Specht Boadella sowie von führenden Mitgliedern der *International Training Faculty*.

### Das Schulungsprogramm umfasst

- Ausbildung in Biosynthese – somatisch und tiefenpsychologisch fundierter Psychotherapie
- Ärztliche Weiterbildung in Biosynthese
- Zusatzausbildung in Biosynthese
- Ausbildung in Biosynthese – somatischer Therapie
- Supervisions- und Fortbildungsprogramme
- Themenzentrierte Fortbildungskurse
- Regionale Biosynthese-Erfahrungsgruppen/Vortrainings

Die Ausbildung in Biosynthese als somatisch und tiefenpsychologisch fundierter Psychotherapie am IIBS ist von der *Schweizerischen Charta für Psychotherapie SCP* anerkannt. Sie entspricht auch den Anforderungen an eine Weiterbildung zur *Fachärztin/zum Facharzt für Psychiatrie und Psychotherapie FMH*. Die Biosynthese erhielt im Oktober 1998 in Brüssel als erste körperpsychotherapeutische Methode vom *Europäischen Verband für Psychotherapie EAP* die wissenschaftliche Anerkennung.

## 2. Internationale Biosynthese-Ausbildung

Die Biosynthese wird in über 20 Ländern unterrichtet und praktiziert. Durch deren Registrierung als eingetragenes Markenzeichen in all diesen Ländern und die Errichtung der *Internationalen Stiftung für Biosynthese IFB*, welche das Qualitätsmanagement der Garantiemarke *Biosynthese* verwaltet und u. a. weltweit für die Koordination kongruenter Ausbildungsstandards sorgt, ist ein Titelschutz für alle Biosynthese-TherapeutInnen gewährleistet.

## 3. Therapie

Beim IIBS-Sekretariat können die Adresslisten der zertifizierten und diplomierten Biosynthese-TherapeutInnen angefordert werden. Die weltweite Vernetzung und das durch die *Internationale Stiftung für Biosynthese IFB* vorgenommene Qualitätsmanagement gewährleistet international einen Qualitätsschutz für Klientinnen und Klienten.

## 4. Forschung

Die Koordination und Veröffentlichung der internationalen Forschungsarbeit geschieht in *Energie & Charakter* – Zeitschrift für Biosynthese – prä- und perinatale Psychologie, somatisch und tiefenpsychologisch fundierte Psychotherapie, somatische Therapie, transpersonale Psychologie. Bisher 32 Jahrgänge, erscheint halbjährlich. Redaktion: Gisela Wallbruch. Bestell- und Abo-Formulare, auch für die englische Ausgabe *Energy & Character*, finden Sie beim Sekretariat des IIBS oder auf dessen Website.

## 5. News

Die neuesten Informationen finden Sie auf der Biosynthese-Website. Für alle Fragen zum Thema Biosynthese – Kurse, Ausbildung, Fortbildung, Therapeuten- und Ausbildnerlisten, Internationale Stiftung für Biosynthese IFB, Kurzportrait »30 Jahre Energie & Charakter« – steht das IIBS-Sekretariat zur Verfügung. Dort können Sie auch das Kursprogramm anfordern:

Internationales Institut für Biosynthese IIBS
Forschung Entwicklung Ausbildung
Benzenrüti 6
CH-9410 Heiden/Schweiz
Tel. 00 41-(0)71 891 68 55
Fax 00 41-(0)71 891 58 55
E-Mail: info@biosynthesis.org
www.biosynthesis.org

# Register

ätherische Ablösung 199-203
Aggression 157 *siehe auch* Wut
Akupunktur 81, 196
Alexander, F.M. 19, 21
Andrade, Hernani 195 f., 208, 214
Angst
– vor dem Fallen 69 f., 117 f.
– in der Schizophrenie 144-146
– vor dem Tod 203-205
Anschauen 8, 24, 27, 122-128
Anstaltspflege 165
Assagioli, Roberto 198
Atmung 90-106, 186, 204 f.
– und Bewegung 79, 95 f.
– und Energiestoffwechsel 231 f.
– Herz und Bauchatmung 91
– beim Neugeborenen 65-67
– und Neurose 96 f.
– und Sprache 129
– Störungen der 21, 79, 90, 97
– und Strömungen 100-103
Aura 30, 207 f., 213, 230
Ausdruck
– emotionaler 11-23
– Gesichtsausdruck 122-124
– und Kommunikation 106
 *siehe auch* Sprechen
Ausflippen 191 f., 141
Autismus 130, 154 f., 167
Autonomes Nervensystem 14, 24 f.,
 83 f.

Baby *siehe* Geburt; Neugeborenes;
 Saugen
Baker, Elsworth 13
Bakker, Cornelius, und Bakker-
 Rabdau, Marianne 153, 155-157,
 160, 165
Band *siehe* »Schnüre«
Barnes, Mary 158 f.

Becken 21 f., 80 f.
Beckett, Samuel 205
Befruchtung 33 f. *siehe auch* Em-
 bryogenese
Beine 22 *siehe auch* Gehen; Stehen
Bendit, Lawrence und Phoebe 197,
 227-231
Benyon, Constance 54 f.
Berke, Joe 158
Bernard, Claude 234
Besessenheit 220-226
Bevan-Browne, M. 71
Bewegung 12, 79, 95
Bewußtsein 208-211
– fötales 47-49
biologische Organisationsmatrix
 195 f., 208
Bio-energetik 7, 12-14, 140 f.
Biosynthese 8-10, 74
Bjornsson, Oddur 191
Blake, William 161, 216 f.
Blockaden *siehe* Panzerung; Span-
 nung
Bloom, Anthony 193
Boyesen, Gerda 7, 30, 98, 100, 101,
 113, 182
Breuer, Josef 30, 140, 233-236
Burr, Harold 195, 208

Canetti, Elias 46
Carrington, H. 213
Casserley, Norman 52, 57, 59
Casteret, P. 111
centring *siehe* Zentrieren
Chakren 80 f., 84-89, 228-231
Charakter 137
– -analyse 12, 32, 137, 147, 171
– und Chakren 84-88
– und Nervensysteme 82-85
Crisp, Tony 114